FOTILE 方太
因爱伟大

成人成事的长期主义管理哲学

方太文化

中学明道、西学优术、中西合璧、以道御术

周永亮 孙虹钢 庞金玲 ◎ 著

FOTILE

机械工业出版社
CHINA MACHINE PRESS

方太是一家企业，更是一种文化现象！

方太董事长茅忠群说："如果方太只有一样东西可以保留，唯一可以传承的就是文化！"方太文化认为：做企业就是做人，企业的成功，关键在于做人的成功，即人品、企品、产品，三品合一，人品决定了企品和产品。

本书作者遍访上百位方太高管和员工，写作历时两年，收集整理百万字企业原始素材，从管理、创新、品质、服务以及人才培养等多角度完整展现历经时间检验的方太经营理念、基本法则和践行体系。

图书在版编目（CIP）数据

方太文化 / 周永亮，孙虹钢，庞金玲著. — 北京：机械工业出版社，2021.12（2025.6重印）

ISBN 978-7-111-69603-2

Ⅰ.①方… Ⅱ.①周… ②孙… ③庞… Ⅲ.①厨房电器-家电企业-企业文化-研究-宁波 Ⅳ.①F426.6

中国版本图书馆CIP数据核字（2021）第232901号

机械工业出版社（北京市百万庄大街22号　邮政编码100037）
策划编辑：胡嘉兴　　　　责任编辑：胡嘉兴　戴思杨
责任校对：黄兴伟　　　　责任印制：李　昂
北京联兴盛业印刷股份有限公司印刷

2025年6月第1版第23次印刷
170mm×230mm·23.75印张·3插页·347千字
标准书号：ISBN 978-7-111-69603-2
定价：78.00元

电话服务　　　　　　　　　网络服务
客服电话：010-88361066　　机　工　官　网：www.cmpbook.com
　　　　　010-88379833　　机　工　官　博：weibo.com/cmp1952
　　　　　010-68326294　　金　书　网：www.golden-book.com
封底无防伪标均为盗版　　　机工教育服务网：www.cmpedu.com

重磅推荐

子曰:"虽有国之良马,不以其道服乘之,不可以道里。虽有博地众民,不以其道治之,不可以致霸王。"治企似驾车、如治国,即使基础再好,管理不以其道,企业不会行稳致远,也就不能强大,更不会伟大。这本书介绍了方太治企之道,探索成为伟大企业的必由之路,值得每一位企业家借鉴。

中国孔子研究院院长　**杨朝明**

什么是真正的中国企业家?这是每一个在中国从事企业管理和运营的同仁们应该追问的问题。在这一课题上,方太在企业文化和价值观建设上的探索和思考,某种程度上具有里程碑的意义。愿方太文化建设给更多的中国企业家以启迪和思考,并能够在建构中国企业家精神家园的事业中,起到更大作用。

中国政法大学思政研究所副教授　**郭继承**

本书从一个企业家长期的探索和实践过程出发,清晰、系统、深入地阐明了作为企业家应有的思想情怀和追求,为企业家们树立了一个精神财富和物质财富双丰收的成功样板,有必要深度学习和借鉴!

罗莱家纺创始人　**薛伟斌**

导人向善,唤醒良知,依道而行。一家伟大的企业必须在"心"上下功夫,一切行动和结果皆源自"心"。这是我从方太文化中感受到的。

金蝶集团创始人　**徐少春**

品味方太文化，似有一种平实之感，平如为人处世之道，中华传统价值观念在融入现代管理理念并打上方太自身的特殊烙印后，如同产生奇妙的化学反应，带给我们层层惊喜，让我们肃然起敬。方太已经通过20多年的践行结出了文化硕果，我和我的团队则执着于同样的价值理念奋斗在"取经之路"上。坚定属于每个企业的长期经营、创新文化、成长文化、幸福文化的价值追求，这也是学习本书所取得的真经。感谢本书的出版，为企业界提供了企业文化落地建设的中国范本。

猪八戒网创始人，CEO　朱明跃

可持续经营是果，企业家精神是因。如果单把方太文化当成是一套管理制度或者一种企业文化，都是偏狭的。"其身正而天下归之"，企业家在经营一家企业的时候应内求，在灵魂深处不断拷问自身，以良知获取心灵的能量。方太坚持导人向善的文化，以纯粹和真诚创造价值。如何形成判断标准、原则、价值观，都尽在书中。

优客工厂创始人兼董事长　毛大庆

中国商道，博大精深，源远流长，并且不断推陈出新。古有范蠡，今有方太茅总，都用自身的成功说明中华文化孕育出的商界巨子，是完全可以担负起时代的自信，同时方太的成功也可以说明中国的商业文化必将迎来全面复兴。

奥维云网董事长　文建平

方太是一个勇敢的探索者，是商业上的传奇案例，董事长茅忠群先生对价值观的坚守和对世界管理体系的开放正在造就它的伟大，非常值得学习和研究。

乔诺创始人　龙波

推荐序 1

一个让务虚变务实的企业文化实践经典

陈春花

企业文化在企业发展中所具有的重要作用,几乎是人们的共识。而在实践中,对企业文化的认识却常常停留在理念层面,能够让企业文化从理念到行动,并最终获得企业经营与发展结果,并不是一件容易的事情,方太却做到了,这也是本书特别值得仔细阅读的缘由。

与茅忠群董事长相识多年并长期关注方太成长,一方面源于茅忠群董事长对中国传统文化智慧的体认,另一方面源于方太自身成长的文化属性。对于一个专注于组织与文化管理研究,专注于研究中国企业成长模式的学者而言,方太所呈现出来的实践特色极具吸引力。

我们都知道,文化令人敬仰的内涵,就是可以通过使命、愿景表达出明确的价值追求以及远大的理想,并持续推动组织成员为之奋斗。在方太发展历程中,方太人始终坚守自己的使命、愿景和价值观,25 年不忘初心,成就了中国人在厨电领域的高端品牌之梦。正如你在书中所看到的,方太的理念坚守,不是说在嘴上、贴在墙上,而是扎扎实实地落实在行动上,体现在所有方太人的行为中，体现在方太的产品和服务里。因为他们深知，文化理念好不好，不是自己人认为如何，关键是看顾客如何评价、社会公众是否认同。

恰恰是在这一点上，方太所做的事非常值得称赞。在茅忠群董事长看来，每一位企业经营者，在经营企业时都要反复询问自己三个问题：

"第一是为什么，即我为什么做这家企业？也就是我做这家企业的目的和意义是什么？第二是成什么，也就是说，10年、20年以后，我想把这家企业带到哪里？成为一家什么样的企业？第三是信什么，即我相信什么事情是可以做的？什么事情是不可以做的？什么钱是可以挣的？什么钱是不可以挣的？不是什么钱都可以挣，一定要有这样一种信念。"

这三个问题的答案，就是一家企业的使命、愿景和价值观，也是"方太的三观"。方太所拥有的文化内核，让方太整个组织具有明确的价值判断标准。这也意味着，方太构建好了自己的组织内核，使其成为一家既富竞争力，又具独特性的优秀组织。而这一内核，也助力方太在面对挑战与不确定性时保持稳健发展。阅读本书，可以让你从实务的视角，看到文化理念的确切意义，能够理解文化为什么是战略、是经营、是管理、是产品、是品牌、是创新、是成长，以及如何让文化成为战略、经营、产品、品牌、创新、成长的管理实践与方法。

作为一个研究中国企业成长方式的学者，我也一直在找寻把中国文化的智慧融入现代企业发展中的经典案例，方太正是这样一家真诚从传统优秀文化吸取养分的企业。当一个拥有几千年传统文化与智慧的国家，与一个怀揣着现代梦想、畅想全球的企业家相遇时，总是令人倍受鼓舞并充满期待。茅忠群董事长一方面自己潜心学习经典，一方面将其融会贯通于企业经营发展之中。在方太看来，理解中国优秀的传统文化，就要把企业理解为一个兼具经济与社会功能的企业，真正实现价值共生、协同发展。所以他们提出方太要做到：顾客得安心，员工得成长，社会得正气，经营可持续。

方太的创新，同样贯穿着中国优秀文化的内涵——仁者爱人。茅忠群董事长说："方太要成为一家伟大企业，有两个核心。这两个核心不是野心、功利心，而是创新和良心。"在方太看来，只有尊重人的生命，把人的需求放在第一位，才能创造出美善的科技产品。在方太2021幸福发布会上，茅忠群董事长从"仁爱为体""合理为度""幸福为本"三个方面，向大众深度分享了方太的"创新科技观"，探寻"创新科技如何真正带给人们幸福"的路径。很多中国企业都希望从中国传统文化中寻找企业文化的根，方太的实践，可以给出真实的答案。

通读全书，你可以感受到，方太不仅文化建设有特色，在经营管理方面也有很多值得学习的地方。茅忠群董事长是一个善于学习、勇于创新、敢于试验的企业家，对于提升企业效能的国内外各种理论和模式始终抱着开放的心态，同时还是一个善于将西方管理经验与中华传统文化结合起来的"融合者"，用他的话说就是"中西合璧"。无论是战略管理模式，还是生产现场管理的"精益六零"，或是研发管理模式，以及人才管理方面的身股制度与"物质精神"双成长，都令人耳目一新且富有成效。

如何将务虚的文化，转化为务实的经营绩效成果，方太的实践堪称经典。也正因为此，在推荐此书之时，我也期待，方太能够继续进行自我进化的探寻，因为文化内在的力量，就是自我进化、自我超越与自我更新。

推荐序 2

方太的"人之道"

秦朔

1996年成立的中国方太,已经走过了1/4个世纪的非凡里程。

我在方太前面加了"中国"二字,是想表达它身上"中学明道""修身、齐家、治企、利天下"等鲜明的中华文化气息。

而之所以说"非凡",是因为它的确是一家与众不同、太不寻常的企业。

几年前,一家德国著名家电集团邀我做一个关于中国市场的演讲。在台下交流时,他们的高管说:"我们的厨电在全世界任何地方都是高端的象征,但在中国,方太的产品卖得比我们贵,卖得还比我们多。"

一个行业能不能健康发展,与这个行业的领导者的追求大有关系。对中国厨电来说,因为有方太这样的创新、高端、诚笃、负责的领导者,这个行业在从小到大的发展过程中,有了更多的价值创新,而不是被锁定在价格血拼的泥潭中。

方太更重要的价值还在于，多年来它一直致力于探索，作为一家企业，如何以顾客为中心，以员工为根本，快乐学习，快乐奋斗，实现"人品、企品、产品，三品合一""为了亿万家庭的幸福""成为一家伟大的企业"，促进人类社会的真善美。

这些话听起来很宏大，很遥远，就像习惯了登百米小山者，突然听到身边有人要挑战珠穆朗玛峰，难免觉得不切实际。但当我在方太办公楼里看到每一位管理干部的"五个一"承诺（立一个志，读一本经，改一个过，行一次孝，日行一善）都清清楚楚贴在墙上，接受众人目光的检视时，当我在和很多人的交流中感受到他们择善而行的改变的欢喜时，当我了解到这一切已经坚持了十年时，我相信这种滴水石穿、不断改善的力量。

松下幸之助说："造物之前必先造人。"方太则是将为人之道、待人之道、育人之道贯彻于企业的全过程。

通过几十年的努力，中国已经有了一批很大的企业，《财富》世界500强接近30%的企业都来自中国。中国也有不少强的企业，在市场化竞争中成为强者和龙头，但我们还比较缺乏令人喜爱和备受尊敬的品牌。

我常说，中国的情况是，强大的企业很多，伟大的企业很少，可怕的企业不少，可爱的企业稀少。每当有人问我，你觉得谁可能成为伟大的、可爱的企业？我总会毫不犹豫地说出方太的名字。虽然以销售额计，它还只是百亿企业，规模并不是特别大。

我尊重和推崇方太，从根本上说是因为我认为，商业文明是以人为本的价值创造，企业是人成长和修炼的道场。优秀的企业在某种程度上更像一所学校，只是同时在生产物质产品和服务而已。

没有人的成长与发展的企业，是残缺的企业，是不健康的企业，是对社会不负责任的企业。

从马克思、恩格斯的理论到十九大报告，都在强调人的全面发展。马克思说："每个人的自由发展是一切人的自由发展的条件。"党的十九大报告提到"更好推动人的全面发展""不断促进人的全面发展"。

企业可能是容纳了最多人口的一个所在。中国有14亿人，有接近9亿人的劳动年龄人口，有7亿多就业者，其中相当大部分是在各种类型的企业里工作，他们生命中的相当长时间也是在企业里度过。他们从企业里获得的报酬关乎一个家庭的生计与幸福，他们从企业回到家中的姿态，是自在的、充实的、满足的、开心的，还是充满了抱怨的、牢骚的、怨恨的、不满的，影响到一个家庭的气氛和状态。

社会并没有与企业签署一份明文合约，但任何一家有责任感的企业都会明白，社会把这么多的人配置在企业中，是隐含着一份期待的，那就是让人获得成长，获得收获，获得满足，有人之为人的尊严和成就。

从人的发展的角度理解企业的责任，并不限于员工关怀，还包括对利益相关方的责任，如善待上下游的合作伙伴。如果一家企业的利润和地位建立在压榨甚至欺骗合作伙伴的基础上，就算规模再大，对社会来说也不是福音，而是灾难。

哲学家康德说过："人是目的而不是工具。"作为一种有生命的存在物，人具有动物性的禀赋；作为一种有生命同时又有理性的存在物，人具有人性的禀赋；作为一种有理性同时又能够负责任的存在物，人具有人格性的禀赋。所谓人格性的禀赋，是一种"易于接受对道德法则的敬重"的素质。

每个人的内心深处，都有着对"头顶的星空和心中的道德律"的深深感情。

但只有那些伟大的企业，才能把激发这种情感、导人向善，作为自己的使命和责任。

方太就是这样一家秉持人道的企业。三品合一，以人为先。

《方太文化》一书，详细剖解了方太在迈向伟大企业的过程中，从"三观"（使命、愿景、价值观）的建立到具体实践的方法。虽然我对方太有相当多的了解，但读后仍然感到收获满满。感谢三位作者长达两年的调研、采访和精心写作。

道不远人。离开了人的发展，企业的生命力也将枯竭。

在实现人的自由全面发展的进程中，每一家企业都应该担责，努力。

愿更多企业成为本书的有缘人。知识就是力量，文化就是福报。

前言

1996年方太初创时，茅忠群怀有要打造"中国家电行业的第一个高端品牌"的志向，彼时，他认为做企业的目的是通过提供高品质、有品位的产品让顾客家的感觉更好，于是，他把方太的使命确立为"让家的感觉更好"。这一使命主要聚焦在产品体验层面，这一层面对应的企业目的是提供好产品，成为一家优秀的企业。

2002年，茅忠群从中欧商学院读完EMBA[①]学成归来，他开始深度思考一个问题：EMBA的课程几乎都是西方的管理理念，这套理念真的能够完全适用于中国企业吗？为了寻找这一问题的答案，茅忠群对比了中国企业和日本企业对于美国企业管理理念的学习路径，期间，他还若干次去日本企业参观。他发现同样是学习西方的管理理念，日本的企业经营者没有全盘学习，他们既学习了西方先进的现代管理理念，同时又很好地保留了日本本土的文化。这种对比给了茅忠群很大的启发：中国有五千年的文明史，呈现了灿烂的文化，未来的中国企业管理一定是把中华优秀文化与现代西方管理相结合的管理模式。

只有付诸行动才能使伟大的思想成为壮举。2004年，茅忠群开始了"取经"之路——学习中华优秀文化。他先后前往清华大学、北京大学学习中华优秀文化。而当时正是中国的企业经营者、管理者把西方管理理论奉为圭臬的时期。茅忠群在学习中华优秀文化期间，从理工科毕业的他成了一个

[①] EMBA，英文全称是 Executive Master of Business Administration，高级管理人员工商管理硕士。

谦恭的"文科生",在课堂上认真听、细心记,下课后反复思考。随着学习的深入,茅忠群仿佛找到了"新大陆",他已经深深地爱上了中华优秀文化。他觉得自己就像牛顿所说的,"我好像是一个在海边玩耍的孩子,不时为拾到比通常更光滑的石子或更美丽的贝壳而欢欣鼓舞,而展现在我们面前的是完全未探明的真理之海。"

茅忠群确信自己找到了适合中国企业的管理模式。经过8年的沉淀、酝酿,茅忠群在2008年开启了全面导入和推进中华优秀文化的学习和践行之路。

工业化文明兴起以来,世界上大多数企业学习的是西方管理哲学,既然西方管理哲学能够盛行200余年,一定有其过人之处和可学之处。如果为了推行中华优秀文化在现代企业的践行和运用,就主观地全面否定西方现代企业的管理哲学、管理模式、管理体系,显然是不理性、不科学的。在这一点上,茅忠群对中华优秀文化的集纳,可以说是博采众长。中华文化像任何文化遗产一样,有精华,也有糟粕,既要避免全盘吸收,又要避免全盘否定。

在方太早期全面导入中华优秀文化时,茅忠群没有找到参照样本或实践案例,所以方太是"摸着石头过河",一边学习、研究,一边实践、总结。从2000年到2008年是8年的酝酿期;从2008年到2018年是10年的践行期;到2019年,经过10年的践行后,方太把中华优秀文化和西方管理做了很好的结合,形成了具有中国特色的"中学明道、西学优术、中西合璧、以道御术"的方太文化管理体系,成为中国该领域的先行者和典范。

黄尘清水三山下,更变千年如走马。方太用了11年跨越了十亿规模,用了22年跨越了百亿规模,成功塑造了中国厨电行业的第一个中国人自己的高端品牌;方太花了10年时间成为把中华优秀文化与现代企业管理相融合的企业典范，形成了具有方太特色和社会价值的方太文化管理体系。

基于对中华优秀文化的体悟，方太在2015年把愿景升级为"成为一家伟大的企业"；2018年，茅忠群体悟到做企业的真正目的是"为了亿万家庭的幸福"，再加上"人品、企品、产品，三品合一"的核心价值观，共同形成了方太文化管理体系的核心理念，这是企业的经营之道、核心思想，也是企业的"三观"——"成什么""为什么""信什么"。

方太要成为一家伟大的企业。那么什么才是伟大的企业呢？基于对中华优秀文化的体悟，方太认为，伟大的企业不仅是一个经济组织，要满足并创造顾客需求，而且是一个社会组织，要积极承担社会责任，不断导人向善，放大人类社会的真善美。《菜根谭》中有一句话："为恶而畏人知，恶中犹有善路；为善而急人知，善处即是恶根。"伟大的企业是向社会传播正能量的企业，将人性往善的方向引导，就越来越善；将人性往恶的方面引导，恶就会被放大。企业伟大与否，不在于规模大小，而在于是否向善。

如何成为一家伟大的企业？方太认为，一家伟大的企业应当具备四个特征：顾客得安心、员工得成长、社会得正气、经营可持续。这是方太成为一家伟大企业的践行体系，同时也是"中西合璧"的方太文化管理体系的经营之术、流程体系和干法工具。

除了核心理念、践行体系，方太还提炼出成为伟大企业的基本法则，这是方太的原理原则，也是指导法则。核心理念、基本法则、践行体系，共同形成了方太文化管理体系。

文化兴则企业兴，没有高度的文化自信，就没有企业的长期可持续发展。方太的下一个目标是要成为一家千亿级的伟大企业，通过方太的示范作用，让更多的中国企业经营者建立对中华优秀文化的自信，让中国企业开始学习践行中华优秀文化，从而为中华文化的繁荣兴盛的实现做出应有的贡献。

未来十年，方太希望能用自己所悟的"中学明道、西学优术、中西合璧、以道御术"现代企业管理之道影响十万企业家。这是茅忠群成立方太文化研究院的初心，他希望能将方太"摸着石头过河"总结出来的——中华优秀文化与西方现代企业管理相结合的方太文化管理体系，通过教育和共同研修等多种方式，让更多的企业经营者、管理者从中华优秀文化中汲取养分和开悟明道。

笔者作为方太文化的观察者，自2004年以来，多次走进方太参观、学习，与茅忠群及诸多高管、员工就方太文化管理体系进行深度交流，也看到不少企业经营者、管理者来方太学习后所感到的震撼，以及对方太及其创始人茅忠群充满的崇拜之情，并希望从方太取到"真经"；当然，也有些企业经营者、管理者觉得方太如今规模太大了，方太是厨电企业，不同行业的中小企业很难学习方太，或者认为不能学习方太文化。

为了帮助各行各业的企业经营者、管理者系统、深入、完整地了解方太，从而有效学习方太，笔者采访了上百位方太高管和员工，写作历时两年，收集整理百万字企业原始素材，全方位解析方太文化。

方太用了不到30年的时间，成为厨电行业内一家领先的科技创新型企业，方太"中学明道、西学优术、中西合璧、以道御术"的文化管理体系值得各类企业学习和借鉴。运用之妙，存乎一心。

中华优秀文化如何更好地解决中国企业的发展问题？中华优秀文化如何与现代企业管理有效融合？"中西合璧"的方太文化体系的精髓到底是什么……

在本书中，您将获得：

- 一套"中西合璧"的适合中国企业的文化管理模式；
- 深度认识中华优秀文化，明确企业经营者、管理者的人生使命；
- 学习文化落地，掌握文化践行的干法、工具。

我们希望本书能成为陪伴广大企业家、管理者一路前行的良师益友，成为激发企业家精神的常读常新的"管理读本"，成为支撑解决企业实际管理难题的"百科全书"。

立言不易。笔者希望本书能够提供一个由实证证据和案例支撑的理论框架，帮助更多中国企业走向伟大。如今，中国企业已经走完了漫长而艰难的第一次长征，实现了在全球经济竞技场中的迅速崛起。在新的征途上，中国需要有更宏伟的视野、更具创新的艰苦奋斗精神，向着世界级的伟大企业迈进。

《礼记·大学》里说："修身、齐家、治国、平天下。"茅忠群适时理解为"修身、齐家、治企、利天下"。走向未来的中国企业，"所挟持者甚大，而其志甚远也"，从"大"到"伟大"，是必然选择。

最后，感谢每一位读者。当你翻开并阅读这本书时，你可能会经常停下来掩卷沉思，因为你会发现，书中讲述的那些困境、管理痛点正是你所经历的，那些方法解析正是你所苦苦思索的，那些策略建议也正是你所期盼和渴望获得的。读完之后，或许你会有拨云见日、豁然开朗的心情，也或许你会有更多、更新的思考。

你我皆是璀璨微尘，混沌之外，永远有一束光为你点亮。

目 录

重磅推荐
推荐序 1
推荐序 2
前言

第一部分
做企业，必须正三观

第 1 章　做企业，要问自己三个问题　　　...003

  1.1　为什么要做这家企业　　　...006
    做企业有三重境界
    为了亿万家庭的幸福
    方太的三大愿望

  1.2　要成为一家什么样的企业　　　...022
    企业的三观源于企业家的三观
    成为一家伟大的企业
    伟大的企业导人向善

  1.3　企业相信什么应该做，什么不该做　　　...033
    人品、企品、产品，三品合一
    好人品造就好企品、好产品
    一句话文化

第 2 章　做人，要行"五个一"　　　...057

  2.1　立一个志　　　...063
    人生最大的能量是立志
    成人之志
    成事之志
    健身之志
    如何促进员工立志做大事

2.2 读一本经 ...072
　　读经典后的三种变化
　　用"1+1"的方式读经典
　　读经典的四个层次

2.3 改一个过 ...081
　　改过是为了超越过往
　　改根本上的过
　　自身的改过之法：事上改、德上改、道上改、心上改
　　员工的改过之法："双XING会"

2.4 行一次孝 ...093
　　小孝可治家，中孝可治企
　　孝是人性的根本
　　行孝有四个层次

2.5 日行一善 ...100
　　日行一善是一种境教的表现
　　四个动作：一个改善、一次善行、一句善言、一份善意

2.6 如何导入"五个一" ...105
　　落地的五大关键动作
　　落地的四大要点

第二部分
伟大企业的践行体系

第3章 顾客得安心 ...111

3.1 创新"三论" ...116
把仁爱作为创新的源泉
把有度作为创新的原则
把幸福作为创新的目标

3.2 视品质为生命 ...130
对品质有敬畏感，对不合格的产品有羞耻感

理念导入：坚持零缺陷信念，把事情一次做对
内察自省：核心问题出在前三排，干部要以身作则
行为固化：人人在管理和业务中立零缺陷之志

  3.3 服务要至诚 ...146
    服务"三字经"
    户行一善

  3.4 为顾客铸立意义 ...154
    品牌定位三步法
    品牌沟通要传递价值意义

第4章 员工得成长 ...163

  4.1 关爱感化 ...170
    安全感：全面薪酬管理体系
    归属感：超越预期的关怀福利和全员身股制
    尊重感：尊重要落实在具体细节上
    成就感：认可员工所做的有价值的事情

  4.2 教育熏化 ...188
    领导垂范，做"四铁四前"干部
    塑造理想人格的人文教育
    立足企业教育的方太学校

  4.3 制度固化 ...206
    制度制定要符合仁义的要求
    弄清"错"与"恶"的区别
    ABC分类过错管理

  4.4 才能强化 ...216
    构建才能培养体系，培养精兵强将
    设立五级双通道，留住员工共同发展

第5章 社会得正气 ...229

  5.1 法律是底线，不能突破 ...233

　　　　爱出者爱返，付出即回报
　　　　勇于承担企业责任

　5.2　企业不发展，一切都是空谈　　　　　　　　　...239
　　　　把"蛋糕"做大
　　　　把"蛋糕"分好

　5.3　善待相关利益者　　　　　　　　　　　　　　...245
　　　　善待"四商"
　　　　采取正当的竞争，有底线的竞争

　5.4　经营一家企业，与亿万家庭幸福同频　　　　　...257
　　　　幸福建设
　　　　文化传播
　　　　教育支持

第6章　经营可持续　　　　　　　　　　　　　　　...267

　6.1　战略管理　　　　　　　　　　　　　　　　　...271
　　　　什么是企业战略
　　　　战略"三问"
　　　　文化是战略的核心

　6.2　运营管理　　　　　　　　　　　　　　　　　...287
　　　　商业成功是出发点，顾客满意是落脚点
　　　　做正确的事，正确做事，把事做正确

　6.3　人文管理　　　　　　　　　　　　　　　　　...295
　　　　干部的"三观"
　　　　干部能上能下的九字原则

　6.4　风险管理　　　　　　　　　　　　　　　　　...303
　　　　合规，是企业风险防范的第一道屏障
　　　　方太的财务辩证思维

第三部分
文化即业务

第 7 章　文化与业务的关系是一不是二　　　　　　　　...317

　　7.1　文化与业务的关系　　　　　　　　　　　　　　...320
　　　　　用一个核心原理解决一万个相似问题
　　　　　文化是业务的发心、方式和奋斗精神

　　7.2　以中学之道御西学之术　　　　　　　　　　　　...326
　　　　　以道御术，应该怎么御
　　　　　推行中西合璧的管理模式

　　7.3　文化落到业务中　　　　　　　　　　　　　　　...332
　　　　　润物细无声
　　　　　向标杆学习

后记　　　　　　　　　　　　　　　　　　　　　　　...343

附录

　　附录 1　方太文化图谱　　　　　　　　　　　　　　　...345
　　附录 2　方太基本法则　　　　　　　　　　　　　　　...346

第一部分
做企业，必须正三观

经营企业最重要的是三观要正，要明确什么可为、什么不可为的大方向。方向不对，努力白费。企业是由全体员工构成的一个整体，企业所制造的产品也是由全体员工生产出来的。什么样的员工决定了什么样的企业，什么样的企业决定了什么样的产品。所以，好人品造就好企品、好产品，人品是企业的根本。

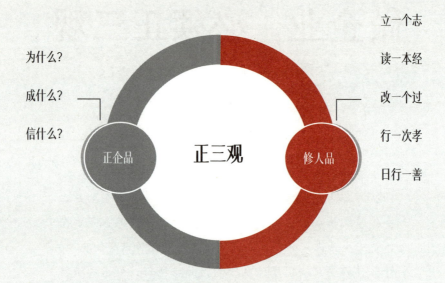

第 1 章

做企业，
要问自己三个问题

作为企业家，要问自己三个问题：

第一个是"为什么"；

第二个是"成什么"；

第三个是"信什么"。

——茅忠群

导言

哲学有三大终极问题，也被称为"终极三问"：我是谁？我从哪里来？要到哪里去？这三个看似简单的问题直到现在也没有人能给出定论，不同的解读导向不同的三观。我们耗费一生的时间，大抵都是为了回答和践行这三个问题。这三个问题是我们在成长过程中必须厘清并准确把握的基本人生课题。

做企业和做人，是一样的道理。从某种角度上讲，做企业就是做人，做人就是做企业。方太是一家由使命、愿景和核心价值观驱动的独特企业，所有的经营行为都从这个原点出发。由此，茅忠群提出关于做企业的三个经典问题，总结起来就是："为什么""成什么""信什么"。

- 第一个问题：为什么要做这家企业，做企业的目的和意义究竟是什么？
- 第二个问题：未来十年、二十年、三十年，要把这家企业做成什么样子？即要做成一家什么样的企业？
- 第三个问题：在经营管理企业的过程中，什么是应该做的、什么是不应该做的；什么钱可以赚、什么钱不可以赚；到底应该有什么样的信条？

这三个问题的答案就是我们非常熟悉的一家企业的使命、愿景和核心价值观。我们都知道人有三观，即世界观、人生观、价值观。茅忠群把企业的使命、愿景、核心价值观也称为"企业三观"。"企业三观"就像企业家的第一颗纽扣，三观不对，努力白费。

每一个企业都应该有自己的使命、愿景和核心价值观，它是企业文化的重要组成部分，也是企业文化的核心。每一个企业家或创业者在做企业和创立企业时，都应该发自内心地、千万遍地拷问自己这三个问题。

1.1 为什么要做这家企业

茅忠群提出做企业的"经典三问"的第一个问题是：你为什么要做这家企业？你做企业的目的和意义是什么？回答这个问题的过程就是确立企业使命的过程。在方太文化研究院开设的"方太文化体验营"的课堂上，茅忠群就这一问题向中小企业的经营者提问，收到的答案五花八门，有的企业经营者回答说："做企业是为了赚钱，是为了盈利。"这时，茅忠群便会继续追问："赚钱之后呢？"大家陷入沉思。

改革开放初期，中国的第一代企业家做企业的目的比较简单，因为当时物质比较贫乏，他们做企业就是想脱贫致富、想赚钱，让家人过上更好的生活，也就是西方管理学中所说的"追求利润"，所以"赚钱"似乎可以成为第一代企业家做企业的目的。如今 40 多年过去了，当代企业家不能仅仅停留在这个目的上，应该更多地探究做企业的使命和企业的社会责任，只有这样才能让企业长期发展。

诚然，做企业要追求利润，企业只有赚了钱，才能存活下来。不能赚钱的企业也许不是商业意义上的好企业，但仅仅可以赚钱，也不是好企业，同时企业也做不长久。那么，当代企业家做企业的目的究竟是什么？茅忠群从中华优秀文化中找到了做企业的真正目的，或者说更高层次的目的。

《礼记·大学》的第一章告诉我们："大学之道，在明明德，在亲民，在止于至善。"意思是说大学的宗旨，在于明觉光明之道德，在于切实关爱人民，并达到最高的境界。如何实现大学之道？经典的"八条目"给了我们一个答案，就是"格物、致知、诚意、正心、修身、齐家、治国、平天下"[一]。其中，前五条为内修，后三条为外治。内修是外治的基础，外治是内修的结果。前五条为内修的方法和途径，内修的好坏程度直接影响到"齐家、治国、平天下"的效果。所以前五条又称内圣，后三条又称外王，"八条目"其实就是中华文化的内圣外王之道。

内圣是自我修炼管理，而外王则是"齐家、治国、平天下"。齐家，说的不仅仅是个人的小家，还包括家族；治国，当时是指治理诸侯国；平天下，是指让天下太平，天下指整个中华民族，现在也可以引申为全人类。而今天的企业，其实相当于那个时候的诸侯国。治理好企业这个"诸侯国"，对内能够养家糊口，维护家族和员工利益；对外，则有利于社会和国家的安定和发展。

因此，茅忠群认为，当代的企业家应该有士大夫情怀，眼睛不能仅仅盯住自己的一亩三分地，还要胸怀国家和社会。从这个角度来看，当代企业家做企业的真正目的并不仅仅是满足自己，赚更多的钱，而应该有更深层的意义——"修身、齐家、治国、平天下"。在茅忠群看来，在当今社会，这一理念可以适时理解为"修身、齐家、治企、利天下"，这是现代人，尤其是中国人做企业应该具有的使命观。

[一] 出自《礼记·大学》，原文："古之欲明明德于天下者，先治其国；欲治其国者，先齐其家；欲齐其家者，先修其身；欲修其身者，先正其心；欲正其心者，先诚其意；欲诚其意者，先致其知，致知在格物。物格而后知至，知至而后意诚，意诚而后心正，心正而后身修，身修而后家齐，家齐而后国治，国治而后天下平。"

1.1.1 做企业有三重境界

"义"与"利"的关系在中国历史上深受各家各派的重视,几千年来聚讼不已。深谙中华优秀文化思想的茅忠群认为企业经营者要真正弄清楚做企业的目的和意义,要学习中华优秀文化,弄清"义"与"利"的关系所在。茅忠群认为做企业有三重境界,即见利忘义、以义制利、义利合一。

第一重境界:见利忘义

做企业的第一重境界是"见利忘义",这是最低层次的境界。所谓"见利忘义",指企业见到有利可图就不顾道义,这样的企业以利益为驱动,以赚钱为导向,在"义"和"利"之间,把"利"摆在首位。所谓"种善因,得善果",如果企业经营者做企业的目的仅仅是为了赚钱,那么企业是走不长久的。

第二重境界:以义制利

做企业的第二重境界是"以义制利",指的是"君子爱财,取之有道"。企业追求满足自身需求的利益无可厚非,但不能不择手段,唯利是图,损人利己,企业赚的每一分钱都要在合乎"道"的前提下,要以道义来制约企业赚钱的方式。

在中华优秀文化思想中,孔子认为,"利"虽为人生所需,但不能作为人生的第一原则。人之为人,在于人能遵从于道。人类社会之所以不同于鸟兽之群,在于人是依"义"的原则运行。人若舍弃道义,不能成为真正的、高尚的人;企业若舍弃道义,不能成为真正的社会组织,会在企业对"利"的相互争斗中走向灭亡。所以,孔子主张"义以为上",即把"义"作为人生的第一原则,尤其对于以平治天下为己任的"君子"来说更应如此。"以义制利"在价值取向上强调"义"高于"利","义"为根本。企业做到"以义制利",有利于抵制利己主义,纠正见利忘义之时弊,规范商业行为,并以此确立企业使命、商业经营指导思想和根本原则。

茅忠群早在创立方太时,就做到了"以义制利"。1999年,厨电领域多家油烟机厂大打价格战,一直高速增长的方太连续几个月销售停滞没有增长,全国各地的销售员纷纷打电话表示需要用降价来应对这场"战役"。茅忠群每次都毅然决然地回绝了这些请求,并表示方太只做高端产品并专注于新产品的研发。这样做并不是他没有感受到方太生存的压力,而是他想到了自己创立方太的初衷——做家电行业第一个中国人自己的高端品牌。这是方太的"义",在"利"和"义"之间,茅忠群把"义"摆在首位,所以他才会有这样的选择和决策。

种善因,得善果。一年之后,就在很多同行因价格战遍体鳞伤之时,方太推出了"T型机",外形时尚,吸油烟效果更好,噪声更低,价格上虽然比1999年的新品高出10%左右,而市场却给出了良好的反应。

距离第一次价格战过去之后2~3年,厨电市场再一次陷入价格战,并且来势凶猛,背后还有资本的力量在助推。在这样的情况下,方太若不参与价格战,很有可能导致市场份额下降,甚至可能丧失某些市场;若参与价格战,可能导致利润率下滑,更为严重的是,可能会减少顾客对方太品牌的信任度和忠诚度,并给行业带来严重创伤。这又是一个"义"与"利"的选择。

面对如此情况,茅忠群认为打价格战不仅对方太高端品牌的建立是不利的,对市场良性健康发展的效应也是负面的。对顾客来说,短期内是获得了实惠,但将来会蒙受更大的损失,最终损害的是顾客和企业以及整个行业。所以,他再一次对价格战说"不",并且坚持聚焦技术研发,提升价值,坚持价值战,摒弃价格战。

"以义制利"就是要求企业经营者在求利时要受到"义"的约束，把"义"融入企业中，理智地从"利己"中挣脱出来。当代社会利益错综复杂，企业经营者在求利的过程中容易迷失自我，求利的方式与手段不合乎道义，就变成了"见利忘义"。因此，企业经营者要加强自我约束，用合乎道义的方式求利，共同打造公平、正义的经营环境，承担自己维护正义的社会责任。

第三重境界：义利合一

做企业最高的境界是"义利合一"。所谓"义利合一"，是义中有利，利中有义，义利融合。如果企业相信"因果"，就只管种"善因"，一定会得"善果"。

长期以来，在人们的思维定式中，"义"和"利"一直是对立的，非黑即白，是二元对立关系。茅忠群认为"义"与"利"是一不是二。企业经营者在经营企业的过程中，只管去做符合道义的事情，比如开发产品时，只关注开发真正解决顾客痛点和能够为他们带来幸福的好产品，自然会得到利润。这就是"义"在"利"中，"利"在"义"中，义利合一，义与利是一件事情，而不是两件事情。

老子在《道德经》里说的"天之道，利而不害，圣人之道，为而不争"大抵就是这个意思。"利而不害"就是心存善念，给身边的人，甚至其他生命更多的温暖和关爱，而不是损害他们、伤害他们。这样做不一定马上就可以获得利益或者得到好处，但是正如老子所说的"天道好还"，你向外发送什么，天道就回馈你什么。"为而不争"就是做好自己该做的，坚守原则，遵循规律，不要强求什么，淡定从容地面对一切结果，这样做"天道"不会让你失去所有，只会让你得到更多。用"80后""90后"的话通俗地解释，就是"你只管精彩，上天自有安排"。

2017年，方太提出了"文化即业务"，这就是方太追求"义利合一"最关键的行动。茅忠群认为，文化与业务之间有三个层次。

第一个层次是"文化是文化，业务是业务"，文化是企业文化部门的人做的，跟其他人没关系，其他部门做的事情叫业务。

第二个层次是"文化促业务"，这有点像前面所说的做企业的第二重境界"以义制利"，文化和业务是密切相关的，比如有的企业在与客户做业务交流时，首先会介绍企业文化，以取得客户好感，然后再与客户谈业务。在这一层次，文化和业务还不完全是"一"的关系，它们还是"二"的关系，但是它们已经被结合在一起了。以前讲的"文化搭台，经济唱戏"大抵就是这个意思。

第三个层次是"文化即业务"，文化和业务是"一"的关系。什么是"文化即业务"？文化在任何情况下，都是企业做业务的发心、方式和奋斗精神。业务是文化的呈现和结果。文化与业务是一体两面。

2010年，一次偶然的机会，茅忠群在央视新闻里看到一则关于"厨房油烟加剧家庭主妇肺癌风险"的报道。看完后，茅忠群意识到，要对方太的研发方向仔细想想了。在过去，方太研发吸油烟机时，大多是以技术指标为依据，比如风压、风量、噪声等，着力于这些指标的提高，能在一定程度上让顾客感知到吸油烟机的产品力。但这些指标跟顾客的健康之间是否有必然的联系，则有待进一步研究。

看完新闻后的茅忠群通过反思和与方太的销售人员沟通，发现比起吸油烟机的风量和风压是多少，顾客更关心的是油烟能不能被完全吸干净。明白这一点后，彼时的茅忠群认为，所有的创新都应该建立在关心顾客健康的基础上，而不单单是那些量化的技术指标。随后，方太将吸油烟机的研发方向从关注量化指标调整为"不跑烟"，因为顾客真正需要的是一台"不跑烟"的吸油烟机。

据在方太工作了13年的油烟机研发部高级工程师叶工回忆，当时，参加技术会议的每个人都能察觉到讨论重点的变化。时任油烟机研发部总监的李工开始提出如"这款产品的预计有效风量有多大""这款产品预计会带来多少分贝的厨房噪声"等与顾客使用体验直接相关的技术问题，将工程师们的注意力由纯实验室参数技术，引向真实的顾客使用情境。

有了"不跑烟"的顾客导向研发指标，如何考量效果呢？对于每个研发节点茅忠群都要亲自体会与审核。对于研发团队来说，过茅忠群这关很难。茅忠群要求这款吸油烟机"使用后，厨房闻不到油烟味"。新产品第一次试制出来后，没有得到茅忠群的认可，他闻到了油烟味，觉得还可以改进。当时，大部分工程设计人员认为这个要求简直不可思议，因为不同于西方以蒸烤为主的烹饪方式，中国的烹饪主要是爆炒，爆炒必然会产生大量的油烟，怎么可能没有一丁点儿油烟味呢？

在茅忠群的"偏执"要求和研发人员的努力下，方太的研发人员想到了用炒辣椒的方法来验证效果——炒辣椒时是否能闻到辣椒味。如果能闻到辣椒味，那么说明这款吸油烟机没有把油烟都吸走，还存在跑烟的现象；如果不能闻到辣椒味，那么说明这款吸油烟机把所有的油烟都吸走了，达到了"不跑烟"的效果。

于是，在接下来的三年时间里，为了测试极限环境下的吸油烟机性能，方太的研发团队去四川省找来了一种比寻常辣椒更辣的辣椒，努力翻炒制造浓烈油烟和气味，观察油温状态。研发人员前前后后炒掉近1000公斤辣椒，以至于方太其他部门的人经常调侃研发人员，说他们可以直接去当厨师了。

过程是煎熬的，结果却是美好的。2013年，方太的研发人员在发现了吸收油烟的"580mm黄金控烟区"后，研发出近吸直排不跑烟的吸油烟机，取名为"风魔方"。这款吸油烟机通过挡板和全加速直排系统把油烟隔开，再加上好看的外观和全自动隔烟屏，一上市就受到了顾客的喜爱。

彼时，"风魔方"的售价为 5000 元左右，这在当时厨电行业的国内品牌里售价已属较高，但仅仅两个月的时间，这款吸油烟机便成为全国吸油烟机畅销榜的冠军产品，并且冠军头衔一直保持了 7 年之久，还获得了中国工业经济联合会颁发的制造业单项冠军产品奖项。

不管是以史为鉴，还是从方太的实践看，企业经营者至少都要做到"以义制利"。君子爱财取之有道，在符合道义的前提下去赚取利润，在符合义的前提下获取利益，这是初级阶段；当企业经营者能做到初级阶段后，再向高级阶段修炼，追求"义利合一"。企业尽管去做符合道义的事情，去做企业该做的事情，明确这件事该不该做，就是明确这件事情是否符合道义，是否符合企业的发展规律。义者，宜也，合宜合理就是该做的，不合宜不合理就是不该做的。尽管去做该做的事情，利就在其中。如果企业经营能够达到这样一种境界，那么企业的经营就会实现可持续。

求利是基础，守义是底线，重义是升华。当代的企业经营者，要有胸怀、有视野、有担当，既脚踏实地又仰望星空，既甘于寂寞又敢于创新冒险。带着思考来总结一下茅忠群所说的做企业的三重境界，笔者理解这类似于"三个石匠"的故事。

山脚下在建一座教堂，有三个石匠在干活。一天，有人走过去问他们在干什么。第一个石匠说："我在混口饭吃。"第二个石匠一边敲打石块一边说："我在做世界上最好的石匠活。"第三个石匠眼中带着想象的光辉仰望天空说："我在建造一座大教堂。"

第一个石匠代表做企业的第一重境界；第二个石匠代表做企业的第二重境界；第三个石匠代表做企业的最高境界。至于企业的经营者或创业者想做哪个石匠,取决于他想成为一个什么样的企业家和他想把企业做成什么样子。

1.1.2　为了亿万家庭的幸福

把中华优秀文化学进血液和骨髓的茅忠群认为,方太要做"义利合一"的企业。2015年年初,茅忠群提出了方太新愿景——"成为一家伟大的企业"。伟大的企业不仅是一个经济组织,要满足并创造顾客需求,而且是一个社会组织,要积极承担社会责任,不断导人向善,促进人类社会的真善美。从这个意义上讲,方太仅仅通过提供好产品"让家的感觉更好"显然已经不足以支撑方太的新愿景,方太需要提出与"伟大企业"一致的新使命。基于此,茅忠群于2018年年初把"让家的感觉更好"的使命升级为"为了亿万家庭的幸福"。

方太的新使命

方太新使命的第一个关键词是"幸福"。何为幸福?这不仅是一个哲学命题,也是一个社会话题。幸福是人类终极的追求,它是一种主观感受,没有客观标准。通过学习中华优秀文化,茅忠群体悟到,幸福是物质与精神双丰收,是事业与生命双成长。幸福是实现人生的意义和价值。

由此可见,仅仅有好产品,还不足以让顾客获得真正的幸福。方太不仅要有高品质的产品,更要创造有意义的美善产品,比如保护家人健康的"不跑烟"的吸油烟机;保护环境、减少污染的"星魔方";解放双手、呵护健康的水槽洗碗机等。方太产品不仅要具有极高的设计品位,能提供很好的感官体验,而且具有非凡的意义,比如保护家人健康、保护环境、解放双手、节省时间来陪伴家人等。方太不仅要提供有意义的美善产品,还要提供有意义的幸福服务,比如能让顾客及其家庭真正幸福安心的服务——跟产品相关的安装、维护等服务，跟健康烹饪相关的服务，跟健康养生相关的服务，跟幸福人生相关的服务等。

总结起来就是：方太要提供无与伦比的高品质产品和服务，打造健康、环保、有品位、有文化的生活方式，传播中华优秀文化，让亿万家庭享受更加美好的生活，实现幸福圆满的人生。

方太新使命的第二个关键词是"亿万"。为什么是"亿万"呢？一方面是因为现在方太的顾客数量早已经过千万，作为未来相当长一段时间的使命，用"亿万"进行表述更为合适；另一方面是因为"亿万"并不是一个确切的数，它也代表一个数量级，是一个更宏大的目标。所以方太新使命中的"亿万"不是一个具体的目标数字，而是一个可以仰望的目标。

方太新使命的第三个关键词是"家庭"。"家庭"在这里有六层含义：一是顾客家庭；二是员工家庭；三是合作伙伴家庭；四是方太大家庭；五是祖国大家庭；六是人类大家庭。

通过理解方太的新使命，我们可以看出方太不仅要把中华优秀文化传播给所有方太人和合作伙伴，还要传播给广大的顾客以及更多的人。茅忠群说："作为企业的经营者，我们要经常在内心深处拷问自己：我为什么要做这家企业？我做这家企业的目的和意义是什么？通过回答这个问题，来确立企业使命。"

如何确立企业使命

确立企业使命并不是一件容易的事，不是企业经营者和企业文化部门拍脑袋就能想出来的，它需要企业经营者自我审视和不断拷问自己的内心。笔者通过方太的使命确立过程提炼出三大要点，供企业借鉴。

要点一：树立正确的义利观。企业如果不能获利就无法生存，所以企业追逐利益无可厚非，关键是企业要追求"义利合一"。这可以从两个方面来实践，首先，要树立正确的义利观，在企业的各项经营活动中做到用"合义"的方法去获取利益和财富。所谓"合义"的方法，是指以合法的途径和正当竞争的途径为底线，以更高级的道义为追求方向，比如遵守商业道德、追求利益相关方的共赢、积极履行社会责任、推广中华优秀文化等；其次，树立"义利合一"的因果观念，明白企业若是认真遵守法律法规，积极承担道义责任，自然会获得长久的利益。

要点二：使命源自崇高的社会责任。现在有些企业的使命是写给顾客、员工和社会看的，只是为了装饰或营销，不是源自社会责任。所谓"崇高的社会责任"，是说企业的使命要为人类造福，为社会解决问题，为国家的发展添砖加瓦，为创造美好生活贡献力量。比如方太的"为了亿万家庭的幸福"这一使命源自于茅忠群为社会解决问题和为创造美好生活贡献力量的社会责任。

要点三：使命不是一成不变的。使命是一个历史的范畴、动态的概念，在不同时期有不同的内涵，它可以随着时代、企业发展等因素而变化。所以企业要经常检查自己的使命，是否符合时代发展，是否符合企业发展阶段。

1.1.3　方太的三大愿望

很多人在初次看到方太的使命、愿景时，可能会在心里质疑："方太追求这么高的使命和愿景，能实现吗？如何实现？"茅忠群说："美善创新和中华优秀文化是我们实现企业使命的底气。""亿万家庭的幸福"是一个巨大而长期的工程，方太的"创新三论"一直指导着方太在产品、技术上的美善创新，实现幸福的目标。从2018年开始，方太提出了"三大愿望"，即十年助力一千万家庭提升幸福感；十年助力十万企业家迈向伟大企业；十年助力建设一万个幸福社区,旨在用中华优秀文化助力亿万家庭提升幸福感。

助力一千万家庭提升幸福感

作为一家追求伟大的企业,方太不仅致力于为顾客提供高品质的产品和服务,更努力承担社会责任,做一个优秀的企业公民。围绕企业使命、愿景和核心价值观,方太不断升华企业社会责任的内涵,并扩大其实践深度和广度。方太希望通过为亿万家庭提供无与伦比的高品质产品和服务,打造健康、环保、有品位的生活方式,进而影响整个社会。

从2018年开始,方太每一年的幸福发布会,除了发布厨电产品之外,还发布了"文化产品",即"新时代家庭幸福观""幸福社区核心理念""幸福厨房理念",构成"幸福三部曲"。"新时代家庭幸福观"包括衣食无忧、身心康宁、相处和睦、传家有道;"幸福社区理念"包括美善环境、精诚服务、和乐成长、互助公益四个方面,打造出"不是一家人,胜似一家人"的幸福社区;"幸福厨房理念"包括厨房有品,饮食有节,相处有乐,食亦有道四个维度。

从社区、家庭到厨房,方太旨在从新时代家庭的一种全新生活方式着手,通过厨房这一幸福道场的建设,让人们感悟:我们终日追寻的幸福,其实就在这充满烟火气的方寸天地中。

伟大的企业导人向善,不管是家庭的幸福,还是社区的幸福,方太是想立足于厨电行业,借助美善的技术与产品,提供充满幸福感的产品使用体验,助力每一位顾客、每一个中国家庭获得真正的幸福快乐,实现从小家到大家、从个人到社会的全面幸福的美好生活。这不仅承载着方太品牌与幸福有关的文化价值观,也承载着方太"为了亿万家庭的幸福"这一个时代新使命的落地。对于中国企业来说,这更是一种管理创新。

助力十万企业家迈向伟大企业

为了将探索并践行的"中西合璧"文化管理体系进行传播,让中国更多的企业学习中华优秀文化,并用于企业经营管理当中,茅忠群在2018年提出"助力十万企业家迈向伟大企业"这一目标后,面向外部企业家成立了"方太文化研究院",依托于方太独特的企业文化和管理实践,旨在为企业家分享方太践行多年所形成的"中学明道、西学优术、中西合璧、以道御术"的方太文化管理体系。

在谈到这一"幸福目标"时,茅忠群有些自豪地说道:"千万不要小看这十万企业家,这可不得了,每一位企业家如果再去影响若干企业家,再加上他们的员工,这个数字叠加起来起码是一个亿……"

方太文化研究院是一个带有公益属性的"民办非企业组织",自2018年成立以来,无数中小企业经营者及核心高管走进方太,了解拥有中国特色的中西合璧的企业文化和经营管理,学习方太的管理经验、中华优秀文化以及如何将文化融入自己企业的方法、路径和实用工具。

比如1994年创建宁波妈咪宝婴童用品制造有限公司的叶伟德,通过在方太文化研究院的学习,确立了以方太为学习标杆,构建妈咪宝教培中心,并以此为契机,将方太中西合璧文化管理体系引入企业,开创了中国孕婴童行业企业教育新典范。

再比如担任唐山甬妈妈餐饮董事长的毛勋,在方太文化体验营学习后,目前企业员工流失率仅为5%,远远低于30%的行业平均水平。毛勋在甬妈妈推行企业文化后,近几年甬妈妈单店每年保持15%的增长,整体增长率保持在70%。

这样的案例不胜枚举。管理学与一切人文学科的不同之处在于，管理学者只有深扎到企业中去，双腿沾满泥，才能产生真正有生命力的、接地气的管理思想。我们相信，当企业家们走进方太时，弥漫在他们周围的一定是浓重的、强烈的仁爱精神与中华优秀文化气息……这才是最本真、最可靠、最接近企业常识的写在中国土地上的"管理真经"。

助力建设一万个幸福社区

方太认为想要获得真正的幸福，既离不开幸福家庭、幸福社区，也离不开幸福朋友圈、幸福单位、幸福城市、幸福国家乃至幸福地球村。

基于此，方太提出要"助力建设一万个幸福社区"的目标，旨在打造让社区居民普遍具有安全感、归属感、尊重感和成就感的社会生活共同体，以及环境整洁、服务完善、文明和谐、守望相助、自主自治的新型社区和幸福家园。这一定义呼应了当代人深层次的精神需求，突出了社区"共建共治共享"的属性。方太从四个方面来完成这一目标：基于社区居住者对于"服务"的需要，提出"美善环境"和"精诚服务"；基于社区居住者对于"关系"的需要，提出"和乐成长"和"互助公益"。

"美善环境"指的是社区的硬件和物质条件。"美"是就视觉而言的，即赏心悦目；"善"是就功能而言，即以人为本。社区硬件条件是实现幸福社区的重要基础，社区硬件条件包括住房状况、社区设施和社区环境等。

"精诚服务"指的是服务软件和精神条件，合格的物业管理服务是实现幸福社区的基本条件。以业主为中心，精于业，诚于心，方能为业主提供安心服务，才能让业主获得安全感、归属感、尊重感，从而大大提升业主的幸福感。

"和乐成长"是自我学习和心灵成长，居民生活素养是幸福社区的生活质量提升的主要体现。通过幸福课堂和睦邻活动培养社区情感、社区凝聚力、社区责任感和归属感，重视社区社会组织和人际关系的协调。

"互助公益"是利他互助和行善积福。守望相助、自主自治的社区关系是幸福社区的活力保障。居民既是建设幸福社区的主体，也是建设幸福社区的客体。幸福社区少不了社区成员的密切交往与和谐的邻里关系，也少不了社区居民对社区公共事务和活动的参与和意见表达。建设幸福社区的核心问题在于如何激发社区活力，让居民真正参与到建设幸福社区的过程中。只有具备极大活力的社区，才可能实现高品位的幸福社区。

目前，方太在"幸福社区"建设实践的过程中开发了五大类型的共建内容，分别是空间类、课程类、活动类、服务类和社群类产品。开发社群类产品，目的是推动社区居民的连接，进而形成自发的社群，无论是人、品牌还是某种主题的运作，以此来聚集社区的居民。方太可以提供美食社群、国学社群、健康养生社群、居家装修社群等主题社群运营所需的内容支持和指导。比如，2021年5月25日，方太在深圳花样年家举办了一年一度的"东方比邻节"。活动汇集了孩子们的古琴表演、比邻公约的发布、邻里游戏的比拼等精彩内容，更有烘焙体验、美食品尝等项目吸引业主们争相参与。小区业委会主任反馈，刚开始举办"邻里宴"时，只有100多位居民参加，之后越来越多的居民响应，规模日渐扩大，现在大家都把这里当成了厨艺比拼赛场。来自湖南的杨阿姨每次都参加邻里宴，上一次，她做的泡椒牛蛙得了全场第一名，今年除了泡椒牛蛙之外，阿姨又新增了香辣蕨根粉和口味猪脚、鸡爪，她说："想让更多居民尝尝我的手艺，今年争取再得第一。"

方太以"小家"见"大家"，以"搭建一个共同学习、修炼、成长的平台"为使命，倡导"邻里文化"，以家庭的温暖和社区的和谐来塑造温情的文化与生活方式。唤起人们对家庭幸福生活的向往，传递美好生活理念，营造幸福的社区氛围，让幼有所长，老有所依，邻里和谐。

你为什么要做这家企业？做企业的目的和意义是什么？对于这个问题，相信看到这里的你，心中已经有了答案。作为方太的观察者，笔者一直笃信"起心动念""种善因得善果"，当我们在经营企业时，你怀的是什么样的心，最后就会得到什么样的果。最后，笔者想把思想家詹姆斯·艾伦㊀的一段话送给大家，与大家共勉——

人的心灵像庭园。这庭园，既可理智地耕耘，也可放任它荒芜，庭园不会空白。
如果我们想要一个美好的人生，
我们就要翻耕自己心灵的庭园，将不纯的思想一扫而光，
然后栽上清纯的、正确的思想，
并将它培育下去。

㊀ 詹姆斯·艾伦被称为20世纪的"文学神秘人"。经典著作有：《做你想做的人》《人在思考》《通往成功之路》《做命运的主人》等。

1.2 要成为一家什么样的企业

茅忠群提出做企业的"经典三问"的第二个问题是：未来十年、二十年、三十年，要把这家企业做成什么样子？即要做成一家什么样的企业？

回答这个问题的过程就是确立企业愿景的过程。一个人最终能成为什么样的人，很大程度上取决于他想成为什么样的人。企业也一样，一个企业最终要成为什么样的企业，很大程度上取决于企业经营者（创始人）想把企业做成什么样子。方太在"助力十万企业家迈向伟大企业"的过程中，一直在启发企业经营者去思考"要成为一个什么样的人"和"要做成一家什么样的企业"。企业经营者只有想明白了自己要成为什么样的人，以及你所领导的企业要成为什么样的企业，才会最终成为那样的人和那样的企业。

1.2.1 企业的三观源于企业家的三观

"企业三观"是"企业家三观"的转化、升华、验证。一家企业的"三观"大多来源于企业经营者的三观，如果一个企业经营者只想成为腰缠万贯的商人，那么他所领导的企业最后可能会成为一家追求利润至上的企业。用稻盛和夫的话来说，就是"公司的规模超不过经营者的器量"。

所以，当我们想快速了解方太时，首先要了解其创始人茅忠群。弄清楚茅忠群要成为一个什么样的人，他的三观是什么，才能明白方太要成为一家什么样的企业。一个人的三观存在于一个人的思维和意识里，我们可以通过一个人的言论、行为等来判断一个人的三观。

2020年9月，茅忠群在一场名为"聊聊君子企业家"的直播里，谈到了自己的三观——世界观：世界大同，天下一家；人生观：修身、齐家、治企、利天下；价值观：仁、智、勇。

茅忠群谈到，他的三观深受中华优秀文化的影响。具体来说，儒家经典对于"大同世界"的描述，对于积极推动构建"人类命运共同体"的当代中国也有重要的借鉴意义。帝制时代的中国士大夫阶层以"修身、齐家、治国、平天下"为人生使命，而在崛起的当代中国，把企业治理好、积极承担社会责任且传递正能量，就是企业家的最大贡献和价值。2021年，方太还对此前归纳的价值观（即仁义礼智信、廉耻勤勇严）做了浓缩，提炼出"仁智勇"三个字，也就是孔子提出的"三达德"：仁者无忧、智者不惑、勇者不惧。如果一个人能努力做到这些，就能拥有强大的能量。

如何确立和修成三观

在谈及对于自己三观的体悟和修炼时，茅忠群说自己始终把如何提升心性放在首位。中华优秀文化的核心是心。在心、道、德、事四部曲中，"心"是"道"的源泉，"道"是"德"的根本，"德"是"事"的根源。厚德才能载物，心、道、德决定了事，心是一切的源泉。心体现在起心动念上，起心动念决定了我们的意识、语言和身行，意识、语言和身行决定了我们做的事，所有的事汇集起来就是我们的人生。人与人之间的差别，本质上就是心灵品质高低的差别，就是心灵宝藏开发程度的差别。

既然心是一切的源泉,那么企业经营者可以直接在源泉——"心"上下功夫,企业经营者的三观才会正,那么应该如何做呢?

中华优秀文化里有一个概念叫"人人皆有圣人之心"。这与上面所说的"人与人之间最大的差别是心灵品质高低的差别"似乎有些矛盾?事实上,这两句话并不矛盾。大多数情况下,普通人的"圣人之心"被不明和贪欲遮蔽了。所以,企业经营者要想在"心"上下功夫,建设心灵品质有两个方法:一是明心;二是净心。明心对治的就是不明,净心对治的就是贪欲。

如何明心?——简单说就是明白和体证人生的两个真相。第一个真相,即人生的重大秘密是心中拥有无尽宝藏;第二个真相,即人生的重大真理是行为作用与反作用。用茅忠群的话来说就是最大的规律是因果,有什么样的因就有什么样的果,所以企业经营者要在"因"上努力,在"缘"上创造,在"果"上反省,这是人生的重大真理。

如何判断明心的程度?——企业经营者可以对相信"自己心中拥有无尽的宝藏"打分(比如用0~100分来给自己打分)。如果你是一个从来没有学习过中华优秀文化的人,那么你的分数可能不会超过10分。这也是为什么很多企业经营者会感到困惑烦恼的原因所在,因为你还没有明白和体证人生的两个真相。企业经营者要把"明心"的分数提升至60分,甚至80分、90分,这样你的心才会拥有无尽的能量。

如何净心?净心就是在起心动念处净化心灵,可以使用净心三部曲。

第一部曲:观照。所谓观照,就是企业经营者在自己心里"安装"一个"雷达",随时监测自己的起心动念。企业经营者刚开始用这一方法时会很难,因为我们每个人每天有超过30万亿个念头,当然这里面包含了极细微的念头。这些细微的念头,有的连我们自己都没有察觉到。你现在在想什么?你会发现很多念头冒出来，不受你控制。为什么不受我们控制？因为这是我们长期以来形成的习性，自己也控制不了自己。所以第一步要观照。

第二部曲：反省。观照到不好的念头要立马把它扼杀在萌芽状态，不要变成行为。因为行为都是由我们的念头推动的，如果能够在萌芽状态把念头扼杀掉，那就不会产生不好的行为。同时要好好反省自己为什么会有如此不好的念头。

第三部曲：引导。把不好的念头扼杀，其实也是很难的。因为我们每天有无数不好的念头会自动冒出来，所以第三步比第二步更重要，要不断地引导自己产生更好的念头。企业经营者可以通过立大志来实现这一点，如果我们时时想着我们的志向、目标，这样就没有坏念头的立足之地了。这就是引导。

方太研发净水机

茅忠群"明心"和"净心"的效果，我们可以通过方太研发净水机的故事来窥探一二。方太在研发净水机时，彼时市场上研发净水机的厨电企业大致会走两条路：一是顾客产生了某种外显的需求，企业去寻找可以满足现有需求的技术；另一条路就是企业先洞悉顾客的潜在需求，再寻找或研发相应的技术。面对跟风与创新两条道路，茅忠群毫不犹豫地选择了第二条路，他对方太的研发人员说："我们自己先要把水研究明白，才能搞清研发的方向，真正对顾客负责。"

为了找到健康的水，茅忠群认真研读了18本相关书籍，和研发人员翻遍了各类文献，走遍全国25个典型水质城市，访遍30多位权威专家学者后，关于水的研发思路才逐渐清晰：洁净且保留天然有益矿物质的水，才是健康好水。无色无味的水，其实是一种由各种溶解物质组成的复杂体系。其中既包括钙、镁、钠等有益的矿物离子，也包括微生物、重金属、农药化肥等污染物质。那么，如何存优汰劣？

首先，水中的矿物离子是人体不可或缺的。权威文献表明，比起食物，喝水是摄取矿物质的最佳途径。传统的技术无法完全实现"去害留益"的净水效果，如市场主流的反渗透技术，通过"一刀切"的方式把矿物离子和污染物质都滤除了；而在保留矿物离子的前提下，另一种净水技术——超滤，只能去除分子体积较大的污染物，却无法有效滤除重金属离子，长期饮用含有铅、铜、汞、铬等重金属离子的水可能会引发各种疾病。

虽然现在看健康好水的定义比较简明，但茅忠群为了将"健康水"从概念到技术落地前后花了8年的时间。彼时方太面临的最大困难是：跑遍全世界，也没有找到一项能还原天然好水的净化技术。既然决定做下去，方太就必须在这一从未涉足的领域找到研发伙伴。但当方太向国外知名净水企业寻求技术合作时，碰到了"不可能实现"的软钉子。

到底要不要继续做下去？做，门槛高、投入高、风险高；不做，方太三年来的努力都将付之东流。当研发深陷瓶颈之际，茅忠群告诉团队成员："再慎重一点，千万别赶时间。如果我们的决策错了，麻烦不断；决策对了，成功是迟早的事。水是人喝的东西，每个数据必须明明白白。我们要从顾客角度出发，做别人不能做或者不愿意做的事情，无愧做美善产品的初心。"

2016年9月，经过茅忠群和50位研发人员1000多个日夜攻关，第一根能够滤除水中重金属、保留有益矿物质的膜丝终于成功问世。通过方太独特的膜材料配方及工艺，在选择性过滤膜表面及内部形成大量的重金属吸附点，这些吸附点对重金属离子有亲和作用，对常量有益矿物质没作用，从而实现选择性吸附水中重金属离子，而对人体有益的矿物质则能顺利通过，真正实现智能选择性过滤。就像发现新大陆一般，方太将这项技术命名为"NSP选择性过滤技术"。

但兴奋转瞬即逝。搞过研发的人都知道，任何前沿技术要从实验室走向车间，都隔着高山大海般的距离，其中最重要的课题就是保证量产后的性能稳定。面对技术上的"无人区"，茅忠群和研发人员沟通过无数次，36个月用掉了2000公斤原材料，对膜丝配方和工艺参数进行了430多次改进。2019年3月，方太终于翻越了从实验室到量产之间的大山，"纺制的膜丝足可以绕地球一圈"。

在由中国工程院高从堦院士牵头举行的技术验收会上，"NSP选择性过滤技术"顺利通过验收。按照大多数企业的做法，技术一旦验收，产品即可上市。但茅忠群进一步考虑到全国各地的水质不尽相同，每个顾客对饮水的需求也不同。于是方太推迟了上市时间，把净水机的样机装到了全国400多名顾客的家中试用，还邀请他们参加了"水体口感盲测"活动，综合分析出怎样的水更符合多数人的口感。在顾客的反馈下，茅忠群让研发团队对一些数据进行进一步优化。

2019年9月，历经8年研发攻关、1万多次试验检测、100多种材料选型验证……第一台搭载着"NSP选择性过滤技术"的方太母婴级净水机终于上市了。从籍籍无名到声名鹊起用了不到两年的时间，来自《中国净水设备（末端）市场研究报告》的数据显示，在主要品牌厨下净水机市场中，方太零售额份额与零售量份额整体稳步上升；细分市场中，方太母婴级净水机在2021年厨下净水机畅销机型TOP10榜单4月、5月、6月连续登顶。

从2017年11月到2019年9月，在通过验收后，方太把上市时间又延迟了近两年。要知道，两年时间产生的不确定性和投入是非常巨大的，但茅忠群始终看重品质，认为创新的目标是"义利合一"，为顾客带来幸福，幸福才是根本和结果。

基于自己的三观，茅忠群在做任何决策时都是把"该不该做"放在第一位，这是对价值观的坚守，同时也是净心的结果。事实上，关于反映出茅忠群三观的事还有很多，这里无法一一道来。企业经营者的三观决定了企业的未来。俗话说"螃蟹只会比照自己壳的大小打洞"，企业经营者想让自己的企业实现长期发展，要提升自己的心性，通过学习中华优秀文化，重塑正确的三观。

1.2.2　成为一家伟大的企业

企业经营者弄清楚自己的三观是什么样的，或者你要成为一个什么样的人后，接下来再来回答"你的企业要成为一家什么样的企业"。

2015年2月5日，茅忠群在方太的年会上宣布了方太的最新愿景——"成为一家伟大的企业"。这就是茅忠群对于上述问题的回答。至此，方太的愿景从"成为受人尊敬的世界一流企业"变成"成为一家伟大的企业"。从"一流"到"伟大"，虽然仅仅是几个词的变动，其意义却大为不同。

笔者在与很多企业家分享方太的愿景时，他们问及最多的是：方太无论是和世界长寿企业相比（比如金刚组），还是和中国行业龙头相比（比如华为），其创立时间和企业规模都谈不上很有优势。为何方太有这样宏大的愿景？方太有什么样的未来才能配得上现在的愿景？

坦率来讲，不只是企业家会提出这样的疑问，笔者的心里也有这样的质疑。现今中国的企业里，很少有企业经营者敢立志"要成为一家伟大的企业"，倒不是说中国的企业经营者缺乏宏伟目标，而是"伟大"一词本身就带有巨大的争议。带着这些疑问和质疑，当仔细研究茅忠群所说的"伟大"时，笔者豁然开朗。

为什么要立志"伟大"

国家、民族都有自己的信仰，企业同样也有自己的商业信仰。企业的商业信仰是由使命、愿景、核心价值观延伸出来的一整套的文化管理体系。使命牵引愿景，愿景是一个组织的阶段性灯塔，或者叫阶段性的理想，更是一个组织关于未来发展的期许。我们从对内和对外两个维度来分析为什么茅忠群要立志于"伟大"这一愿景。

1. 对内：方太持续探索"中学明道、西学优术、中西合璧、以道御术"的结果呈现

方太初定"成为受人尊敬的世界一流企业"的愿景时，销售额还很少，但茅忠群已经有了"要成为伟大企业"的想法，这一想法来源于他去国外参观。在德国、日本有很多隐形冠军，它们的规模不是很大，但不管是产品还是服务都做得非常好，有的可以称得上伟大。茅忠群谈到过一家日本医院给他留下的深刻印象时说："日本有一家小医院，当地有很多人，甚至距离医院很远的人都想生一场病，只为到那家医院去住上一段时间，享受医院的服务。当然，这样的说法可能有些夸张，但足以说明该医院的服务已经达到让顾客安心的程度。这家医院并不大，能做到这个程度就是伟大的。所以我觉得企业的伟大不在于大小和规模，而是要做到让顾客安心。"

从 2004 年开始，茅忠群就开始思考：什么样的企业才称得上"一家真正伟大的企业"？从中华优秀文化的角度如何看一家伟大的企业？西方文化认为企业是一个经济组织，企业的目的就是股东利益最大化，利润最大化。股东利益最大化，往往意味着相关方的利益最小化，这样就会催生出很多的对立和冲突现象，不利于和谐。

茅忠群从中华优秀文化里找到了不一样的答案。无论是儒家的"仁义"、道家的"道德"，还是佛家的"菩提心"，归根结底，都是在"导人向善"。

企业既是一个经济组织，又是一个社会组织。

首先，作为一个经济组织，企业要满足并创造顾客的需求，但这个需求应是合理的。比如人们常说的孩子喜欢玩电子游戏，玩电子游戏也是需求，但对于这样的需求，企业不能无限满足顾客，要有克制、有度。其次，作为一个社会组织，企业要积极承担社会责任，不断导人向善，促进人类社会的真善美。把这一切思考清楚后，茅忠群宣布了"成为一家伟大的企业"的愿景。他对笔者说："方太要弘扬中华优秀文化，弘扬中华优秀文化意味着我们自己要把样板做出来，用中华优秀文化孕育出来的企业是什么样子的，方太要呈现给世人看。"所以，对内来看，立志"伟大"这一愿景是茅忠群又一次"中学明道、西学优术、中西合璧、以道御术"的结果。

2. 对外：弘扬中华优秀文化，助力文化的伟大复兴

茅忠群希望通过打造伟大企业，成为用中华优秀文化来管理现代企业的一个标杆，让更多的企业经营者相信中华优秀文化是可以应用于现代企业管理的，让更多的企业经营者来学习中华优秀文化。只要中国企业群体能够把中华优秀文化落地，那么整个中国的文化就能繁荣兴盛。

茅忠群研究中华优秀文化近20载，认为中华优秀文化是中国人的精神家园。其不仅存在于个人的修为中，也不仅存在于家庭中，还应该存在于社会组织中，尤其是企业组织。茅忠群说："中国人的企业，其灵魂一定是中国人的，中华优秀文化当之无愧是首选。"

在学习和实践西方管理理论过程中，茅忠群洞察到西方管理理论隐含的西方文化与中华优秀文化的差异，以及由此暴露的管理问题，他坚信中华优秀文化与西方管理理论融合是中国企业管理的必由之路，坚信中华优秀文化是建构中国企业管理思想的基础。

为了践行这一理念，茅忠群不仅把中华优秀文化的"仁爱"价值观融合到方太文化中，还把"文化即业务"的哲学理念引入方太的点滴业务中。比如茅忠群在方太建立了"孔子堂"，开始推行中华优秀文化教育，给每位员工发了《三字经》《弟子规》《论语》等经典书籍，推出员工教育计划，除专业技术培训之外，每年还有不计课时的人文教育计划。再比如前面所说的方太的"三大愿望"，都是方太弘扬中华优秀文化的表现。

诗人茨维塔耶娃曾有言："生于这样一个时代，我没有别的选择，只能尽力做一个诗人。"而生于现在这个时代的中国企业经营者也没有别的选择，只能尽力做伟大的企业，推动文化的繁荣兴盛。

从"成为受人尊敬的世界一流企业"到"成为一家伟大的企业"的愿景，不仅是文字和口头表达的不同，更是企业经营者境界的升华和企业更高的追求。前者更关注外人如何看待方太，更注重企业的外在形象和身份，而后者更关注企业的内在品质和社会责任。

1.2.3　伟大的企业导人向善

谈到伟大，很多人会问：何谓伟大？是否活过100年的企业就是伟大的企业？还是规模较大、影响力强的企业就是伟大的企业？茅忠群对伟大企业的定义有着自己独特的理解。他认为，伟大的企业不仅是一个经济组织，要满足并创造顾客需求，还是一个社会组织，要积极承担社会责任，不断导人向善，促进人类社会的真善美。

优秀的企业和伟大的企业最大的区别在于，优秀的企业只是满足人的需求，伟大的企业还要导人向善。这无疑给企业经营者带来一种新的思考，你的企业要成为一家什么样的企业？企业经营者可以通过茅忠群的解读，结合自己的思考来确立企业愿景。这里，笔者提炼出三个要点以供企业家参考。

要点一：企业经营者要有远大的追求。每个企业经营者自身追求的格局不尽相同，长此以往，最终的结果也多有出入。譬如茅忠群追求的是做一家伟大的企业，让自己的企业、员工、顾客，甚至整个社会都能获得良性发展，赚更多的钱不过是此番追求之后的自然结果。作为"务实的理想主义者"，他的身上有一种让世界更美好的理想主义情怀。对事业本身的热爱与对社会的责任，便是他的动力来源。对理想的追求最终让方太也获得了合理的利润，于是理想变得更加务实。

要点二：超越利润，才是伟大。企业对于利润应该有一种价值取向，君子爱财，取之有道。尤其是那些具有影响力的企业，有责任向社会、向员工输出一种正能量，并激活这个社会中的善，从而让这个社会变得更加美好。否则，没有价值观的企业发展到一定规模和程度就会迷失方向，偏离企业宗旨。价值观的迷茫必然导致经营危机、道德危机和信任危机，不仅给顾客以及社会带来巨大的损害，而且极大影响顾客和社会对于企业的信任和认知，进而对企业存在的价值产生怀疑。

要点三：心是一切的源泉。2019年，腾讯将愿景从"科技改变世界"修改为"科技向善"；分众谈人生最大的真理是"因果"，利他才是最大的利己……越来越多的企业正在基于中华优秀文化做企业文化的传递。企业经营者在学习方太文化时要灵活运用。心是一切的源泉。企业经营者在确立"企业三观"时要从"心"上下功夫。茅忠群要"世界大同，天下一家"，方太要成为一家伟大的企业，都是在"心"上下功夫。心动而有行动，一切行动和结果皆源自发心。

1.3 企业相信什么应该做，什么不该做

茅忠群提出的做企业"经典三问"的第三个问题是：信什么？方太认为，在经营企业的过程中，应该问自己：什么是应该做的、什么是不应该做的；什么是能做的、什么是不能做的；什么钱是可以赚的、什么钱是不可以赚的；我们的信念和信仰是什么？

回答这个问题的过程就是确立企业核心价值观的过程。企业的核心价值观是企业三观的重要组成部分，同时也是企业文化的核心。企业的核心价值观就是企业在经营过程中努力使全体员工信奉的信念，就是员工判断一切事物时依据的是非标准，遵循的行为准则。换句话说，员工信什么？员工信的就是企业的核心价值观。

1.3.1 人品、企品、产品，三品合一

方太信什么？

2008 年，茅忠群把方太的核心价值观由原来的"产品、厂品、人品，三品合一"更改为"人品、企品、产品，三品合一"。茅忠群之所以会调整

方太核心价值观的顺序，与方太的使命、愿景一样，也是受到中华优秀文化的影响。

茅忠群于2008年在方太导入中华优秀文化。在这之前，受过商学院西方管理学教育的茅忠群将西方管理理念引进方太，但随着方太的企业规模逐渐扩大，员工数量越来越多，再加上受到中华优秀文化的洗礼，茅忠群的管理思想逐渐发生了改变。茅忠群意识到西方管理是"术"的层面，若缺乏价值观的引领，则不能达到最佳效果。

茅忠群曾看过北京师范大学一位教授写的一篇名为《我们的"盛世"危言》的文章。文章指出老家到处是新楼、新路、新街道，大家都很有钱，小镇上资产过百万元的家庭非常普遍。但与此同时，大片耕地不见了，大量河流和池塘消失了，患病者数量大幅上升。消费主义和享乐主义作为主流生活态度几乎"控制"了所有人的思想。对此，茅忠群深有同感。当时的方太虽然取得了一些成就，但茅忠群总觉得还缺些什么。每当有员工因为严重违反企业规章制度而被处罚、开除，甚至触犯法律而被移送司法机关时，他会感到惋惜和痛心，作为方太的掌舵人，他认为自己那几年对员工的价值观教育做得远远不够。

茅忠群读《论语·为政》时，看到里面有这样一句话"导之以政，齐之以刑，民免而无耻。道之以德，齐之以礼，有耻且格"。意思是说用政令来治理百姓，用刑法来惩罚他们，老百姓只求能免于犯罪受惩罚，却没有廉耻之心；用道德教化百姓，用礼制去规范他们，百姓不仅会有羞耻之心，而且会自我约束。这句话令他茅塞顿开。

中国大多数企业对员工的教育来自西方的管理理念，如自我实现、激励理论、契约关系、职业观等，这样的管理理念需要靠制度来解决一切管理问题。但在现实中，制度往往是有漏洞或具有强制属性的，一是上有政策，下有对策；二是强制性制度可能只会让员工屈服，而不会让员工心服。

人为什么会犯错？人犯错的根源就是错误的价值观导致的，错误的价值观让人意识不到自己正在犯错，或者对于自己的错误行为不以为耻。所以，茅忠群认为帮助员工树立好的价值观是方太文化的核心，同时也是制度建设的前提和基石。茅忠群说："制度让人有敬畏感，价值观则让人有羞耻感，两者结合才会产生更好的结果。"

另外，茅忠群还意识到，目前中国的很多企业文化建设都还停留在浅层，没有上升到价值观层面。一个没有价值观的人是极其"危险"的人，而一个没有价值观的企业也不可能成为伟大的企业。有了这样的意识后，茅忠群向中华优秀文化寻根，以中华优秀文化思想为核心，综合中西方优秀管理实践，形成了"人品、企品、产品，三品合一"的方太核心价值观。

要如何理解方太的核心价值观？方太坚信，作为一家追求伟大的企业，方太唯有修身心、尽本分，福慧双修，德才兼备，才能积极承担责任，打造最佳雇主，实现卓越管理，才能为顾客提供高品质的产品和服务。这三者相辅相成，三位一体，缺一不可。

方太的价值观和其他企业的价值观有何区别？不管是从内容，还是从定位上来看，它们最大的区别在于：其他企业的价值观大多是商业价值观，而方太的价值观是做人的价值观。

大家或许会觉得奇怪，企业本身实施的就是一种商业行为，企业也是由人组成的，那么商业价值观和做人价值观不就应该是一件事吗？两者主要区别在于商业价值观是以"商业"为导向的，这种导向可能是顾客也可能是企业本身，它主要是教企业如何把事做得更好。而方太的价值观是以"人"为导向的，这种导向是教企业如何做人。总结来说，商业价值观教企业如何做事，方太价值观教企业如何做人。

1.3.2　好人品造就好企品、好产品

方太的核心价值观是"人品、企品、产品，三品合一"，那么什么是方太倡导的"人品"，什么又是方太倡导的"企品"和"产品"呢？

人品

方太的价值观既然是做人的价值观，那么把"人品"放在首位，也是自然而然的事。这里，我们需要思考的是，方太是基于什么把"人品"放在首位？

茅忠群读《礼记·学记》时，里面有这样一句话"建国君民，教学为先"。中国从远祖开始就把教育放在首位。最重要的是教导人们如何做人。其主要内容是孝亲尊师、行为规范、为人处世、修己安人等，保有纯善的心灵和行为，继而学习各种知识技能。真正做到"学为人师，行为世范"，从而达到教育化人的目的。因此，企业的根本在教育，教育的根本在做人。

茅忠群读《周易》时，书里说"地势坤，君子以厚德载物"，无论是从经营人生的角度，还是从经营事业的角度来看，"德"永远排在首位，多大的事业必须由多厚的德行来承载。德是指人的德行、品德、人品。儒家著名的"八德"包括孝、悌、忠、信、礼、义、廉、耻。

基于中华优秀文化的领悟，茅忠群将"人品"放在核心价值观首位。他认为只有好的人品，才会有好的企品，才会有好的产品。人品是企业的根本。那么，方太人需要具有什么样的"人品"？

茅忠群发现，中华优秀文化的核心思想是"仁、义、礼、智、信"。其作为中国人共同追求的道德品质，已深深地熔铸在民族精神之中，成为中华文化的一份极其珍贵的遗产，体现了人类的共同价值追求。基于此，茅忠群把"仁、义、礼、智、信"作为方太人须遵循的道德品质。

本来"仁、义、礼、智、信"已经可以涵盖大多数品德，包括职业场所应当遵循的品质。但方太在开始时推行时，员工对"仁、义、礼、智、信"的理解有限，很难用到工作上面。作为权宜之计，茅忠群专门增加了职业品质。

茅忠群读到管仲提出的"仓廪实而知礼节，衣食足而知荣辱"时，体悟教化人们懂得"礼义廉耻"是促进社会和谐的巨大力量；读到《周易》的"天道酬勤"时，体悟到上天是公平的，你多一份勤奋努力，就能多一份酬劳回报；读到孔子的"君子有勇而无义为乱，小人有勇而无义为盗"（出自《论语·阳货》）时，体悟到无论企业经营者还是员工有勇无义都是不行的，企业经营者有勇无义便会让企业陷入危机，员工有勇无义则会成为见利忘义的人。另外，勇也有勇于改过、勇于反省的含义，孔子的"过则勿惮改""知耻近乎勇"就是这个意思。而"严"是更高层次的仁爱，没有严，仁将成为"溺爱"。

基于这些思考和认知，茅忠群把"廉、耻、勤、勇、严"五字作为方太的职业品质。在道德品质和职业品质的基础上，结合方太的实际情况，茅忠群又加上工作品质的价值观，即"主动担责、自动协作、不断创新、追求卓越"。这些内容共同构成了方太核心价值观的"人品"，如图1-1所示。

2019年，为了便于员工践行"人品"，方太对"人品"做了一个简化，从10个字14条内容浓缩到3个字，即中华优秀文化里提出的三达德"仁、智、勇"，并着重聚焦6个方面，如图1-2所示。同时，方太正在尝试使用行为分级技术，对这6个方面进行行为标准化，以便于员工践行。

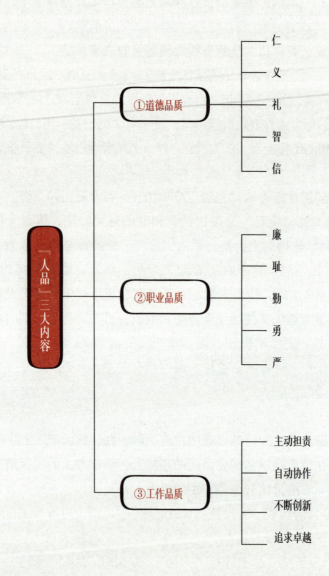

图1-1　方太"人品"三大内容

1. "仁"

"仁"的核心是爱人，表现为修己以安人。这一价值观倡导方太人要修身心，尽本分，满足他人的合理需求，利益他人的心灵品质，成人之美，不成人之恶。图 1-3 所示为方太对"仁"的诠释。

2015 年，方太推出了全球第一款水槽洗碗机。这款水槽洗碗机历时 5 年的研发，方案不断被茅忠群"毙掉"，为了研发出真正能解决中国人洗碗问题的产品，方太工程师走访了中国 25 个城市的 1000 多户家庭，并邀请其中 25 位顾客共同参与产品设计、研发，最终研发出让顾客感受到幸福的水槽洗碗机。这款水槽洗碗机获得 22 项发明专利，在正式上市不到一个月的时间里，就受到市场极大的欢迎。

纵观方太，自其成立以来，研发的产品不管是全新一代近吸式的"风魔方"，还是蝶翼环吸的"云魔方"或水槽洗碗机、净水机，都是以方太使命来牵引工作追求，以产品的意义和价值而不是利益为最重要的考量，甘冒风险去探索。

"关爱顾客"是倡导方太人工作的发心，它的导向均是为顾客提供高品质的产品和服务，让顾客幸福安心。

2. "智"

"智"的核心是明觉，表现在知己识人，处世有方，掌握知识并灵活妙用。这一价值观倡导方太人用合于道的思维模式开展工作，抓住本质，化大为小，化难为易，先胜后战，取得成功。图 1-4 所示为方太对"智"的诠释。

"以终为始"从字面上也不难理解，"以终为始"即开始做一件事的时候脑海里要对结果有个预期，然后根据这个预期展开行动。比如我们要建一幢

仁	智	勇
使命担当	以终为始	知耻后勇
关爱顾客	行事有方	拥抱变化

图1-2 方太核心价值观"人品"最新内容

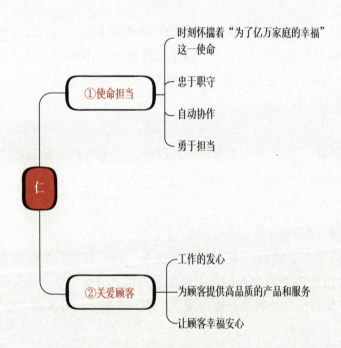

图1-3 方太对价值观"仁"的诠释

房子，要怎么开始？我们一般会先描绘出想象中的样子，再开始做基础设计、主体设计、外墙设计、景观设计、室内设计，然后出各种施工图，最后拿着图纸开工。我们描绘出想象中的样子就是"终"，开始做基础设计、主体设计、外墙设计等是"始"。"以终为始"倡导方太人在工作中要明确目的和方向，始终以目标为导向，促成结果实现。

"行事有方"里的"方"不是执拗，而是一种坚毅，一种正直，亦是做人的气节和原则。"行事有方"倡导方太人在开展工作时，要讲究方式方法，有计划、有步骤地进行；尊重规律，必要时懂得变通，适时调整，最终高效、高质地完成工作。

柏厨事业部的全经理是方太的"模范员工"，很好地诠释了方太的"智"，他于2013年8月加入方太。2020年很多项目延迟开工，这对回款、项目管理等产生了很大的影响。在这种情况下，全经理根据项目情况建立"总部统一指挥、重点项目逐个突破、区域高效执行、内外部紧密协作"的项目交付机制。比如，杭州的一个项目安装工期仅有30天，为了按时完成工期，全经理到杭州项目部连夜开会，调整战略，同时积极地鼓励安装工人，充分调动了大家的主观能动性，创造了30天完成1003套项目交付的业绩。

同时，为了进一步提升工程交付能力和水平，提高工程业务竞争力，从2019年开始，全经理从最基本的现场安装规范、安全文明施工规范、货物搬运及摆放规范到工程交付评估体系的建立，让团队逐渐形成了标准化、流程化作业。目前，该团队已有13人获得国际项目经理认证。2020年，该团队共收到45份来自甲方颁发的证书、奖杯及锦旗……

3. 勇

"勇"的核心是有胆魄，表现在知羞知耻，无惧无畏。这一价值观倡导

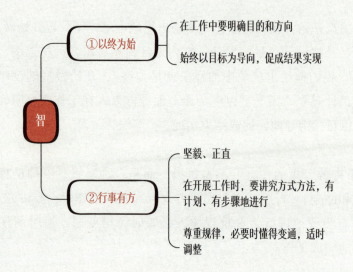

图 1-4 方太对价值观"智"的诠释

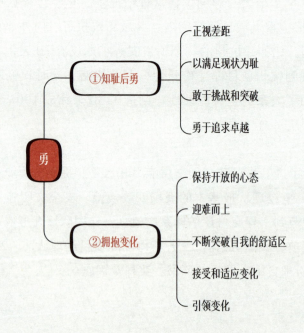

图 1-5 方太对价值观"勇"的诠释

方太人面对新事物、新变化、新形势，敢于正视差距，敢想敢干，敢作敢为，敢为人先。图 1-5 所示为方太对"勇"的诠释。

对于方太的"人品"价值观，很多人会提出这样的疑问："让员工在做每件事的每个细节上体现'仁、智、勇'的价值行为，会不会让大家觉得累？"茅忠群回复说："这是一种习惯，是一种思维习惯和行为习惯，一旦养成习惯后，就不会感到累了。"方太认为，当企业经营者把"仁、智、勇"作为企业的核心价值观后，会给企业带来至少四点帮助。

一是提升组织修炼。组织修炼包括组织能量、组织奋斗精神和组织能力的修炼。其中，组织能量是根本，组织奋斗精神是条件，组织能力是保障。践行价值观的行为是在德与事上修炼，同时提升组织能量、组织奋斗精神和组织能力。所以，通过践行五个一行为、"仁、智、勇"行为、关键业务行为等三大行为实现心、道、德、事的全面修炼，可以持续提升组织能量、组织奋斗精神和组织能力。

二是仁者无忧。"仁"告诉每一个企业经营者或管理者在日常待人接物时，要替员工、顾客及所有相关方着想。这样种下的是善因，结出来的才是善果。仁者无忧，仁者无敌，个人如此，员工如此，企业也是如此。

三是智者不惑。作为企业经营者或管理者，无论是经营企业、问题决策、制度制定，还是产品创新、竞争应对、战略规划等都需要经营管理者拥有智慧。孔子曾说"智者不惑"，能辨物则不惑于利，能修德则不惑于道，而真正的智者不仅要能辨物，更要修德；既不惑于利，又不惑于道。

四是勇者不惧。在面临激烈市场竞争的现代企业里，企业经营者要强调"勇"。面对高目标要勇于挑战，勇于设定极具挑战性的目标，然后全力以赴去达成。不会因为任何事情而扰乱修养的心智，坚守自己的本分，这就是君子的坦荡之心，人生能够做到这样也就没有什么可恐慌的了。

方太的"仁、智、勇"核心价值观看似简单，但要真正做到却很难。不管是经营企业，还是经营人生，我们总会遇到逆境、坎坷和挫折，但只要我们具备"仁、智、勇"的价值观，就能不忧、不惑、不惧，在事业上自然就能取得意想不到的成功。

企品

"企品"与企业的愿景、使命有着莫大的关系，企业经营者做企业的目的和要成为一家什么样的企业，决定着企业的"企品"。

茅忠群做方太的目的和意义是"为了亿万家庭的幸福"，他要把方太做成一家伟大的企业，基于此，方太企品的核心在于对企业使命和责任的界定。很多企业将利润作为首要目标，或者将市场份额、营业额等作为衡量企业成功与否的标准。茅忠群说方太要做"义利合一"的企业，方太首先要能承担起对顾客、员工、行业和社会的责任，而利润和业绩则是水到渠成的结果。基于此，方太"企品"的核心价值观包括三个方面，如图 1-6 所示。

在经管品质层面，方太提炼了三个价值观词条，即战略好、执行好、结果好。一个好的战略 + 好的执行 = 好的结果，而好的结果就是好的经管品质。一家企业可以走多远，取决于这家企业是否具有战略思维和能力，战略从本质上讲，就是一种选择，尤其是选择不做什么。光有好的战略，执行力不强也不行。同样的战略选择、行业选择及定位、资源投入、市场环境，但得到的结果不同。这是因为团队成员、组织方式、体制效率不一样。或者说，战略一样，执行不同，企业就不同了。

在雇主品质层面，方太提炼了三个价值观词条，即口碑好、不想走、努

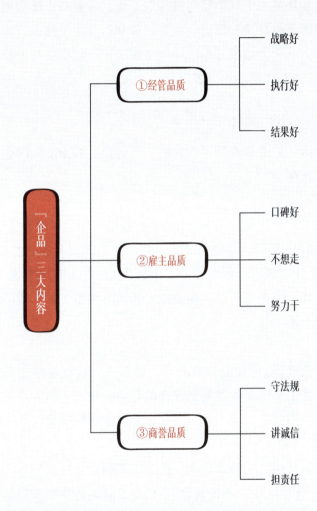

图 1-6 方太"企品"三大内容

力干。方太在创造经济效益的同时积极承担雇主责任，视员工为家人，通过方太文化践行体系里的"员工得成长"——关爱感化、教育熏化、制度固化、才能强化，旨在让员工实现物质与精神双丰收，事业与生命双成长。比如方太的薪酬福利体系由环境和发展、薪资、福利、身股分红四方面构成，遵循方太价值理念，从全面薪酬的角度综合考虑员工的物质获得及精神丰收。再比如，2018年方太持续优化身股制度，引导员工共创顾客价值，共享市场回馈……

方太对于员工来说是否是"口碑好、不想走、努力干"的企业，我们通过一个小故事来体会。

方太燃气工厂冲压车间的方工于1996年进入方太，他在方太工作了25年，刚进方太时还是个懵懂的小伙子，而现在他的女儿都已经在读大学了。有人问他："是什么原因让他在方太工作这么久？"方工笑着说："因为我在这里得到了成长，工作很开心，薪资也不错。方太给了属于我的幸福，我要在这里更加努力地工作。"

方工还自豪地说："我最骄傲的是，我从方太成立那年进来，见证了方太从一个知名度很小的企业发展到现在的行业标杆，每当有朋友问我在哪里工作时，我都特别骄傲。我准备一直在方太工作直到退休……"

一个企业能得到员工的好口碑，让员工不想走，还想努力工作是一件很不容易的事。"蓬生麻中，不扶自直"，用什么样的价值观就能塑造什么样的现代员工。

方太现在奋战在一线的骨干大多都是新时代员工（指"80后""90后""00后"员工），比如笔者所接触到的方太公关传播部的余部长是一位"80后"，进入方太12年，她身上的"方太味"，是对工作的全身心投入和对合作伙伴的关爱,这些诠释了方太人对价值观的捍卫和坚守……

在商誉品质层面,方太提炼了三个价值观词条,即守法规、讲诚信、担责任。方太认为,企业作为社会的一分子,应当承担相应的社会责任。那么,企业社会责任包括哪些方面?方太在学习国际上先进的社会责任理念的同时,结合中国的实际情况,逐渐总结形成了自己的社会责任观——法律责任、发展责任、伦理责任、慈善责任。当一些企业还在通过单纯地捐款捐物来履行社会责任时,方太已经把自己的社会责任衍伸到社会的各个方面。

当笔者走进方太现代化的园区时,让笔者连连赞叹的不仅仅是孔子堂,还有每一位路过的员工对来客的尊重,双手递上的茶杯和上电梯时的后行一步,甚至一线工人也会随口背出《论语》和《弟子规》的一些片段……

择一企,守一生,这就是大多数方太人的故事。25 年的时光造就了方太文化,方太人汲取着文化中的营养,经过岁月的积淀,让我们看到了不一样的方太人。其中,最让人震撼的就是流淌在方太人骨子里的家国情怀。作为企业经营者,我们应该透过方太"企品"的价值观内容,去思考我们自己企业的"企品",问自己:作为企业,何谓正道?并举一反三,重视并优化企业的"企品"。

产品

产品是企品和人品的最终体现。茅忠群读到《庄子·天下》里的"内圣外王"时,明白方太要成为一家伟大的企业,首先要"内圣",即修炼人品和企品。当修炼好人品和企品后,好产品("外王")就是水到渠成的结果。

茅忠群曾在方太文化体验营的"问道解惑"环节说过这样一段话:"方

太哪怕企业文化建设得再好，顾客首先要买的是我们的产品，如果产品不好，其他做再多可能也是白费。当然也可以讲，企业文化好，产品就一定好；产品不好，那企业文化一定有问题。它们是相互的。"为了设计、制造好的产品，同时保障服务品质，让顾客得安心，方太"产品"的核心价值观从这三个方面确立了产品的三大内容，如图 1-7 所示。

如果你曾使用过方太的洗碗机，你会发现，与市场上的很多产品多是圆弧形拐角设计不同，它被设计成了接近直角的小 R 角，为什么呢？据方太研发部负责人介绍，相对圆弧形拐角，小 R 角可以增大容量，提升空间利用率。但小 R 角设计对一体成型的技术水平和钢材质地都有很高的要求，本来方太也可以按照市场约定俗成的方式做成圆弧形拐角，既省事又可降低成本。但方太创新的源泉是仁爱，从仁爱出发，方太还是坚持了小 R 角设计。结果最后的产品不仅美观有设计品位，顾客使用时的体验感也很好。

茅忠群在接受记者采访时说过这样一句话："在方太，任何部门的预算都是有限制的，但是研发部门除外，对研发的投入，方太采取的是上不封顶的做法。"

这样做的回报是，方太在技术积累上的硕果。方太不仅成为厨电行业首家牵头和主导国家"十三五国家重点研发计划"项目的民营企业，还与中国科学院工程过程研究所合作成立了"烹饪环境与空气治理联合实验室"等。截至 2021 年 5 月，方太拥有超 5000 件国内授权专利，其中发明专利数量近 900 件，在厨电行业排名第一，并进入了"2020 年全球智慧家庭发明专利排行榜（TOP20）"。同时，还获得代表国际至高设计奖的 IF 奖 33 次，红点奖 23 次，其中世界首创三合一水槽洗碗机，获得首届中国 DIA "金智奖"、中国外观设计金奖；方太风魔方连续 7 年位居油烟机市场畅销机型榜首，获得国家制造业单项冠军产品称号……

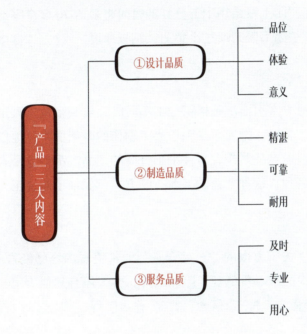

图1-7 方太"产品"三大内容

这些荣誉与成就，如果罗列在一起呈现出来，可能有"广告"之嫌，但其背后体现的价值无不意味着方太在设计上做出的努力及坚守的价值观。

设计再好，如果制造生产的产品品质不行，也等于零。为了让"工匠文化"融入每一个方太人特别是制造员工的血液里，方太通过工匠技能比武、方太工匠评选、名师带高徒等方式，创造培育匠人的文化土壤，不断全方位培养能工巧匠。"闭上眼睛用十五分钟的时间将多达70多个零部件组装成灶具并成功点火""闭上眼睛通过手感测试钢板厚度"，这是"方太工匠节"上涌现的匠人绝学。

当笔者参观方太水槽洗碗机精加工车间时，看到多位工人正在对一件件产品进行着手工精磨、抛光。受限于手工制作的时间成本，他们每人每天只能完成5台左右的产品制作，每件手工打磨的产品上都刻有个人的编号，编号即生产者的名片，这种"物勒工名"的方式，保证了制造工人的责任心和匠心。

到此为止，关于方太的"三品合一"的价值观内容已经告一段落。"三品合一"是方太的核心价值观，除此之外，方太还有其他价值观，比如"人生三要""三个最大""三个信念""三大作风"等，如表1-1所示。

表1-1 方太其他价值观

人生三要	感恩	立志	笃行
三个最大	最大的宝藏是心灵	最大的规律是因果	最大的能量是立志
三个信念	我是一切的根源	要做就做最好	幸福都是奋斗出来的
三大作风	密切联系顾客	坚持深入现场	反省与唤醒
三个习惯	利益他人	积极主动	一次做对
幸福三要素	能量	奋斗	能力

（续）

三个用心	用仁爱之心创美善产品	用仁爱之心造中国精品	用仁爱之心铸国家名片
三大纪律	不弄虚作假	不贪污贿赂	不滥用职权
三不讲	不讲一句谎言	不讲一句脏话	不讲一句恶语
三不商量	质量问题不可商量	安全问题不可商量	底线问题不可商量

每个人对于"三品合一"的感受、思考都不一样。在这里，笔者也谈谈自己的感受，或许能带给你一些启迪。企业首先生产人，其次才是产品，也就是说只有拥有高品质的人，才能生产出高品质的产品。作为企业经营者，我们在生产产品之前，不妨先修炼人品，继而修炼企品，当人品和企品都修炼好了，产品自然就好了。

1.3.3　一句话文化

一些企业喜欢把诸如愿景、使命、价值观之类的话挂在墙上。但当企业管理者或员工被问及对"企业文化"的理解时，大多数人都说不清楚，即使这些"标语"就挂在他的办公座位前。

为什么呢？我想原因之一就是这些企业文化太复杂，一则记不住，二则员工不知道什么才是最重要的。《道德经》里提到"万物之始，大道至简，衍化至繁"。意思是说大道理（指基本原理、方法和规律）是极其简单的，把复杂冗繁的表象层层剥离之后就是事物最本质的大道理。一家企业的文化再好，如果员工记不住、理解不了，那么践行文化就是枉然。

笔者在方太的理想城大门等待接待人员时，随口问了门口的保安："方太的企业文化是什么？"保安立刻自信满满地说："以顾客为中心，以员工为根本，快乐学习，快乐奋斗，促进人类社会的真善美。"于细微处见真章，说明方太文化践行得卓有成效，也说明企业文化要能够用一句话说清楚。

以顾客为中心

方太文化要落地，重点在于方太人以何种心态面对顾客。方太以顾客为中心，是要以仁爱之心，对待顾客，目标就是要让顾客安心，让顾客安心就要把顾客当亲人，甚至当成自己的"父母"。茅忠群在2017年对所有员工说过这样一段话：

"顾客就是我们的'衣食父母'，有这样的理念，自然就知道我们跟顾客打交道要讲情，不要讲理。家不是一个讲理的地方，同样顾客也不是讲理的对象，大家要好好去理解。另外，我们想想企业为什么而存在？管理之父德鲁克说'企业存在的目的就是创造顾客'，企业就是为顾客而存在的，否则就没必要成立企业。所以为顾客服务、让顾客安心，就是我们最高的本分。"

那如何把这些价值观落实到行为上呢？茅忠群曾经以对待无理取闹的顾客为例，来诠释价值观的落地。

首先，判断某位顾客是无理取闹，并不合适。因为企业与顾客之间不存在是否有理，为什么呢？一方面是因为方太要把顾客当亲人，只讲情、不讲理；另一方面是因为企业与顾客没有签任何具体协议，不能随便说顾客无理。顾客选择了企业的服务或产品，企业就要让顾客愉悦、让顾客安心。

其次，信誉（商誉）是企业立业之本。与顾客过度较真，不但有损企业的口碑，顾客向身边的人传播后，更会影响企业的信誉（商誉）。而信誉（商誉）是企业最重要的资产，是企业立业之根本。所以面对这样的顾客，方太倡导一线销售人员不要跟顾客光讲理，而要跟顾客讲情，要足够真诚并有沟通的智慧，这样才能更好地解决问题。

以员工为根本

以员工为根本是指方太要让员工幸福，让员工获得物质与精神双丰收，事业与生命双成长，这是方太对员工的责任，方太的管理干部还提炼出了两个内涵。

首先，"以员工为根本"包括两个层面：一个层面是以员工个人的需要为根本。每个员工的诉求都是正常的诉求，管理干部要客观看待这些诉求，而非一味地指责。尊重员工多元化的价值取向，与中华优秀文化兼容并蓄的内涵是一致的。方太既需要那些积极主动发展事业的员工，也需要兢兢业业扎根岗位的员工。管理干部要做的是把那些真正具有事业奋斗激情的人挖掘出来。另一个层面是以员工的集体利益为根本。只有集体利益得到保障，员工个人的利益才能被更好地维护。在这个层面，就要求企业的干部和员工要优先考虑组织需求。

其次，将"以员工为根本"的文化真正落地需靠机制的保障。方太通过轮岗机会、晋升条件、薪酬福利的倾斜等一系列人力资源政策，设计出一套"不让接受高挑战工作的员工吃亏"的机制。这个机制平衡了几个方面：一是营造出更公平的价值评价和分配氛围，向真正的奋斗者倾斜；二是有差异性地对待不同岗位性质的人；三是让员工感受到服从组织安排既是光荣的，又是有前途的。

在此内涵的基础上，茅忠群进一步解释，以员工为根本就是要让员工幸福。方太的"员工得成长"体系的目的就是要让员工获得圆满幸福的人生。以员工为根本就是以员工的成长为根本，这是最核心、最重要的。当然这个成长是多方面的，能力的成长、职业的成长等，最核心的还是生命的成长。组织和员工相互成就，组织不断通过关爱、教育等给员工一个"四感"的环境，让员工快乐学习、快乐奋斗。组织成就员工，员工成就组织，这是一种相互成就。

关于这点，笔者想给大家分享一个方太人快乐学习、快乐奋斗的故事。

2012年，胡红（化名）还是一个焦虑、脾气暴躁的母亲。她带着孩子在江西生活，她的爱人为了生计，远在慈溪工作。彼时的她对幸福的想法很简单，能和爱人团聚，在爱人工作的地方安一个小家，把孩子带在身边共同生活。2012年6月，她加入了方太，被分在仓储管理部做仓管员。上班的第一天，胡红就被"暖"到了，同事们有条不紊地教导她怎么做、与谁对接，带她熟悉工作、熟悉方太的食堂和文化。这和她此前在广东工作，身边的人各扫门前雪的状况完全不同。

在方太，胡红跟着大家一起立志、读经、改过、行孝、行善，刚开始她觉得有些奇怪，特别是在读经时，对于没有上过大学的她来说，书里的文字有一些晦涩难懂。她的主管告诉她，不懂没关系，读着读着就懂了。读经读了约3个月后，她才慢慢理解、体悟里面的意思。而她自己有时也能顺口说出几句经典话语。

作为两个孩子的妈妈，既要上班又要做家务，胡红时常难以克制自己急躁的脾气。女儿动作一慢，或是儿子稍有不听话，她就会大吼大叫，只求简单粗暴地解决问题。

胡红给自己立的一个志就是改掉急躁的脾气。"我以前动不动就会吼孩子，现在学会了解孩子们的需求，跟他们像朋友一样相处。这些沟通方式都是深受方太的影响。在工作中，我有一群相亲相爱的同事，像一家人那样一起奋斗,很幸福。这种幸福感也传递到了家庭中。"胡红对笔者说。

胡红的改变在孩子身上也起到了作用,她发现孩子变得自信又有仁爱心,懂得照顾别人。有时还会和她一起讨论什么是幸福,如何为别人着想等。尤其是孩子在参加了方太专为员工的孩子们举办的中华优秀文化课堂之后,改变了很多,吃饭逐渐不挑食了,两个孩子也能够和谐相处了。

方太有五句话幸福法:"我错了!""我也错了!""我帮你!""谢谢你!""我爱你!"胡红看到主管在每周例会说到问题时,会先做自我批评(我错了);对做得不好的同事指出问题时,更多的是谈从哪里做改进和提升(我帮你),而不是指责员工。这种平等务实的沟通协作方式让她很服气,也让她开始反思自己的言行。

胡红原来与自己的爱人相处并不融洽,常常因为孩子、婆媳的问题争吵。后来,当她与爱人沟通时,说到问题时会先做自我批评,对爱人说:"我在这个方面也没有做好,我错了……我帮你……谢谢你……"一段时间后,她发现自己与爱人的关系变得融洽了,家里的争吵也少了,俩人似乎回到了恋爱的那段时光。

胡红说:"我现在感到很幸福,我在方太已经工作9年了,刚开始只是为了挣钱养家。但现在我不仅在这里安定下来,还生活得很幸福。我想在方太工作到退休,未来我的孩子大学毕业后,也想让他们进入方太工作。"

曾经有人在节目中对方太通过读经等方式落地方太文化提出了比较犀利的质疑:"您是不是在用企业文化给员工'洗脑'?"对此,茅忠群用一段话回答这个问题:"方太文化的起心动念是好的,是为了让员工得到物质与精神双丰收,事业与生命双成长。种善因,得善果,只要心是好的,员工也能感受到方太文化的起心动念,后面就会结出善果。"

事实也是如此,方太人慢慢地领悟着中华优秀文化和方太文化,并将学到的很多思想逐渐运用到家庭和社交上面,使自己的生活更圆满幸福。以学习《弟子规》为例,既能自己学习,也能用来教育小孩,还能处理家庭问题,比如婆媳之间、兄弟之间等。

一个人价值观的形成是由他的成长环境、经历、学识等决定的,我们很难在短时间内改变一个人的价值观,企业经营者能做的就是通过自己的垂范、营造好的价值观环境等来影响他。

在你扬帆远航之地,请先悲天悯人;当你追名逐利之际,请先心怀苍生。共勉。

第 2 章

做人，
要行"五个一"

"五个一"既适用于个人的修炼，也适用于组织的修炼；它既能提升个人的能量，也能提升组织的能量；既适合刚入门者的修炼，也适合高层次者的修炼；既可用于成人，也可用于成事；既可用于工作，也可用于家庭。

——茅忠群

导言

"人品、企品、产品，三品合一"是方太的核心价值观。在这"三品"之中，人品是放在第一位的，只有好的人品才能有好的企品和产品。那么，企业要如何帮助员工修炼人品呢？茅忠群在深入学习中华优秀文化之后，通过体悟、提炼，形成了独具特色的修人品之法——"五个一幸福法"（简称"五个一"），即立一个志、读一本经、改一个过、行一次孝、日行一善。2008年茅忠群开始将中华优秀文化导入方太，到2017年提炼并践行"五个一"，茅忠群花了整整9年时间。

2008年，茅忠群开始在方太倡导"读一本经"；2012年，他再次倡导"日行一善"；

2016年，茅忠群从先贤智慧中提炼出"三个一"，即"立一个志、改一个过，行一次孝"，并开始在方太推行；在推行"三个一"的过程中，茅忠群发现方太员工获得了很大的成长；2017年，受到《了凡四训》的影响，茅忠群对中华优秀文化有了新的认识——了凡先生强调谦卑与韬晦的为人处世基调，一个人是否谦虚、是否虚心，是衡量他是否有德的标准。做任何事情之前首先要学会如何做人，一个懂得谦让的人，大约是虚怀若谷且拥有海纳百川的心胸气量的人。"德不配位，必有灾殃"，只有"谦德"，才能避免灾殃；"穷则独善其身，达则兼济天下"，越能蓄才蓄德，越是福报多多。意识到这一点后，茅忠群把原来的"三个一"拓展成"五个一幸福法"。

"五个一幸福法"

"五个一"源自中华优秀文化，与《论语》《大学》《了凡四训》等经典都有关系。茅忠群把这些圣贤的教诲综合起来，进行创造性转化，就形成了"五个一"。所以，"五个一"不是方太的发明，而是圣贤智慧的"现代转化版"。在"五个一"中，立志是目标，读经是理论学习，后面三者是践行。方太"五个一"的具体内容如图2-1所示。

为什么要推行"五个一"

中华优秀文化的特点就是实践文化，而"五个一"恰恰是最好的实践方法，也是方太25年文化建设的重大成果。

茅忠群曾讲过这样一段话：

"方太希望通过打造伟大企业，成为用中华优秀文化来管理现代企业的一个标杆，让更多企业家相信中华优秀文化可以应用于现代企业管理，让更多的企业家来学习中华优秀文化。只要中国企业家群体能够把中华优秀文化落地，那整个中国的文化就能繁荣兴盛。我们何其荣幸能够生逢这样一个盛世，能够参与到这份伟大事业当中来，我们的生命意义和价值，还有我们的福德，可以得到百倍、千倍的放大，从此我们可以不再为了一亩三分地而工作、忙活，从此我们的生命与中华文化的复兴乃至中华民族的复兴紧紧联系在一起。从这个意义上讲，我们要做好这份事业，首先要把自己的文化建设做好。要做好文化建设，我们就要践行好'五个一'这个抓手。"

中华优秀文化认为，人人皆有跟圣人同样巨大的心性能量和心中宝藏。但我们自己为何并没感觉？因为我们被内心的两片乌云——不明和贪欲遮蔽了。"不明"是不明白人生的真理真相，比如最大的宝藏是心灵、最大的规律是因果、最大的能量是立志等。"贪欲"是指对自己、他人和社会不好的过度的欲望。

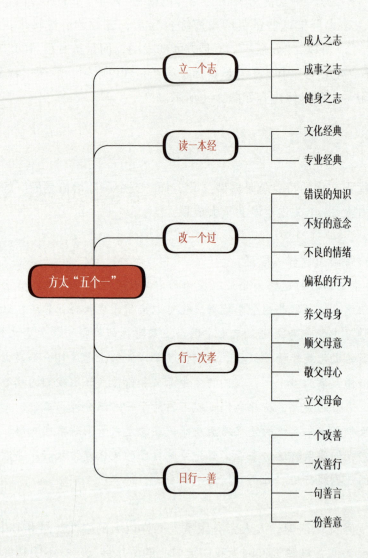

图 2-1 方太 "五个一" 的具体内容

如何消除这两片乌云呢？用"读一本经"对治不明；用"改一个过、行一次孝、日行一善"对治贪欲，如图 2-2 所示。"读一本经"重在明心明理，通过学习中华优秀文化，明白人生的道理和真理。而"改一个过、行一次孝、日行一善"就是为善去恶，就是消贪欲、去小我、求大我。

学习中华优秀文化，就是去开发心中的宝藏。持之以恒地践行两个"对治"，个人和组织的能量就会不断提升。开始践行并不难，难在持之以恒，所以，用"立一个志"确保能够明确目标、持之以恒。这就是"五个一"对于提升个人和组织能量的作用。

"五个一"既适用于个人的修炼，也适用于组织的修炼；它既能提升个人的能量，也能提升组织的能量；既适合刚入门者的修炼，也适合高层次者的修炼；既可用于成人，也可用于成事；既可用于工作，也可用于家庭。"五个一"不但适合方太，也适合所有的企业，因为方太探索的目的之一就是希望将中西合璧的方太文化推广到广大的企业当中，这也是方太的使命之一。

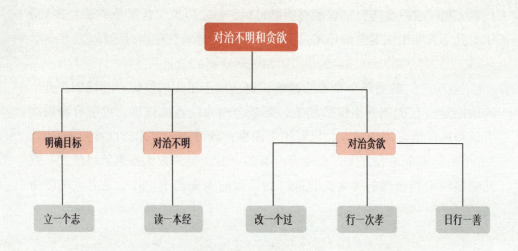

图 2-2 "五个一"对治"不明"和"贪欲"

2.1 立一个志

2.1.1 人生最大的能量是立志

所谓立志，通俗的解释就是立下志愿，树立志向。对于什么是立志，很多人会把"志"与"欲"混淆。"志"和"欲"是不一样的，区别在于是否利他。害人的、利己的是"欲"；助人的、帮人的、利他的是"志"。"志"越善能量越大，"志"越强能量越大，"志"越大能量越大。

立志可以分为两个方面：一是内圣；二是外王。内圣，即我们自己要成为一个什么样的人，比如成为一个君子，乃至成为一个圣贤，这是内圣之志。外王，即我们在工作上的目标。成事之志要符合利他的要求，而且要与成人之志在层级上相一致。为什么方太人在工作上的目标符合利他的原则呢？因为方太的愿景是要成为一家伟大的企业，只有每一位方太人的工作目标达成了，才能支撑方太愿景的实现。

对于企业来说，"志"越大越好。比如方太的志向是希望千万家庭依靠方太的产品、服务和提供的生活方式，过上幸福安心的生活。

为什么要立志？

王阳明先生被贬为贵州龙场驿丞时立下了著名学规——《教条示龙场诸生》。该学规一共有四条，其中第一条便是立志。他告诫学生："志不立，天下无可成之事。虽百工技艺，未有不本于志者。"在他看来，无论是圣贤豪杰，还是百工技艺，人人都有成就事业的可能，但是首先必须要立志。

如今我们大多数人生活在一个衣食无忧的时代，在物质生活相对富足的社会，"志"被慢慢地消磨。于是有人认为，立志对于现代社会的我们来说，已经不再迫切；它既不重要，也不必要。

稻盛和夫出生寒门，却在 27 岁创立京瓷，在 52 岁创立 KDDI，这两家企业都成为世界 500 强，成为企业经营者学习的典范。在谈及自己成功的经验时，稻盛和夫说："高尚的志向是能量的源泉，人生最重要的是学好立志。"

茅忠群在方太成立之初，立志打造"中国家电行业第一个高端品牌"，因为坚定自己的志向，茅忠群带领方太坚守高端定位不动摇，矢志创新不停步，方太于 2017 年销售收入突破了 100 亿元。如今，茅忠群立志以"为了亿万家庭的幸福"为使命，带领方太员工积极承担社会责任，不断导人向善，促进人类社会的真善美。有了这一大志向的茅忠群，正带领方太向着千亿级伟大企业迈进。

事实上，只要我们稍微观察，就能发现古今中外的许多杰出人物，在谈及成功的经验时，无不说到志向是他们面临困境、冲破重重困难的核心动力，也是他们在面对诱惑时坚持原则的立场。

所以，立志对于每一个人来说，既重要，又必要。无论你想做什么、做成什么，想成为什么样的人、得到什么东西，立志都是第一步。一个人或者一家企业能走多远？不应该问"双脚"，而是要问志向。没有志向，就没有前进的动力，人或企业只能原地踏步。

也正因为对立志重要性看得清楚，方太把"立一个志"作为"五个一"的第一个"一"，它是首要条件，更是基础和基石。

"我的企业明年能进世界 500 强。"
"我的企业利润翻番。"
"我要创业成功。"
"我能晋升为部门经理。"
"我要买房买车。"
……

以上这些都不能被称为真正的"志"。一个人取得的成就，离不开修身心和尽本分，也就是内圣和外王、立德和立功、成人和成事，两方面相辅相成，缺一不可。方太把"立一个志"分成三个部分：成人之志、成事之志、健身之志。

2.1.2 成人之志

成人之志，就是你立志要成为一个什么样的人，在《孔子家语》中，孔子把人分为五个层次，依次为庸人、士人、君子、贤人、圣人。其中，"庸人"是指那些没有人生目标和追求，心无戒规，随波逐流，无有归依，无所作为的人。这不是方太要追求的志。方太立志的目标是要成为图 2-3 所示的五种人。

第一个层次是"士人"，其特点是脚踏实地，忠于职责。这一类人心中

图 2-3　成人之志的五个层次

已有一定的志向，行为也具有一定的操守，在语言、行为上能够遵循道德伦理。

第二个层次是"能人"，其特点是德才兼备，志存高远。这一类人大多有着较为远大的目标，有超越"士人"的品德，有出众的才干，事业上已展现出一定的潜能。

第三个层次是"君子"，其特点是自强不息，厚德载物。这一类人智慧而不自是，坚守道义，永不止息。

第四个层次是"贤人"，其特点是自利利他，胸怀天下。这一类人品德合乎法度，行为合于规范，心中时常装着他人、乃至国家，会不断提升自己的心灵品质，利益他人，利益社会，利益国家。

第五个层次是"圣人"，其品格特点是无我利他，化育天下。这一类人已经达到"无我"的境界，能够通达一切，顺应自然规律。

在"立一个志"的践行过程中，方太鼓励所有方太人要立大志。立大志，方有大心量。有大心量，方有大能量。方太倡导方太人立"成人之志"，最低的志向应当是"士人"，也就是知道什么该做、什么不该做，有所为和有所不为。方太的干部必须要有大志向，最低志向应当是"君子"，就像《孔子家语》里说的"君子修道立德，不谓困穷而改节"，即君子修养道德，确立操守，不因为困窘而改变其志向节操。

立志要真切笃实。孔子自称"发愤忘食"，且持志如此，不会停止。这是孔子的真切笃实。茅忠群倡导立志要做到"致良知"，念念存天理，这样才是真切笃实之志。若立志真切，"目视耳听皆在此"。这就是王阳明先生说的"去心中贼"。"去山中贼易，去心中贼难"，如果立志真切，去心中贼其实也并非那么难，难的是做不到立志真切。

2.1.3 成事之志

成事之志，即立志想达到什么目标。当你在"立"成事之志时，可以选择对自己、对部门、对企业或对家庭最重要的一个目标来立，或者立一个长远目标。比如茅忠群2020年给自己立的成事之志是"打造伟大企业，传播方太文化"。

如何立成事之志？在方太文化修炼营的课堂上，茅忠群曾对诸多求学的企业经营者说道："凡是能够成事，都不会把利己放在首位。左手利他，右手利己，你的选择不同，结果就会大相径庭。"

立成事之志要符合利他的要求。稻盛和夫的《成法》一书里也阐明了人人可奉行的成事之法，这个方法就是利他。以利他之心发起的行动，早晚会结出善果，并反馈到自己身上。

方太区域专卖店的周经理在方太刚开始推行"五个一"时并不理解。作为销售人员，他立下的成事之志是在2019年完成多少业绩，他认为只要拿下顾客，就是最大的成功。至于是否利他，不在他的思考范围之内。后来，在"五个一"的大力践行和推广下，特别是在每个季度的销售人员大会上，茅忠群会抽出时间，结合销售人员的实践来讲解中华优秀文化，慢慢地，周经理领悟到成事之志中的关键点。

2019年9月，周经理在一栋居民楼里无意间听到有业主与装修师傅在争论"贴瓷砖到底需不需要做美缝"，热心的他走上去调解，还顺便帮业主查看了厨房的公共烟道的安全性，查看时发现业主的出烟口有问题，于是和业主沟通出烟口需要做调整才能安装吸油烟机。虽然该业主购买的产品不是方太品牌，但是被他的热心和专业知识打动了，当即主动要求加微信，说还有一套房要装修。一个月后，业主专程赶到周经理所在的方太专卖店，买了方太的三件产品。

从不理解到领悟，再到实践后获得满足感和幸福感，如今的周经理已经把利他作为自己成事之志的首要法则，也作为他服务客户的准绳——"服务就是服务，不要带有强烈的目的，功利心太强会使别人不舒服，只有帮助用户解决痛点，他才会信任你。"

让所有方太人从听到信，从信到做，再到做了以后更加相信，这个过程方太走了很长时间。事实上，周经理只是方太员工的一个缩影，从中折射出企业能够给员工带来的不仅是物质满足，更是满满的幸福感和成就感。当员工获得幸福感时，他们会从行小善到行大善，共同推动社会前进，这或许正是成为一家伟大企业的应有之义。

2.1.4 健身之志

健身之志，即立志保持身心康宁。无论你想成为一个什么样的人，达到什么样的目标，必须有一个强健的体魄、健康的心态来支撑。所以，你还要立一个"健身之志"，比如每个月运动几次，每天吃什么等。

为什么把"健身之志"作为重要的志向单列出来？方太认为，对于一个个体来说，健康是至关重要的，是工作和事业的基础。

表面看起来，"健身之志"更容易完成。但事实上，对于大多数人来说很难长期坚持，所以方太将健身列入志向的范畴。关于锻炼方法，因人而异。方太倡导大家可以根据自己的身体情况选择最合适的锻炼方法。比如慢跑、快走、游泳、太极、站桩、瑜伽、静坐、八段锦、312健身法、幸福健身法等方法。

方太技术研究院的曹工因为久坐，得了很多职业病，比如颈椎病、腰病等，自从立下了健身之志，他"每周练习太极三次"，结合方太提供的健康养生功法认真执行、锻炼，改善了自己的身体状态。

对于我们大多数人来说，立志会帮我们确立人生的动机和方向，更会激发我们对工作和生活的热情，提升自身的潜力；对于企业经营者来说，立志是创立企业的原动力，立志可使企业的作用发挥到最大，使企业更加伟大。所以立志对于所有人来说，既重要、更必要。

2.1.5 如何促进员工立志做大事

很多企业经营者看到这里，可能会产生疑问："立一个志"是适用于每一个人，但企业应该如何促进员工立大志呢？方太的三项做法值得广大企业借鉴。

一是注重体证和体悟，注重立志和利他之心带来的好处。方太通过读圣贤书，体悟"为天地立心"的大格局；通过高管问学班分享人生经验与智慧，启发员工；通过文化践行，体证利他行善的益处。

二是注重践行的重要性。2017 年，在茅忠群的带领下，方太的中高层管理者赴山东曲阜举行方太集团明志传承仪式。同时，企业干部所立的"五个一"上墙接受所有人的监督。

三是要求上下级保持不断地沟通，上级要提供帮助，持续给员工激励和鼓励。比如通过上下级沟通，使员工明确长期职业目标。

"立志做大事"关键在"立",重点在"做"。只"立"不"做",一事无成;只"做"不"立",便成了无头苍蝇。

一位企业经营者学习完方太的"五个一"后,给自己立的成人之志是成为自利利他、胸怀天下的"贤人"。当他有了此志向后,无论在个人身心、家庭幸福,还是企业经营等方面,都发生了很大的变化。以前他的情绪控制能力很差,经常和员工、家人发脾气,导致他与员工、家人都无法和谐相处。自从立下了"贤人"的大志后,他开始有意无意地向"贤人"的标准看齐。一段时间后,企业的同事们和家人惊讶地发现,他不仅发脾气的次数越来越少,而且经常会把"行有不得,反求诸己"挂在嘴边,能够站在他人的角度看问题。这位企业经营者立下"贤人"的大志后,整个家庭因此也变得幸福安宁,自己的企业也不断实现价值突破。

立成人之志,就是在为你的人生打基础。你立志成为什么样的人,最终就会成为什么样的人。同理,企业立志成为什么样的企业,最终就会成为什么样的企业。

2.2 读一本经

在方太的"五个一"中,"读一本经"是最早被实施的一项举措。自2008年方太全面导入中华优秀文化后,便倡导员工晨读中华优秀文化经典,每天一刻钟,被称为"读经一刻"。虽然只有短短的一刻钟,但贵在长期坚持,日积月累。后来,茅忠群将其并入"五个一"中,这一文化传统一直延续至今,且得到了更多的关注与重视。

所谓"读一本经","经"指中华优秀文化经典;"一本"并不是指只读一本经典书籍,而是泛指。曾国藩说"一书不尽,不读新书",意思是说在一本书没读完的情况下,不要急着读另一本书。国学大师王国维也说"学习的境界要先入乎其内,再能出乎其外","读经"更是如此。读一本经典书籍,我们要先能沉浸其中,才能最终从中获得有价值的东西,切忌买很多本经典书籍,却一本都没读通、读透。

所以,方太"读一本经"里面的"一"所表达的意思也可以理解为我们读经典时要读透彻,不要贪多求全。如果我们读了很多经典,却不求甚解、不得其意,那么不如慢下来,哪怕很长时间只读透一本书。

2.2.1 读经典后的三种变化

在大众获取信息越来越碎片化的时代,阅读一本既晦涩难懂又"索然无味"的经典书籍,似乎是一件非常"奢侈"的事情。人们往往更习惯于通过手机、电脑来"刷"一些短小、有趣、易懂的故事,认为坚持读经是"浪费时间"且"没有必要"的事。那么,方太为什么要倡导所有员工"读经"呢?

方太经过十余年的"读经"践行后发现,倡导员工"读经"可以变化气质、提升能量、开发智慧。

变化气质

"腹有诗书气自华"。读久了经典书籍,能改变一个人的气质。这一点,笔者在方太人的身上深有感触。很多来方太参观和学习的人都会说:"方太人身上有一种书香之气"。笔者认为,这犹如学舞蹈的人时时刻刻会保持一种昂首挺胸的气质。读经典是一项精神活动,从内心充实自己,让自己自信与从容,经过长期的耳濡目染,身上自然就会流露出书香之气。

方太人给人的整体感觉就是,特别有礼貌,待人接物温文尔雅,令人如沐春风。可以说,谦恭有礼、和气待人几乎成了方太人的标签,那种柔和淡然、坚定温和的气质,是一种久违的传统味道,也是方太人的味道。

提升能量

美国科学家霍金斯博士有一本书叫《意念力》,他把能量从 0~1000 分划分了很多等级。人类的平均能量是 200 分左右,200 分以下是负能量,200 分以上是正能量,达到 700 分以上的人就可以称为"圣人"。那么一个 700 分的"圣人",与一个 200 分或者 200 分以下负能量的人的差距是多少呢?7000 万倍!也就是说,一个 700 分以上的"圣人"的正能量可以抵消掉 7000 万个 200 分以下负能量体，这是霍金斯博士研究的结果。

这个结果说明，一个有高能量的人能影响更多的人。圣贤的能量等级很高，讲的话也有极高的能量。高尔基说："读一本好书就是和一个高尚的人谈话。"读经典书籍其实就是与高尚的人对话，我们读经典书籍的过程就是给自己充电、补充能量的过程。

那么，一个人的能量层级与什么有关呢？人的能量的高低与一个人的心境直接相关。当你有自私、邪恶的念头时，你就在削弱自己的能量层级。决定一个人能量层级的关键因素是你的社会动机和心灵境界。

经典书籍中的每一个文字都带着能量，在"读经"的过程中，时刻保持高度的警觉，坚持练习生命能量管理技术，每天用经典的正念加强我们的善念，这是迅速提升自我生命能量层级的最佳途径。

开发智慧

经典书籍里充满了圣贤们的智慧，古人云："书读百遍，其义自见。"

"读经"是与圣人智慧相连接的一种方式，我们通过这种连接来学习和感悟。另外，真正的智慧并非我们后天所学习的知识，而是像孟子讲的"人之所不学而能者，其良能也；所不虑而智者，其良知也"的先天智慧，也就是我们人人本来就有的良知。良知好比太阳，我们普通人在阴天是看不到太阳的，看不到太阳不是因为白天没有太阳，而是因为太阳被厚厚的乌云挡住了，乌云代表我们的私欲，是私欲把良知挡住了。"读经"可以让乌云散开，拨云见日。所以，"读经"可以开发智慧。

曾国藩曾写信教给孩子读书的三个方法，第一个就是要读经典书籍。按曾国藩的观点来说，经典书籍都是经过时间考验的，其中的智慧、思想都是经过实践检验过的，这是最值得后人学习与吸取的。我们读书，就是为了学习圣贤的智慧与思想。知识性的东西会随着时间而不断更新，但思想性的东西，越经过时间的沉淀，就越有学习的价值。

企业经营者倡导"读经"，可以变化气质、提升能量、开发智慧，这是方太总结出来的三个益处。除此之外，"读经"还可以帮助企业降低管理成本。方太从 2008 年开始倡导"读经"之后，员工违纪违规的总量每年下降一半，这也间接降低了管理成本。

2.2.2 用"1+1"的方式读经典

中华五千年的灿烂文明，古圣先贤灿若星辰，经典书籍数量繁多，大部分人都不可能做到完全学完读透。一开始，方太提倡所有员工读《弟子规》。后来，方太经过实践和不断验证后发现，面向不同人群推荐不同的书籍也尤为重要。于是，方太开始让不同岗位的员工读不同的经典书籍。比如厨电顾问、服务技师等阅读《弟子规》《了凡四训》等经典作品；行政员工阅读《论语》《大学》《道德经》等经典作品。这些不同的经典作品适用于不同岗位的员工。

此外，方太将经典作品分为两类，采用"1+1"的方式让员工诵读，即一本中华优秀文化经典作品加上一本管理/专业类经典作品。

2.2.3 读经典的四个层次

方太在"读经"的 13 年践行中发现，用组织的方式来读经典书籍，形成的能量场，对于其中的每一个人都有很大的赋能作用。

我们很多人在"读经"践行的时候会发现，一般一个人很难坚持长期读经，但是在组织中读，长期坚持就变得容易很多。这就是为什么中华优秀文化要用组织的方式来阅读的根本原因。这也是老子、孔子等圣贤为什么都不约而同地建立读书、学习、修行道场的原因。

方太一直在用组织的方式"读经"，每次读完经典作品后，还会把员工的理解、感悟通过微信群、读书会等形式在部门或企业内进行分享，目的就是为了形成更大的能量场。通过十余年的践行，方太提炼出了读经典的四个层次，如图2-4所示。

读经典的第一个层次：字音读准，语句读顺，理解文字释义

将经典作品原文大声朗诵出来是读经最好的方法，借用朱熹的话："须要读得字字响亮，不可误一字，不可少一字，不可多一字，不可倒一字，不可牵强暗记，只是要多诵数遍，自然上口，久远不忘。"

诵读强调的便是一个"读"字，与看书是完全不同的两个概念。诵读主要利用眼睛、嘴巴与耳朵的联动，将知识信息传递给大脑。在诵读过程中，我们既能感受经典文化独特的抑扬顿挫、平仄起伏，又能在轻松愉悦的氛围中感悟经典作品蕴含的深刻哲理。

至于理解文字释义，是指对照注解本，深入理解经典作品的含义。这需要我们先读上一阵，如此才能大略理解文字的释义。

在这个方面，很多刚开始"读经"的人可能会有这样的困惑："我读了很久，还是不太明白很多句子是什么意思。"

确实如此，每个人的理解能力不一样，"其义自见"的程度也就千差万别。茅忠群说："人的差别主要是对圣贤'信'上的差别，对圣贤越信，就

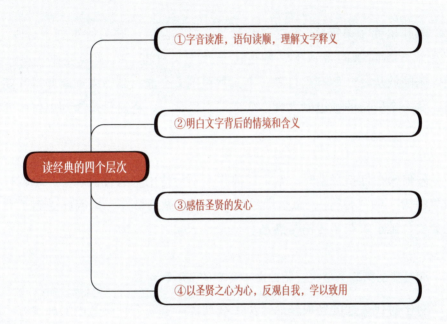

图 2-4　读经典的四个层次

越能与圣贤相应，与圣贤越相应，收获就越大。"

方太物管服务部的清洁工陈阿姨刚来方太工作时，认为自己只是一个清洁工，每天只需将拖地、擦窗户、倒垃圾等工作做好即可。当她发现每天还要诵读《弟子规》时，觉得十分别扭，怎么也读不出声来。彼时的她认为自己没有文化，学习是年轻人的事情，自己根本不需要诵读经典。

刚开始读《弟子规》《三字经》等经典作品时，陈阿姨感到十分吃力，但在领导和同事的带领下，她也逐渐跟上了进度。在诵读经典作品三年后，陈阿姨从一开始有点自卑，不愿意跟别人交流，到后来逐渐变得开朗大方，从一个别扭的被迫融入者，变成了积极学习，将所学反馈到工作中的践行者。

陈阿姨在打扫卫生时，常记经典作品中传达出来的价值观念，她将打扫卫生视为一种"善行"，总是竭尽全力将工作做到最好，也因此受到了大家的褒奖，她也收获了自信与满足。

读经典的第二个层次：明白文字背后的情境和含义

对于时代久远的经典作品，员工在初读时就完全理解其内涵确实有些困难，企业需要引导员工明白文字背后的情境和含义。比如，方太时常会在其内部读物《方太人》上对一些经典作品进行推荐，并附上详细解读。

方太信息技术部的唐工就在反复阅读各"大家"作品中深有体悟。他读儒家经典作品，学习了"仁、义、礼、智、信"；读道家经典作品，学习了"道法自然"；读墨家经典作品，学习了"兼爱非攻"；读兵家经典作品，学习《孙子兵法》的"五事七计"……唐工认为，在工作中，可以用儒家思想提升人格魅力，用道家思想提升领导艺术，用墨家思想提升执行力，用兵家思想提升战略意识，用法家思想提升变革、创新精神。

读经典的第三个层次：感悟圣贤的发心

所谓"悟"，就是领悟经典作品所表达的深刻思想，感悟圣贤的发心，点亮心灵的明灯，发现心灵的无尽宝藏，从而不断提升自己的心灵能量，收获更多的能量。要想深刻感悟圣贤的发心，不但要多读经典作品，对相关经典作品融会贯通，还要有对现实生活的深刻洞悉和准确把握，这取决于个人的文化底蕴和综合素质。

时代在变迁，我们的经典作品很多都是相对深涩难懂的文言文。而且古人对于智慧的传承，一般都用极其简练的文字记录最深刻的道理。所以，到了今天这个时代，对同样的经典作品，不同的人有不同的解读。另外，每个人对于经典作品的理解能力并不一样，转化能力也不一样。所以，方太对于经典作品的解读，一般是聘请专家学者指路开悟，然后形成相对统一的理解。

读经典的第四个层次：以圣贤之心为心，反观自我，学以致用

"用"所解决的是"化"的问题，就是将经典作品的价值融入自己的生命中，以古圣先贤的智慧开启自己的智慧，通过"诚意、正心、修身"，实现内化，做到内圣，然后服务于社会，用于"齐家、治企、利天下"，做到外王，达到学习经典作品的真正目的。因此，不管是企业经营者自己在"读经"，还是倡导员工"读经"，都要强调学以致用。比如，当我们读到"其身正，不令而行；其身不正，虽令不从"时，要求员工做到的事，企业经营者必先做到。

方太总结出来的"读经"的四个层次正是读经典作品由初级到高级、由肤浅到深入、由学习到应用的循序渐进的过程。可以简单总结为四点：读得清、读得懂、读得透、用得上。只有达到这四个层次，才算真正的"读经"。正如《大学》中所说，"知止而后有定，定而后能静，静而后能安，安而后能虑，虑而后能得"。只有"定"，才能一心不乱地诵读经典；只有"静"，才能熟练地背诵经典；只有"安"，才能深刻地理解经典；只有"虑"，才能感悟经典的真谛；只有对经典内容运用自如，应用于现实生活，才能真正地"得"，才达到了读经典的真正目的。

茅忠群对于怎样"读经"也提供了建议。

一般而言，孩子读经典，只诵读即可，13岁以后可以慢慢解经典。而成年人既要读经典，也要适度解经典。读经典是读经典，解经典是解经典，这是两件事情，不要混在一起。

一位来方太学习的企业经营者说，他在学习完方太的"五个一"后，把方太的"读一本经"应用到自己的企业里。刚开始，很多员工包括有的高管都不能理解"读经"的意义，但通过每个人对于"读经"的体悟分享，半年后，很多员工不但能够背诵部分经典作品，能分享其体悟的经典作品的意思和圣贤的发心，还能把经典作品的智慧运用到工作和生活中。

2.3 改一个过

2.3.1 改过是为了超越过往

村子里有两户人家,东边的王家经常吵架,互相敌视,生活得十分痛苦。西边的李家,却一团和气,个个笑容满面,生活得幸福快乐。有一天,王家的家长受不了家庭的"战火",于是前往李家请教。老王问:"你们为什么能让家里永远保持愉快的气氛呢?"老李回答:"因为我们常做错事。"

老王正感疑惑时,忽见老李的儿媳妇匆匆由外归来,走进大厅时不慎跌了一跤。正在拖地的婆婆立刻跑了过去,扶起她说:"都是我的错,把地擦得太湿了!"站在大门口的儿子,也跟着进来懊恼地说:"都是我的错,没告诉你大厅正在擦地,害你跌倒!"被扶起的儿媳妇则愧疚自责地说:"不!不!是我的错,都怪我自己太不小心了!"

前来请教的老王看了这一幕,心领神会,他已经知道答案了。你能从中体悟到"改过"的意义吗?

孟子说:"圣人多过,小人无过。"意思是说"圣人"常把问题归咎于自身,每天反省自身,改过上进。但普通人却总觉得自己没有过失,遇到事情,习惯于把过错归咎于他人。这也正是"圣人"之所以能成为"圣人"的原因所在。"圣人"在一次次"改过"的过程中,不断超越过往,在"为学日益"㊀的同时,为道日损,不断做减法,通过观照㊁、反省和引导的过程,不断净心。

方太电器二厂的姜程(化名)在践行"五个一"后,发现"改一个过"对自己影响特别大。

首先是对夫妻关系的改变。姜程的爱人喜欢喝酒,脾气也不好,因此俩人经常吵架,夫妻关系不和睦。在方太推行"读一本经"时,她开始接触《弟子规》,读了一段时间后,她开始意识到自己身上的过错,比如强势、说话难听等,于是她开始尝试改掉自己的这些"过",不再一味地指责爱人,遇上爱人喝酒,除了为他准备醒酒汤外,还轻言细语地规劝。姜程的爱人发现妻子的改变后,脾气也变得温柔,开始戒酒。从刚开始的每天喝酒,到三天喝一次,再到一周喝一次,最后一个月偶尔喝一次。姜程夫妻的关系也变得亲密起来,俩人经常在一起规划未来,小日子也越过越幸福。

其次是对孩子教育的改变。以前的姜程对儿子的学习成绩要求很高,经常因为儿子没考好而大发雷霆。读了《弟子规》后,姜程开始明白自己的"过"——自己每天回家都在看手机,却要求孩子不看手机要看书。于是,姜程首先改变自己对孩子的态度,不再以成绩来决定孩子的一切。同时,她开始放下手机,每天在家读《弟子规》等经典书籍。儿子看到妈妈每天都在读书,也跟着读了起来。俩人还经常在一起讨论里面的观点,母子关系变得和谐。最重要的是,儿子的成绩也在和谐的母子关系中不知不觉提高了。

最后是对生活认识的改变。姜程在加入方太之前由于饮食不规律导致身

㊀ 为学日益,为道日损:出自老子《道德经》第48章,指求知要不断增加,求道却要不断减少。
㊁ 观照:用心光向心中看,向心中照。

体不健康，并且体重有 65 公斤左右。进入方太后，受到方太中医文化的熏陶，她意识到自己的身体状态是不健康的，便不再暴饮暴食，开始做一些运动。在加入方太的一年后，她的体重减到 52.5 公斤，不仅人看上去精神很多，也不再经常生病。

为什么要"改过"？对于企业经营者来说，目的是通过观照、反省和引导的过程，不断净心，成就更宏伟的事业；对于员工来说，是为了让员工成为更好的自己，让员工获得圆满、幸福的人生。

2.3.2 改根本上的过

"过"有千千万，我们要改什么"过"？方太认为"改一个过"，要抓住根本的"过"。方太在 2016 年刚开始践行"改一个过"时，要求不高，可能很多人改的"过"也不一定是真正的"过"，或者不是最根本的"过"。比如戒烟、早睡、早起等。从 2017 年开始，方太开始倡导改根本的"过"。什么是根本的"过"？

从"物格而后知至，知至而后意诚，意诚而后心正，心正而后身修，身修而后家齐，家齐而后国治，国治而后天下平"的角度来看，实质上有四种必须要改的"过"：第一个是颠倒的知见，就是我们从小到大学了很多知识，有了很多知见，但很可惜，很多知见是颠倒的或者是有偏差的；第二个是邪恶的念头或者说是不好的念头；第三个是不良的情绪；第四个是偏私的行为，偏就是不中正，私就是自私，偏私的行为就是我们的行为不能做到"好而知其恶，恶而知其美"。

总结起来就是：错误的知见、不好的念头、不良的情绪、偏私的行为就是根本的"过"。只有根本的"过"改了，其他的"过"才会更容易改掉。

2.3.3　自身的改过之法：事上改、德上改、道上改、心上改

关于如何"改过"，方太倡导用《了凡四训》的改过之法，即事上改、德上改、道上改、心上改。

比如我们以前喜欢抱怨，喜欢说谎话，改过之后不再抱怨，不再说谎，这是从事上改。但是从事上改，如果我们不明理的话，改起来会非常困难。所以《了凡四训》提出"善改过者，未禁其事，先明其理"。意思是说，如果我们要改事上的过，首先要明白道理。比如我们喜欢抱怨，就要知道抱怨是一种负能量，除了让我们心生戾气之外，没有一点好处。当我们明白这个道理后，就很容易改掉抱怨的习惯。

比"理上改"更高一个层次的是"心上改"。《了凡四训》中提到，"过有千端，惟心所造；吾心不动，过安从生"。意思是说，所有的过失都是我们一心造作，如果我们心念不动，不产生恶念、邪念，就不会产生这些"过"了。所以凡是产生恶念、邪念的时候，我们当下就能够意识到，能够制止，这是最高明的改过之法。方太在体悟圣贤的经验上，将"改一个过"，由高到低分为"心—道—德—事"四个层次。

底层：改事上的过

《了凡四训》中对于什么是"改事上的过"是这样介绍的，"如前日杀生，今戒不杀；前日怒詈，今戒不怒；此就其事而改之者也。强制于外，其难百倍，且病根终在，东灭西生，非究竟廓然之道也"。意思是说，以前杀生，现在开始不再杀生；以前生气责骂别人，现在开始不再动怒。"改事上的过"意味着将所犯的过错事实本身改正过来。

改事上的过，只是针对具体行为或事情进行更正，这些"事上的过"往往是显而易见、经常出现的。比如酗酒、沉迷游戏、工作失误、业绩不佳、

脾气暴躁、夫妻不睦、婆媳不和等，这些都属于"事上的过"。

方太电器一厂的喷粉工人李阳（化名）19岁便在外打工，由于年龄小、学历低，25岁之前的他一直在外漂泊，尝遍了人间的酸甜苦辣，也养成了一些不好的习惯。

2016年，李阳辗转来到慈溪，无意间看到方太在招喷粉工，有过同样工作经验的他经过面试、培训，就这样"误打误撞"加入了方太。在方太工作时，他开始体验到不一样的生活。比如当他刚开始践行"五个一"时，认为"五个一"是给坐在办公室的白领做的，而不是像他这样的工人要践行的。

但让他感到有些奇怪的是，方太好像并不强制他去做这些事，而是倡导、鼓励大家去做。在班长、导师及同事的影响下，李阳开始每天践行"五个一"。"没过多久，我发现我变了，我竟然开始会说一两句经典，不再说脏话，不再约朋友打牌，也不再熬夜打游戏。我还给父母打电话……"李阳说。

这里，我们需要注意的是，"改事上的过"有可能不是自己心甘情愿的。比如有人以前喜欢喝酒，但现在可能由于患上某些疾病导致自己不能喝酒，于是就戒酒了。在这种情况下，就不能说这个人改过了。如果有一天这个人的病好了，他可能还会喝酒。所以，"改事上的过"达到的效果是有限的，有可能治标不治本。

中层：改德上的过

德是事的根源，事是德的结果，德上一改，事上自然就改。德上的过包括缺乏爱心、缺乏智慧、缺乏诚信、缺乏廉耻、缺乏能力等。

一个人的品德对于一个人的做事方式有着重要影响。比如一个缺乏爱心的人，往往只会站在自身立场上思考问题，于是他会很容易做出一些较"自私"的事情。但当他意识到自己在品德上存在的问题，从德上去"改过"时，便会自然而然地避免自己做出一些自私的事情。"改德上的过"比"改事上的过"效率更高，影响范围更广。

"改德上的过"并非易事，企业需要建立一个良好的品德"改过"环境，让员工在潜移默化中接受高尚品德的熏陶，逐渐让员工意识到自己在德上的过，从而去改过。

与"改事上的过"一样，"改德上的过"也有一种可能。德上的过所包含的范围太广，有时候一个人身上可能存在几十个品德上的过错，会出现改了这个又冒出那个的问题。同时，"改德上的过"不似"改事上的过"那样简单，需要较多的品德修炼才能意识到德上的过错所在。

高层：改道上的过

道是德的根本，德是道的体现，道上一改，德上自然就改。"道"字听起来似乎是一个虚无缥缈的词，在这里指的其实是人的格局和境界。简单来讲，道上的过是因为人的格局太小、境界太低产生的。"改道上的过"，关键在于提升自己的格局和境界。按照格局的大小和境界的高低，可将"道"分为庸人之道、士人之道、能人之道、君子之道、贤人之道、圣人之道。

比如，我们现在的格局、境界相当于一个"君子"，但我们立志成为一个"贤人"，那么我们就需要弥补能人之道与君子之道之间在格局和境界上的差距，也就是从关注自身，转变为自利利他、胸怀天下，心中时常装着他人、国家乃至全世界。

"改道上的过"可以用一句《论语》中的名言解释,即"见贤思齐焉,见不贤而内自省也",努力向更高层次的人学习,提升自己的格局和境界,站到更高的层面上为人处世,自然而然地规避一些更低层次的人才会犯的过错。

2019年,已经在方太工作3年的李阳(化名)给自己立的"成人之志"是"能人"。成为"能人"就意味着要德才兼备,志存高远,有超越"士人"的品德,有出众的才干。李阳为了提高自己的技术能力,从之前的不爱学习,到开始慢慢利用空闲时间学习,除了学习喷粉的技能知识,还学习如何管理好一个团队等。

经过一年的沉淀,李阳在方太的技能大赛中不仅取得了第二名的好成绩,周围的同事、领导、家人及朋友对他的评价也越来越高。更重要的是,李阳说自己看到了一个崭新的世界。"我慢慢领会到了工作的真正意义,我们对待工作的态度,会实实在在影响我们的精神气。把眼前的小事做好,是对自己、对生活的一种忠诚,也是感受幸福的第一步。"李阳说。

虽然李阳说的话并没有多么高深,但他现在所表现出来的格局、眼界和心胸已经超过了他以往的能力,这是改过对他的影响。

源头:改心上的过

心是道的源泉,道是心的呈现。心上一改,道上自然就改,德上、事上也自然就改。最高层次的改过,就是从自己的内心改。"才动即觉,觉之即无",这句话的意思是说每当我们心里产生了恶念和妄念的时候,我们如果能够立刻察觉出来,然后马上让这种念头消失,过错自然就不会产生了。

《了凡四训》里提到,"一切福田,不离方寸,从心而觅,感无不通"。

意思是说我们的福分、福田靠心耕，我们都希望未来有福、有智慧，那我们就要在心上下功夫。如果我们心里常常起妄念，怎么可能会有福呢？

那么，我们要如何让自己的内心不产生妄念呢？"心上的过"主要有两个：一是不明；二是贪欲。明心对治的是不明，净心对治的是贪欲。比如，一名基层管理者想在短时间内迅速晋升为高层管理者，于是他开始投机取巧，恶意中伤自己的上司，希望上司因此被撤职，而自己就可以顶替上去。这样的基层管理者内心的贪欲，促使他做出了错误的行为。想晋升为高层管理者的欲望无可厚非，但其急功近利的贪念最终会促成他的"覆灭"。

基层管理者想要得到晋升的正确做法，是在起心动念处将那些急功近利的想法清除，在观照自身所处环境之后，对自己建立清晰的认知，然后反省自己现在为何无法晋升为高层管理者，明确自己与高层管理者之间的差距，并引导自己向高层管理者努力，脚踏实地地提升自己的能力。

以上改过的四个层次，总结起来就是一句话：心是一切的源泉。王阳明在《寄诸弟书》里说："本心之明，皎如白日，无有过而不自知者，但患不能改耳。一念改过，当时即得本心。"意思是说本心就像白日那样光亮，遵循自己的本心，一定能察觉到自己的错误，只是怕不能改正。错误和掩盖错误的想法，会遮蔽我们的本心，但只要我们下决心改正错误，马上就会重新找到本心。

这是一种最理想的改过之法，但"理想很丰满，现实太骨感"，要想达到理想的改过之法，其前提是我们首先要意识到自己犯错了。一个人为什么会有"过"？很大程度上是因为他没有意识到自己的行为是一种"过"，如果意识到了，改过就变得简单了。所以改"过"不难，难的是让人从心上意识到自己犯下了什么"过"。

2.3.4 员工的改过之法:"双 XING 会"

你的企业是如何对待犯了过错的员工或下属的呢？请企业经营者或管理者带着这个问题的答案继续往下阅读。

方太在"改一个过"的实践中，深刻地认识到了"过"的核心在"心"上，而要想让"心"上意识到"过"，需要得到组织或他人的帮助，所以方太在践行"改一个过"时，非常重视上级、组织、团队的帮助。方太的各种措施和机制，有助于员工认识到自己的"过"，并有意愿去改正这个"过"。比如"双 XING 会"、方太幸福家 App 打卡等。

双 XING 会

"双 XING"，即"反省 + 唤醒"。方太的"双 XING 会"针对的是全体员工。各部门通过定期的"双 XING 会"促进员工持续地反省自己以及唤醒他人。

方太"双 XING 会"的具体做法一般是以自我批评为主，员工在会上指出自己的过错，认识自己的不足，并让同事引以为鉴。古人云："以人为鉴，可以知得失。"所以，"双 XING 会"大多数时候就是一个教训总结会或经验借鉴会，主观上审视了自己，客观上也帮助了别人。

与很多企业的"反省会"不同，方太的"双 XING 会"氛围很好，在会上不会有争吵，也极少有人大声说话，大家都着眼于自己要改的"过"，既是帮助他人指出"过"，也是站在利他的角度，为他人着想。

当然，方太现在的"双 XING 会"也不是一蹴而就的。在早期实践的过程中，方太发现在反省、唤醒的过程中，还是会带有"批评"的意味，难免自带压抑与痛苦感，后来方太尝试在"双 XING 会"上引入方太的"幸福五句话"，为"双 XING 会"注入幸福能量。创新后的"双 XING 会"一共有三个环节。

第一个环节："我错了"——反省者自觉。在这一环节，反省者以"我错了……"开启自省分享，通过分析自己的"过"，会上的其他人在这一环节是不发言的。《孟子·离娄上》里指出"行有不得，反求诸己"，反省可让反省者成长，主动承认自己的"过"，寻求上级、同事的帮助，及时校正工作方向。方太倡导主动求教之举，日省日新。

第二个环节："我帮你"——唤醒者得福。这一环节是其他人一起帮助反省者认识自己，让自我认知和团队认知尽量趋同。在唤醒他人时，方太倡导以"我帮你"开始。一句简单的"我帮你"，足以连接反省者与唤醒者之间的关系。唤醒的目的是让他人成长，以利他之心唤醒，帮助他人客观分析问题，用生命唤醒生命，用智慧启迪智慧，用心灵滋养心灵，促进自我和他人的共同提升。

第三个环节：鼓励大家互道"谢谢你"和"我爱你"——营造幸福能量场。在这一环节，方太倡导反省者与唤醒者互道"谢谢你"和"我爱你"，并引入方太文化体验营分享环节"幸福加油站"所使用的"吽"——幸福能量波，为反省者加油，以鼓励他尽快全面改进优化。"幸福能量波"以一种轻松愉悦的方式诠释了"我帮你""谢谢你""我爱你"等含义，为反省者注入能量，以此结束一轮"反省＋唤醒"。

方太通过"双 XING 会"，倡导不断反省、善于反省，从而让自己不断成长，帮助员工成长。那么，大家应该如何反省呢？

从时间上，反省可以分为每年反省、每月反省、每周反省、每日反省乃至每个念头反省等；从内容上，反省可以分为家庭、工作、学习、意识、语言、行为等。反省的质量标准是：不贰过、日日新。

方太幸福家 App 打卡

为了让大家记录自己践行"五个一"的情况，方太先是利用"五个一"微信小程序，后来演变成方太幸福家 App。同时，方太人还可以把自己践行"五个一"的情况分享给同事，接受同事的监督。

在方太幸福家 App 的"改一个过"里，有一位叫王思成（化名）的方太人记录了自己的践行过程及感受。他说在 App 里记录了自己的两个转变：一是生活习惯的转变。王思成之前会吃许多垃圾食品。在践行"改一个过"后，他认识到饮食不健康会给自己的身体带来危害，他开始适当地拒绝垃圾食品，并且养成了多喝水的习惯。二是对孝的观念转变。之前的王思成将对父母的孝放在心里，不敢说出来。但通过方太的"行一次孝"，他开始向父母表达自己对他们的爱和关怀，经常给父母打电话，一有空就回家陪陪父母等。

除此之外，方太帮助员工"改过"的措施还有"ABC 三类过错"。通过方太帮助员工"改过"的措施，我们发现，方太对于员工的过错，鲜少有处罚。在很多企业里，对待犯了过错的员工，企业会根据相应的制度进行处罚，某些企业还喊出"罚要罚得心惊胆战"的口号。而方太不强调经济处分，强调用教育作用来激发违纪者的羞耻心。

方太认为，人人皆有羞耻之心，如果能让犯了小错的员工感觉到"不好意思"，那么就激发了对方的羞耻心。羞耻心一动，他们会自觉改正，这就是"有耻且格"的内在含义。

最后需要强调的是，"改过"是一个循序渐进的过程，企业可以倡导员工从最低要求"季改一过"开始,逐步提升到"月改一过",再提升到"每日反省""日省一过",最高境界是每个当下、每个念头时刻观照,达到"每念必照""有过必省"。

很多人看到这里会说:"'每念必照',我们有那么多'过'需要改吗?""圣人多过,君子寡过,小人无过"。一开始,我们都觉得自己没有什么"过"需要改,但经过不断地践行,当我们掌握了对自我"过"的深挖方法后,会发现,我们的"过"太多了。

在帮助员工改过的过程中,企业经营者或管理者忌过头,对员工"过"的形成原因要深挖,帮助员工改过的出发点要带有善意,不能为了"改过"而"改过"。

2.4 行一次孝

2.4.1 小孝可治家，中孝可治企

对于什么是"孝"，很多人认为只要让父母"老有所养"就是孝。令人感到痛心的是，我们经常能看到"薄养厚葬"的现象，父母在世时子女不好好照料，去世后才想起要表孝道。究其根本原因，一是人们没有真正理解什么是"孝"；二是人们对"孝"意识的麻木。

孔子说："今之孝者，是谓能养。至于犬马，皆能有养。不敬，何以别乎？"意思是：现在所说的孝，指的是养活父母便行了。即使狗和马，也都有人饲养。对父母如果不恭敬顺从，那和饲养狗马有什么区别呢？在孔子看来，一个人如果对自己的父母只有养，而没有孝敬的心，就与养狗和养马没有区别。若是真心孝敬父母的话，就不应仅停留在养的层面上，对父母的孝应当是发自内心深处的敬爱，这才符合孝道。

由此告诫大家，孝敬父母，不但要承担赡养父母的义务，还要有充分的敬爱之心，"孝"的关键在于尽心尽力地满足父母在精神生活方面的需求。

2.4.2 孝是人性的根本

孝道是一种个人行为，企业为什么要倡导员工行孝？这是很多企业经营者或管理者的疑惑。方太从中华优秀文化中，找到了企业要倡导员工行孝的原因。

清代文学家王永彬在《围炉夜话》里提到，"百善孝为先，万恶淫为源。常存仁孝心，则天下凡不可为者，皆不忍为"，后被人们总结简明为"百善孝为先，孝为德之本"，并一直推崇至今。这句话有什么特别之处？为什么会被奉为至理名言呢？

"百善孝为先"，一切善行都是从孝开始做起。"孝"是人世间最高尚、最美好的情感，是人一生中最深刻的亲情体现，它是人的根、人的本。试问，一个人若在父母面前都不懂尊卑，那么他心里还有什么可惧怕的？一个人若连父母之恩都不知道回报，那么他还会在乎谁对他的情义？一个人若连生养他的父母都不爱，那么他还会爱谁？

企业经营者可以从"百善孝为先"学到什么？"孝"是人性的"根本"，以一个人的"孝"与否来考察一个人的人性、人品，放之四海而皆准。中国选拔官员的标准从汉代时就设有"孝廉"一项：要考察一个人的"孝"与"廉"是否过关，才能确定是否可以提拔。不"孝"者，是不可能得到升迁机会的。

2.4.3 行孝有四个层次

我们该如何行孝？当笔者在知乎、论坛、社群把这一问题抛给诸多中小企业经营者时，他们不约而同地问了一个问题："行孝是员工的主观意识，是发生在员工工作之外的事情，企业要如何倡导员工行孝呢？"

方太的解答是行孝有四个层次，如图 2-5 所示。

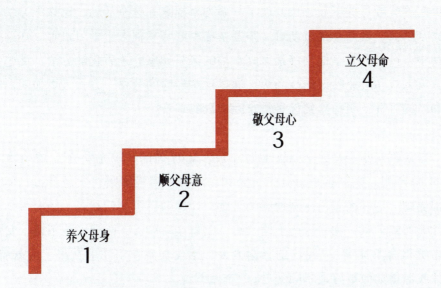

图 2-5　行孝有四个层次

养父母身

行孝的第一个层次是养父母身。养父母身是指我们要保证父母最基本的物质生活条件，照料父母的身体和心灵健康。

方太在促进员工养父母身方面，除了提供有竞争力的薪酬，让员工能够担负起养父母身的责任，还开展了一系列幸福家庭分享活动，比如举办幸福家庭分享会、举办幸福暑期班、举办幸福家庭与幸福人生学习班等。在这些活动中，员工会分享他们维系家庭幸福的经验如家庭矛盾化解方法、婆媳关系改善方式和避免吵架的技巧等。通过这些经验的分享，方太人更加明白家庭和谐的可贵，明确养父母身是家庭幸福的基石。

方太西安办事处的李佩蓉（化名）是2007届的"阳光学员"。在方太工作的14年里，她调换过好几个分公司，虽然一直没能陪在父母身边，但方太倡导的"行一次孝"深深地影响了她，让她懂得了如何行孝。她会每个月抽几天回到老家，和父母待上两三天，陪母亲聊聊天，陪父亲下下棋，父母常常笑得合不拢嘴。"我特别感谢方太，不仅让我在工作上获得了成就感，还让我懂得如何更好地孝顺父母。"李佩蓉说。

顺父母意

行孝的第二个层次是顺父母意。顺父母意是指满足父母除基本吃住之外的合理需求。人除了基本的生存需求外，还有安全需求、情感需求等，只要是合理的需求，子女就应该顺其意，尽量满足。

孝顺，孝顺，顺者为孝。真正爱自己的父母就意味着理解、包容和尊重父母，不伤父母的心。父母做事并不是完全正确的，父母的要求不一定都合理。那么，当父母做得不对的时候，当儿女与父母产生冲突的时候，我们应该怎么办？

《弟子规》给我们提出了这样的建议："亲有过，谏使更。怡吾色，柔吾声。谏不入，悦复谏。"作为儿女，侍奉父母的时候，如果有意见相左的地方，甚至你觉得父母有过错的时候，应委婉劝说，劝导时态度要诚恳，声音必须柔和，并且温和恭敬。如果父母不听规劝，要耐心等待合适的时机，比如在父母情绪好转或高兴的时候，再继续劝导。这个建议，讲出了一个简单的道理：在跟父母沟通时，沟通的内容重要，沟通的方式也同样重要。

方太技术部的晏工在《方太人》的报刊上分享了自己"行一次孝"的心得。此前，晏工对婆婆的行孝只是停留在养父母身的层面上，比如逢年过节给婆婆买些礼物、一起吃顿饭等。事实上，婆婆在生活上对她提出的很多意见，她都不屑一顾，认为老人的思想陈旧。有一次，婆婆在饭桌上提出"天气冷了，要晏工给孩子多穿一件衣服"的意见，晏工认为当时的天气并不冷，穿太多反而会让孩子生病。于是不假思索地回绝了婆婆，结果引得婆婆不快，俩人你一句，我一句，发生了激烈的争吵，最后不欢而散。

晏工开始践行"行一次孝"后，她意识到了自己的过错——对婆婆的孝只是停留在养父母身层面上。她改变了自己的心态，当婆婆再提出不同的意见时，她不再与婆婆争论，而是认真倾听婆婆的意见，小事顺婆婆意，碰上大事及原则性问题，晏工也是好言好语地与婆婆沟通。

一段时间后，晏工发现她与婆婆的关系越来越融洽，甚至婆婆的微信头像也换成了她俩的合影。同时，因为她与婆婆的关系得到了改善，夫妻关系也变得更加和睦。从中受益后，晏工将顺父母意和利他之心运用到工作上，果然也收获了与上司和同事的和谐关系。

敬父母心

行孝的第三层次是敬父母心。敬父母心是指对父母怀有孝敬之心。

子女对父母如果不发自内心尊敬,那么在养父母身和顺父母意时也会大打折扣,很难全心全意地侍养父母。这一点与员工对待工作的态度一致,如果员工对工作没有敬畏之心,也很难全心全意地工作。

敬父母心不是让我们单纯地给父母买一件新衣服,而是让我们更多地关注父母心里真实的想法。《孝经》里面提到的"立身行道",意思是只有用自己的德行去帮助这个社会,让所有人感受到是因为我们的父母养育出了这么好的孩子,才让这个孩子这么有成就,懂得为社会付出,这才是"扬名于后世,以显父母"。当我们能够用自己的德行让父母感受到光荣的时候,那就是真正的大孝显亲。所以,我们应做到大孝,做到因自己的成就让社会肯定父母对我们的教诲,这就是养父母之心,也是养父母之志。

立父母命

行孝的最高层次是立父母命。立父母命是指帮助父母找到晚年生活的意义,引导父母更加积极地生活,感受生命的价值。

方太倡导要立父母命,前提是我们要立己命,笃实践行"五个一",立身行道。只有当我们自身的道德素养达到较高水平时,才能站在更高的层面上理解父母,明白他们是因为哪些原因感到痛苦,从而引导父母更加积极地生活。

比如我们可以想办法引导父母学习《了凡四训》以及"生死观"等中华优秀文化,帮助父母制订"五个一"目标计划并认真践行等,让父母的晚年充满意义。

事实上,"立父母命"的过程与企业帮助员工成长有异曲同工之妙。对于新员工来说,适应和融入企业的时候,或多或少会遇到一些问题,此时企业需要帮助其"立命",让其找寻到工作的意义;对于老员工而言,如何持续地在工作中获得乐趣、获得成就感,也常常令他们头疼,此时企业也需要耐心地开导员工,引导员工以更积极的心态应对工作。

不得不说,企业在"行一次孝"上确实无法做到时刻监督员工"行孝",但企业要倡导"行孝"的文化,营造"行孝"的氛围,让员工发自内心地感受到行孝的重要性。

2.5 日行一善

2.5.1 日行一善是一种境教的表现

"日行一善"里有两个关键词,即"善"和"日行"。

什么是"善"?《了凡四训》里提到,凡是有益于人的是"善",只利己的是"恶"。"善"要大公无私,要发心至诚,且无所求。但现实的情况是我们很难能做到这一点,那么如果我们暂时做不到造福万民,利于大众,就让我们从小善做起,从点点滴滴做起,只要是利于他人的,或者利人也利己的,正确的,都是有所裨益的,因为从行善、言善到真正的心善是一个循序渐进的过程,我们会在这个过程中完善自我、提高心性,会在这个过程中从"小我"走向"大我",最终解放心灵。

什么是"日行"?"日行"就是每天做一件善事。善事不分大小,动一善念就是一善,比如节约用水,节约一粒米,给周围的人行方便、露出一个微笑或道一声问候。"日行一善"的最高境界是每个当下、每个念头"念念为善"。

"日行一善"的意义在于积少成多,汇涓滴为江河,开始不明显,其后善果越来越明显。"日行一善"是人人都能够做到且能够坚持做的事。

命运很大程度上掌握在自己手里，而改造的关键在于当下自己的心念和种什么业因。中华优秀文化认为，有了善念，就会有善行，也就会种下善因，从而改变将来的命运，得到善果。所谓"相由心生""境随心转"就是这个道理。所以从现在开始，每天坚持做一件善事，从身边的小事做起，"勿以善小而不为"，日积月累，就会结出善果。

方太认为"日行一善"无论对个人、家庭还是企业，都具有极大的意义和价值：一是个人的心灵品质得以提升，格局和境界得以提升，智慧和能量得以提升；二是家人也会受到影响并逐渐改变，家庭的幸福感不断提升；三是顾客安心、员工成长、社会正气以及可持续经营的逐步实现。

方太的南通经销商在文化践行方面一直是经销商群体的榜样。南通经销商从 2017 年 11 月才开始着手践行"五个一"，两个月后就取得了不错的成绩。茅忠群提倡的"三教教育"，在南通经销商处也得到了相应体现。每天早上的读经及分享，这是言教的方式；南通经销商周经理以身作则，每天鼓励员工相互学习，这是身教的行动；经销商处设置读书角，书架上放置图书并鼓励员工阅读，"五个一"上墙展示，"日行一善"自我监督上墙展示，这是境教的表现。

2.5.2　四个动作：一个改善、一次善行、一句善言、一份善意

对于如何导人向善，方太有很多具体、细化的指导方案。从类别上看，方太把"日行一善"分为四个部分，即做人本分、家庭本分、工作本分、慈善公益。

从境界上看，方太把"日行一善"分为四个层次。最低层次是善有所求，是指行善时带着一定目的，为了达成目的去行善；第二层次是行善已经成为自觉的习惯和品德，超越了为行善求福而行善；第三层次是提升自己的

格局境界，从行小善转变为行大善，达到自利利他的境界；最高层次是先建设自觉的心灵品质，开发心灵宝藏，再帮助家人和他人提升心灵品质，开发心灵宝藏。去除小我，开发大我，达到无我利他的境界。

从内容上看，方太把"日行一善"分为四个动作，即"一个改善""一次善行""一句善言""一份善意"。方太倡导先从基础的本职工作改善入手，再做一些利益他人、企业或社会的善行，并伴随着言语上的温暖、鼓励和感谢，最终成为一个充满善意的人。

一个改善：本职工作上的改善

"一个改善"是指尽本分。茅忠群说："尽本分是首善。"一个人最基础的"善"，是将自己的分内事做好，履行职责，不给其他人造成困扰。尽本分包括一个人对家庭的本分以及对工作的本分。家庭的本分是指关心爱人，培养、教育孩子，对父母行孝等；工作的本分是指在本职工作上每天进步一点点。

方太杭州分公司的厨电顾问陈芳（化名）刚开始工作时，因为公司位置偏远，经常抱怨人流量太少，让自己没办法销售产品。在学习《了凡四训》后，陈芳明白了"命由我作，福自己求"的道理。

陈芳开始主动反思自己的工作方法，改变了以前抱怨工作的状态，从尽厨电顾问本分的角度对待工作，很自然地想到了既然顾客不走进来，自己就应走出去。于是，她主动联系商场里的其他品牌，维护与顾客的关系，争取更多的订单。同时，她还联动其他品牌一起去各个小区做宣传，做老顾客回访，了解他们已购产品的使用情况，告知他们方太新产品的产品动态……在陈芳的不断努力下，店里的订单多了起来，老顾客加单、回购、推荐朋友来购买的情况也变多了，销售业绩得到明显提升。

一次善行：利益他人、企业、社会的行为

"一次善行"是指利益他人、企业、社会的行为，包括举手之劳。

方太在践行"日行一善"时，除了强调本职工作的改善，还强调在工作之外做一件好事，比如"件行一善""客行一善""户行一善"等。供应链部门的员工每一次操作做到零缺陷，把仁爱之心注入每一个部件、每一件产品，叫"件行一善"；厨电顾问和客服代表为每一位顾客行善，叫"客行一善"；服务技师和客户经理每一次上门，为每一位顾客行善，叫"户行一善"。

以"户行一善"为例，方太的董技师在去顾客家服务的路途中，遇到了一对老夫妇在上坡路上非常吃力地拉着一车砖，他赶紧上前帮忙；韩技师主动帮助顾客安装了客厅里的挂表；孙技师发现顾客家的窗户装修贴瓷砖时还有缝隙，而那几天总是有雨，孙技师怕雨水进入缝隙里，便主动帮顾客打胶密封……

方太一直践行着"导人向善"的价值观，引导员工做善事、立善行。在这种价值观的引导下，员工在面对他人、企业或社会时，也会逐渐向善。

一句善言：温暖人、激励人、感谢人

"一句善言"是指一些温暖人、激励人和感谢人的话语。比如方太的"幸福五句话"——"我错了！""我也错了！""我帮你！""谢谢你！""我爱你！"

俗语有云："良言一句三冬暖，恶语伤人六月寒。"对于企业经营者或管理者来说，在帮助员工成长时，如果只用批评、呵斥的话语，很容易令员工丧失信心，并且在员工心中留下不好的印象，与员工终会渐行渐远。中国

人讲究"积善之家，必有余庆"，善言说得多了，善行做得多了，自然会收到应有的回馈。

方太常州办事处的蒋勇（化名），经常会对顾客嘘寒问暖，哪怕他刚刚才认识这个顾客。比如顾客患有胃病，他会叮嘱顾客少吃辛辣、刺激性的食物；顾客患有腿疾，他会嘱咐顾客出行时注意安全……这些温暖的"善言"使蒋勇不仅收获了更多的顾客，也为他的人生增加了许多非凡意义。

一份善意：去除小我，开发大我，无我利他

"一份善意"是指对他人真诚、善良的表达，比如一个微笑、一个点头、一次握手、一声感谢、一次帮助。"一份善意"与"一次善行"看起来相似，但比"一次善行"的境界高，是指内心始终对万事万物怀揣着一份善意，在这份善意的引导下去工作、学习和生活。

"早啊！"我抬头看，是一个不认识的姑娘迎面走来，向我打招呼，并抱以一个甜美灿烂的微笑。"早！"我不自觉地脱口而出，瞬间心情大好，一股暖流直冲进我的心窝。这是笔者在方太参观时，走在路上经常能遇到的场景。人与人之间的温暖往往来源于一声问候和微笑。

与人为善是一个人最简单也是最容易忽略的品质。一个经常表达善意的人，会不自觉地让人想与他亲近，愿意与他接触，成为朋友、合作伙伴；一个经常表达善意的人，不会因为他人从事何种职业或有何种外貌，来决定对他们的态度。凡事豁达，做事大气，语言温和，面带微笑，乐观向上，因为给予别人善意，自己也变得心胸坦荡，从而收获善意，变得快乐。

2.6 如何导入"五个一"

想把中华优秀文化导入企业的企业经营者,千万不能着急,落地"五个一"要循序渐进。方太的"五个一"从起步到完善,经过了多年的打磨与沉淀。当然,这并不意味着现在每一家企业导入和落地"五个一"都需要历经十余年的过程。

正是因为方太历经十余年,已经形成了融入中华优秀文化、独特创新的"五个一"文化践行体系,所以才让其他企业可以大大缩短所需的时间,结合企业自身情况导入践行模式。

教育要起到化育人心的作用,即通过提升员工的心灵品质,进而提升顾客的心灵品质。"五个一"不离开事,也不拘泥于事。"五个一"的内在包含了"文化与业务""成人和成事"两条主线,犹如一条DNA的基因图,是一个双螺旋结构。图2-6为方太践行"五个一":成人成事的示意图。

尤其在成人方面,方太鼓励员工立大志、立真志、立善志,不断提升自我仁爱、智慧、胸怀、能量,实现厚德载物;通过文化经典作品的学习提升能量、增长智慧、变化气质;通过改过,在为学日益的同时,为道日损,不断做减法,通过观照、反省和引导不断净心;通过行孝,提升员工的仁爱之

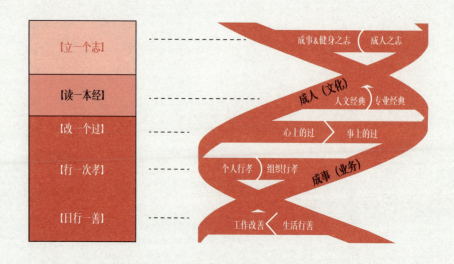

图 2-6　方太践行"五个一":成人成事

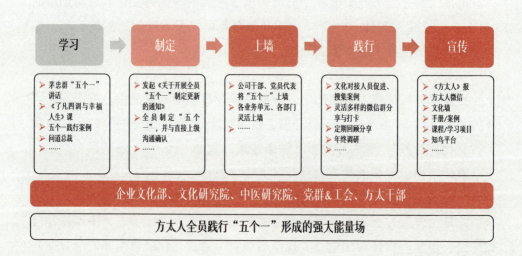

图 2-7　方太落地"五个一"的关键动作

心,用仁爱之心创美善精品,用仁爱之心造中国精品,用仁爱之心铸国家名片;通过日行一善,一方面不断精进个人的工作,另一方面广结善缘,并通过行动体会"幸福的本质是给予而不是索取"。

2.6.1 落地的五大关键动作

"五个一"是中华优秀文化的浓缩版,是企业学习践行中华优秀文化的重要抓手。企业经营者的发心与垂范是方太落地"五个一"的关键动作,除此之外,方太还有五个关键动作,如图2-7所示。

企业践行"五个一"的前提,首先要通过系列的学习活动帮助员工明白为什么践行"五个一"以及"五个一"背后的原理。比如方太与智然老师合作开发了《了凡四训与幸福人生》课程,通过"因爱伟大、唯谦受福、行孝有方、立命之学、改过之法"五个部分,帮助员工和企业经营者学员更深刻地理解方太"五个一"及幸福人生的含义。

方太的"五个一"落地包罗万象。比如方太的各部门在落地"五个一"时,通过灵活多样的机制,每周评选最佳"五个一"分享;建立"五个一"微信群;下午上班后15分钟,练习幸福健身功,提能提效等,促进员工有序、有趣、有爱地进行"五个一"践行。

2.6.2 落地的四大要点

除了以上落地的关键动作,为了使企业践行好"五个一"、发挥"五个一"的巨大价值——创造真善美,方太还提出了落地的四大要点。

一是"明",指企业要学习领悟"五个一"的深刻内涵。"五个一"内涵丰富,从开始入门到止于至善皆可运用。既可以在事上下功夫,也可以在德上下功夫，在道上下功夫，乃至在心上下功夫，不同学习阶段的企业经营者或管理者皆可以"五个一"为抓手。

二是"信"，指企业上下要从心里相信且用心，把践行"五个一"作为企业和人生的一件大事。认真践行"五个一"，便有望实现幸福、圆满、觉悟、自在的人生，实现真正的成功。

三是"修"，指企业在践行"五个一"时重在实践，贵在坚持。"五个一"的践行是有周期的。在"立一个志"方面，成人之志可以是长期的，五年、十年，乃至更长的时间；成事之志一般以年为周期，企业基层管理者可以季为周期，企业高层管理者也可以三年、五年为周期；"读一本经"一般以一个月至三个月为周期；"改一个过"开始时以三个月为周期，之后逐渐缩减到以一个月为周期，最后可以达到以日为周期，每日反省、每日改过；"行一次孝"以年或半年为周期，不包含日常的孝行；"日行一善"以日为周期，一善是指至少做一件善事，多多益善。整个过程，少则半年、多则一两年，企业上下就会收获明显的效果。

四是"场"，指企业在践行"五个一"时要有组织保障与机制保障。文化即业务、文化即家庭、文化即人生，文化是经营业务的发心和方式，业务是文化的呈现和结果。家庭、人生同理。唯有实现"五个一"与工作、家庭的合一，才能实现物质和精神双丰收、事业与生命双成长。

第二部分
伟大企业的践行体系

确定了企业的三观,企业经营者要带领全体员工一步步实现企业的愿景和使命。方太要成为一家伟大的企业,至少要符合四大特征,这四大特征对应着企业长期发展的四个关键词,即顾客、员工、社会责任和企业经营,这也是方太成为伟大企业的践行体系和干法,同时也是方太文化即业务的呈现和结果。

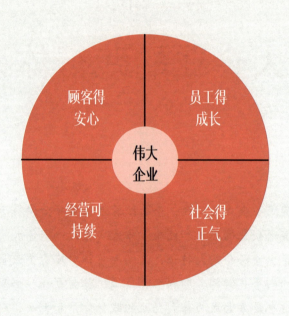

第 3 章

顾客得安心

顾客得安心要求方太视顾客为亲人，让亿万家庭幸福安心。方太要打造无与伦比的顾客体验，让顾客动心、放心、省心、舒心，乃至安心。

——茅忠群

导言

成为伟大企业的第一个"干法"是顾客得安心。这可以看出方太对于顾客的重视程度。自 1996 年成立以来,方太始终以顾客为中心,以员工为根本。这两个方面,有内在联系且相互支撑。以顾客为中心是方太长期坚持的方向;以员工为根本是保持以顾客为中心的内在动力。从十亿级规模到百亿级规模,再到如今的跨百向千,以顾客为中心的鲜明思想一直贯穿方太的发展历程,这也是方太能够成为厨电行业标杆企业和受顾客满意企业的原因之一。

企业不管在什么阶段都应该以顾客为中心,它是企业长期发展的第一个要点。对于企业来说,顾客意味着生存,这是一个最简单的常识。企业是如何理解顾客的呢?大家都在说"顾客第一""以顾客为中心",可到底什么是"以顾客为中心"?每个企业都有不同的理解。

海底捞用"感动"让顾客甘之如饴;丽思卡尔顿酒店的员工必须了解"我们是服务绅士与淑女的绅士与淑女"这句话的含义,使顾客独享奢华的尊贵礼遇……也许最典型的说法如德鲁克说的"企业存在的目的就是创造顾客"。

对此,一直在学习中华文化的茅忠群有自己的理解。他认为,优秀的企业和伟大的企业的区别之一在于,优秀的企业满足顾客的需求,而伟大的企业不仅满足顾客的需求，更要让顾客得安心。

为了让顾客得安心，方太视顾客为亲人。方太的研发人员在研发产品的过程中遇到问题需要解决时，经常被拿到台面上讲的一句话是："如果这款产品给我们的亲人使用，他们会有什么样的感受？"所以，在方太有一个很有意思的现象：很多新产品在样品阶段，无论是吸油烟机还是净水器，都是先在企业高管以及研发团队成员的家里试用，让自己的家人先用，让自己的亲人提意见。如果连自己的亲人都不满意，这款产品就不会上市。

再进一步讲，方太如何视顾客为亲人？答案是：方太通过打造无与伦比的顾客体验，让顾客动心、放心、省心、舒心，乃至安心。方太的产品首先要从工业设计上做到让顾客动心，当顾客第一眼看到时就会被它的外观、功能吸引，对它动心；其次，方太的产品质量要让顾客没有忧虑，可以放心购买；然后，顾客购买方太的产品后，方太的安装售后服务会一站式帮顾客解决所有的问题，让顾客省心；最后，当顾客使用方太的产品时，体验很好，感到舒心。综合起来，就是方太的产品让顾客幸福安心。

如果顾客决定企业的生存，是企业的核心资产，那么如何证明今天你已经充分地重视顾客了呢？企业从哪几个方面让顾客满意，满足顾客的需求，让顾客安心呢？企业需要投入多少精力在顾客群体上？当企业需要解决顾客的问题时，到底是打"补丁"还是换套操作系统？这是大多数企业在顾客这一问题上遇到的窘境。

通过多年学习中华优秀文化的体悟，以及将其与企业经营管理相结合的实践，方太总结出了满足顾客需求且让顾客安心的四个维度，如图3-1所示。

关于"顾客得安心"四大维度的具体干法，详见后文内容。需要特别指

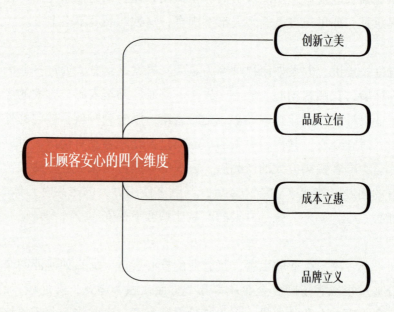

图 3-1　让顾客安心的四个维度

出的是，不管是方太的创新和品质，还是成本和品牌，其最大的源泉都是仁爱之心。方太认为，离开仁爱之心，创新可能危害社会、品质难以保证、成本难以惠客、品牌难以传递正能量。

说一千道一万，让顾客能安心的绝对不是宣传有没有到位，企业要让顾客得安心是需要真抓实干的。当有些企业在高喊"顾客第一""品质第一"时，方太已经在真抓、真干、真投入了。将时间拉长，光喊不练的企业会逐渐丢失顾客信任，而不断投入服务与研发的企业不仅将收获顾客的满意和安心，还能成为可持续增长的创新型企业。

如果企业正苦于不知道如何经营顾客，如何创新才能创造顾客价值，如何做好品质和服务，如何锻造品牌，那么不妨走进方太一窥方太经营顾客的干法，去感受它、体悟它、借鉴它，沉浸在方太仁爱之心的氤氲之中，体悟让顾客满意的真谛。

3.1 创新"三论"

企业需要创新。一款产品从创意到研发,再到上市,一般至少需要五年。以当今时代的变革速度,谁能预料五年后的顾客会喜欢什么样的产品,五年后的市场又会是什么样的呢?敢于去冒险的企业不多,毕竟五年的时间在 VUCA⊖时代有着太多的不确定性,稍有不慎,五年里所有的付出和投入都会"打水漂",但有一家企业就是这么执着。

2010 年,当方太决定投身洗碗机研发时,中国已经有很多企业在此折戟。传统的洗碗机大多是欧式洗碗机的衍生品,体积庞大,功能单一,不适合中国家庭的使用习惯。根据第三方市场调研机构中怡康的数据显示,当时中国的洗碗机的市场渗透率不到 0.5%。大多数中国家庭在享受烹饪带来的乐趣和成就感的同时,依然还要承担洗菜、洗碗的"痛苦"。

为了破解这一难题,解放中国人的双手,让洗碗不再成为中国家庭的负担,方太的研发团队从中国顾客的烹饪场景开始研究,一步步挖掘痛点,跑了 1000 多个家庭后,思路逐渐清晰——针对中国的小厨房和重油污的烹饪特点,做水槽洗碗机。方太洗碗机研发负责人徐工说:"如果 100 万人能想

⊖ VUCA:VUCA 分别代表 Volatility(易变性)、Uncertainty(不确定性)、Complexity(复杂性)、Ambiguity(模糊性)。

到这个点子，只有十分之一的人会深入其中，百分之一的人会尝试，但只有几个人会成功。市场有着太多的不确定性，产品、成本、周期都不确定。如果不确定还能坚持做，一定是对产品的未来充满信心。"

创新之路总是坎坷。在研发水槽洗碗机的过程中，方太的研发团队面临最大的挑战是二次污染问题。方太要兼顾洗碗和洗果蔬两大功能，就不可能再像传统洗碗机一样采用封闭式的共用管路，这样容易产生交叉污染。工程师提出了无管路清洗系统的设想。这是一件非常困难的事情，因为国内外没有可以借鉴的先例，当时行业内有名的专家也认为无管路的清洗系统是不可能实现的。没有参考，对于所有的部件方太都要从 0 到 1 自创。

这个难题一度让徐工想要放弃。一次，徐工在开车时，突然从汽车的涡轮增压发动机处获得灵感——增压可以提高水的扬程和流量效率。由此，方太着手开发"开放式双泵"系统，以此解决传统洗碗机的二次污染问题。配合高频超声和湍流冲击技术，最终面世的方太水槽洗碗机对于果蔬表面农残的去除率高达 90% 以上。

实际上，开放式水路系统只是水槽洗碗机整个产品研发过程中的一个难题。在水槽洗碗机这款产品上，凝结了方太百余项专利技术。

回顾水槽洗碗机研发的 5 年，研发团队在 25 个城市走访了 1000 多个家庭，行程超过 10 万公里，历经 274 次专案研讨会，产生超过 150 张设计图，并邀请 25 位顾客共同参与产品设计、研发，这才有了方太水槽洗碗机第一代产品。这些数据不但见证了方太水槽洗碗机从 0 到 1 的原创发明历程，更凸显出了原创发明的艰辛与不易。

最终，方太水槽洗碗机一举解决了传统洗碗机的七大痛点：一是不额外占用厨房空间，将水槽、洗碗和清洗果蔬的功能实现三合一；二是解决了安装困难的问题；三是取放方便，避免了弯腰躬背；四是将洗碗时间由原先的 90 分钟缩减到 30 分钟；五是"开放式双泵、无管路结构"的创新设计避免了二次污染和污垢淤积；六是无须亮碟剂；七是解决了用户对果蔬农残的顾虑。

"我们想打造一款真正符合中国厨房使用习惯的产品，它不同于欧式洗碗机，也不是舶来品的变种，它应该是一款真正'从中国顾客中来，到中国顾客中去'的产品。"徐工说道。

五年的时间，顾客喜欢的产品和市场都发生了改变，当大多数企业通过产品营销经营顾客时，方太却通过真抓、真干、真投入的自主创新，抓住了顾客最本质的需求，不仅带给顾客惊喜和安心的体验，还让企业获得了持续增长，拉动了整个中国洗碗机行业的飞速发展——方太的水槽洗碗机上市四年后拿下超 40% 的市场份额，斩获"科学技术发明一等奖"等多项国内外大奖。

这样一种创新，无论时间过去多久，无论市场如何波云诡谲，都会历久弥新。这种创新，就是被厨电行业频频提及的"方太创新"。

很多企业都很好奇：为什么方太花了五年甚至更久的时间研发出来的产品不但没有过时，还能令顾客满意，而自己花了一年的时间研发出来的产品，刚一上市就过时了？

方太每研发一款产品，除了通过大量的市场调研，真正地去了解顾客的核心痛点外，还会本着为家人研发的初心，愿意花五年、八年，甚至更长的时间去研发一款产品，带给顾客安心和幸福。正如茅忠群所说："方太要成为一家伟大的企业，有两个核心。这两个核心不是野心、功利心，而是创新和良心。"

所以，创新是方太经营顾客、让顾客得安心的第一个干法，方太归纳为"创新立美"，即通过创新产品和生活方式，为顾客创立美好生活。图 3-2 为方太创新立美的四个维度。

创新是企业发展的第一动力。很多企业在创新上投入了大量人力、物力，最后却"打水漂"。创新者面临的风险太大，"山寨者"的成本相对较低。一些企业陷入"不创新等死，创新找死"的尴尬境地，企业想创新，又怕创新。因此，如何走出"创新者的窘境"，是每个企业都在竭力寻找的答案。

方太要想成为一家伟大的企业，让亿万家庭幸福，走出"创新者的窘境"，就要对"创新"提出全新的要求。方太通过观察、分析，发现企业之所以出现"创新者的窘境"，是因为有些企业的创新存在诸多问题，比如急功近利、危害健康，甚至丧失底线、严重违背社会主义核心价值观等。究其根源，是因为企业把"贪欲"作为创新的源泉，把"无度"作为创新的原则，把"市场或流量"作为创新的唯一目标。

为了解决这些创新问题，茅忠群把学习中华优秀文化的体悟，与方太二十余年的创新经验，在 2018 年提出了"创新三论"，即创新的源泉是仁爱，创新的原则是有度，创新的目标是幸福。

企业有三观，人有三观，企业的创新也有三观。方太的"创新三论"，就是企业创新的三观，可以帮助企业明白创新的源泉是什么、创新的原则是什么、创新的目标是什么。每个企业在创新一个产品时，都应该发自内心地、千万遍地问自己这三个问题。

3.1.1 把仁爱作为创新的源泉

企业创新的源泉是什么？请大家带着对这个问题的思考往下阅读。

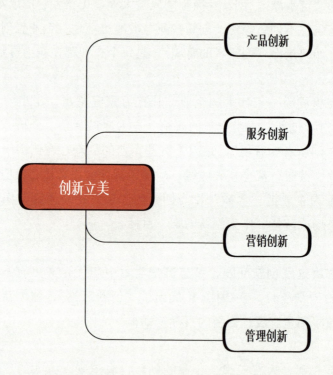

图 3-2　方太创新立美的四个维度

茅忠群和方太文化研究院的老师就这一问题向诸多中小企业经营者或管理者提问时，得到的答案不尽相同，大多聚焦在"创新的源泉是客户不断增加的新需求和市场竞争的压力"。

方太创新的最特别之处在于，它是从"使命型思维"出发，将聚焦人性关怀的"仁爱之心"作为创新的源泉和驱动力。茅忠群因为看到一则关于"厨房油烟加剧家庭主妇肺癌风险"的报道，出于对家庭主妇的仁爱之心，便决心研发一款真正带给顾客健康、不跑烟的吸油烟机。在研发"风魔方"的过程中，方太的研发团队历经万难，还是坚持投入，也是出于对顾客的仁爱之心。只有用仁爱之心捕捉顾客需求，以仁爱之心激发创新活力，才能驱动真正的产品创新，带来业务突破。"仁爱"是因，"业务突破"是果，只有结善因，才会得善果。

要知道，以"仁爱之心"和"功利之心"推动的创新，结果是不一样的。源于"仁爱之心"的创新，更能对发展起到可持续的作用，能带给人们幸福，比如爱迪生发明的电灯；源于"功利心"的创新，带来的可能是负面影响，比如某些网络游戏。

回顾人类科技发展的历史，很多科技带来的正向价值背后，都是"仁者爱人"的思想投射。只有尊重人的生命价值，把人的需求放在首位，才能创造出美善的科技产品。

那么，到底什么才是源于"仁爱之心"的创新？方太认为要符合仁爱创新，企业至少要有"三心"，即利他之心、同理之心、平等之心。表3-1为"三心"的内涵和意义。

表3-1 "三心"的内涵和意义

"三心"	内涵	意义
利他之心	任何行为，只要是出于对周围人的关爱之心，就是利他之心	一个企业想要成功，必须先让客户取得成功，让顾客幸福安心，这个企业自然就能成功
同理之心	一种将心比心、感同身受的能力	同理心可以帮助企业正确洞察人们的需求，深刻洞察什么是人们想要的，什么是人们不想要的。有了同理心，科技向着温暖与善意发展，变得温暖人心
平等之心	一种人人生而平等之心，普惠大众之心	创新科技应该普惠大众，成为社会福利，不只为少数人造福，更要为全人类造福

2015年，出于对顾客的利他之心，方太推出了一款名为"云魔方"的智能吸油烟机。"云魔方"不仅依靠"蝶翼环吸技术"实现了四面八方不跑烟，更凭借以自动巡航增压、风随声动、厨房空气管家为核心的"智能吸排系统"，终结了传统吸油烟机被动适应中式烹饪需求的工作模式，让吸油烟机适应中式烹饪习惯，从而将中国家庭从重油猛火的厨房中解放出来。

出于对顾客的同理之心，方太正确洞察到顾客需求，创新"不跑烟"吸油烟机"全新一代风魔方"，让数百万家庭从中受益。该款吸油烟机不仅保证顾客在烹饪过程中不碰头，还通过创新的120度挡板设计成功阻隔油烟，确保油烟往下走，保护了脸部的皮肤，带来了更好的防护，使人们彻底告别油烟的微伤害。该产品在工业设计上采用"敞篷进风设计"，轻轻一按，即可自动开合，犹如一辆时尚的敞篷车。这种宽流进风的设计还可以将油烟拦腰截断，也能避免油烟扩散，使时尚度和实用性完美结合到一起，因此获得了德国红点奖，也得到了很好的市场反馈。

方太在研发"云魔方"的过程中，一直从顾客的角度出发，注重产品的每个细节。比如方太将"云魔方"挂钩的螺丝隐藏起来，以便顾客打理时更加方便，并且为了在挂吸油烟机的时候不发出金属碰撞的不悦耳声音，还对挂钩进行了特殊处理。"云魔方"的整体造型在外观设计上也很时尚，产品的动态能量光标、蝶翼板和油杯全压边处理、免工具拆卸蝶翼板、长条形大油杯、防触头、按键 20 丝微凸等细节设计也将顾客体验发挥到极致。

方太在研发"云魔方"时，采用的是纳米涂层技术，使油脂无法停留在吸油烟机表面，同时采用了提升油脂分离技术，将油脂分离度提高到 95%，常态气味降低度达 97%，大大减少有害气体排放。此外，方太智能吸油烟机独有的"高效静吸"科技，能将吸油烟机运行声音降至图书馆级别的 48 分贝，有效减轻了噪声污染。

不管是"风魔方"和"云魔方"的创新，还是后来"星魔方"的创新，都是源于方太对顾客的利他之心、平等之心、同理之心的仁爱创新。茅忠群说："如果在创新的过程中，总是先去考虑'我能通过它得到什么、创造多少可观的利润'，却将'这能为他人带来什么'放在次要位置，那就是纯粹的利己之心了。"

除了吸油烟机，方太在其他厨电产品上也是如此。因为对油烟的危害、烹饪的艰辛感同身受，方太研发出了集成烹饪中心，让人们有更好的健康保障和烹饪体验；因为对洗碗烦恼的感同身受，方太研发了水槽式、嵌入式多种洗碗机，并通过"高能气泡洗"技术，解决了人们的洗碗烦恼和洗净需求……

方太认为，在生产任何一款产品时，都应做到"仁爱为体，科技为用"，那些为人类社会注入幸福感的科技，无一不带有利他之心、平等之心和同理之心。茅忠群在方太 2021 年度幸福发布会上说："只有坚持以仁爱为缰，以利他之心让科技有善意，以同理之心让科技有智慧，以平等之心让科技有担当，创新科技才会与美善和幸福同行，为人类创造更多的正向价值。"

创新的过程应该是一个"致良知"的过程。一旦忘记了初心，创新者就有可能陷入为了追求技术突破而将灵魂交给魔鬼的"浮士德困境"⊖。在创新发展的道路上，方太以"仁爱之心"实现了"用什么创新"——用仁爱之心创新，与"为什么创新"——为顾客创造幸福（价值）的统一。

读到这里，请你再来回答开头的问题，此时你的答案会是什么？是否有改变？

3.1.2 把有度作为创新的原则

众所周知，方太是以吸油烟机起家的，早在1996年，方太就开始进军厨电领域，成功研发出第一代完全自主设计的深型吸油烟机，一举解决了传统吸油烟机的六大使用痛点。之后，方太凭借过硬的研发实力和创新精神，打造了行业一个又一个厨电精品，从而奠定了高端厨电行业的领导者地位。但是，当厨电市场竞争越来越激烈，家电巨头和厨电企业都在力求抢占厨电行业新赛点时，方太如何做到持续领先？面对顾客需求不断升级变化，到底什么样的厨电产品才能够真正做到让顾客安心呢？这是茅忠群一直在思考的问题。

这时，有人说到了科技创新。如今，科技智能已经成为厨电产品创新的一个重要趋势，很多人认为，在智能化风口，厨电企业唯有打造智能化产品才能够满足顾客需求，从而帮助企业争夺高端市场。

科技的发展会带来副作用吗？如果科技智能的创新能使企业长远发展，那是否意味着所有企业对产品的创新都要加入"互联网""手机""云"等智能技术？只有加入这些智能技术的产品创新才是好的创新？顾客需要的真的是"智能化"的创新产品吗？一直在学习中华优秀文化的茅忠群陷入了沉思。

⊖ 浮士德困境，即"浮士德难题"，是人类共同的难题，它是每个人在追寻人生的价值和意义时都将无法逃避的"灵"与"肉"、理性与非理性、善与恶的斗争的问题。

科技确实对人类社会做出了巨大贡献，人们对科技心存乐观，但少有警惕。"世间万物，凡兴一利必生一弊。"当科技为我们带来更多便利的时候，危机也在悄悄地逼近我们。网络游戏、短视频确实可以让人们在紧张的工作、学习之余身心得以放松，但由于资本利用人追求快乐的本性，令产品的黏性越来越强，使得越来越多的人沉迷其中，不能自拔。科技一旦失去缰绳的牵引，很容易走上危害社会的歪路。

中华优秀文化认为"过犹不及"，意思是说万事万物皆有中道，中道即天道、天理。所以，凡事皆要合乎天理，适度而为，过与不及皆不可取。创新科技的发展也不例外。通过调研、观察，茅忠群认识到顾客真正需要的不是"智能化"，不是带有炫技的科技产品，而是"更方便""更愉悦""更健康""更安全""更好的体验"等，智能化无非是实现让顾客安心的工具和途径。例如，很多电饭煲设计了炫技的功能，如炒菜等，但大多数人只是用电饭煲煮饭而已，其他的功能一年也用不上几次，甚至从没使用过。

因此，创新也是有原则的，不是一味地刺激顾客需求的创新就是好创新，不合理的需求，就不应该满足，要以顾客为中心，要做有价值有意义的创新。

那么，什么是方太在创新过程中应该坚持的原则？为了避免方太陷入科技创新的"副作用"里，茅忠群从中华优秀文化里提炼出"有度的创新"。他提出："方太的创新不应盲目追求智能化，应当合理有度，拒绝无度发展，而且要回归到产品本质功能和顾客体验，打造更懂顾客的智能化高端产品，这样才能获得长足发展。"

"有度的创新"就是方太创新的原则。

2017年8月16日，方太发布了一款智能升降吸油烟机——EM7T.S，这款产品历时四年研发，不但将吸油烟方式进行了革命性升级——变被动吸烟为主动捕捉，还将吸油烟机一举带入"无人驾驶"时代，为顾客带来"恰到好处"的智能体验。

以往大多数家庭使用的吸油烟机在调整档位时，需要手动操作，油烟量大的时候，选择强档；油烟量小的时候，选择中低档。方太的 EM7T.S 运用智能吸排系统，仿佛为"蝶翼环吸板"装上了"云眼"和"云脑"，根据不同的油烟大小，蝶翼板的高度可以自动调节。

方太的这款智能升降吸油烟机就是有度创新的最好体现。在面对激烈的市场竞争时，方太坚持不盲目，不搞噱头，脚踏实地，一切以满足顾客的智能、健康、幸福的体验为终极目标。正是基于对科技的正确认知，让方太在科技智能化浪潮之下，"有度"布局智能厨电市场，打造有效智能，让智能厨电真正造福于顾客。

从 2016 年"创新的源泉是仁爱"，到 2017 年"创新的原则是有度"，方太一步步建构、升级创新观。"电器不应该成为厨房里的主角，顾客才是厨房里唯一的主角。所有的智能都应以人为本，都是为了打造顾客在厨房中的最佳体验。"这是茅忠群着重强调的话，无论厨电行业的发展趋势如何更迭，方太都不会动摇自己创新的初心。

值得注意的是，智能作为厨电行业发展升级的重要趋势，方太对于智能化的"有度"并非"无为"。事实上，切中顾客痛点的智能化体现在方太新品的细节之中，只是方太更倡导产品的创新要坚持有度的原则，从顾客角度出发，不能为了智能而智能。

说到这里，有一个问题冒出来了：什么才是"有度的创新"？关于"有度的创新"原则，方太经过四年的经验沉淀，总结出"三理三度"。"三理"指需求合理、造物合理、享乐合理；"三度"指产品要与顾客相处有度、与空

间相融有度、与自然和谐有度。表 3-2 为"三理"的内涵和意义

表 3-2 "三理"的内涵和意义

合理有度	内涵及意义
需求合理	满足或创造顾客的正常合理的需求，而不是过度刺激人的欲望
造物合理	遵循古圣先贤的思想，只开发满足合理需求的产品，拒绝刺激人的贪欲，拒绝开发不利于长远发展的产品
享乐合理	提倡追求成长型快乐，如运动、学习、修炼、助人等，让自己不断成长

"有度"是方太创新的原则，而"有度"源于"有爱"。方太唯有坚持对顾客的"爱"，对家庭空间、自然环境的"爱"，才能把握好"度"，才能创造出伟大的产品。

创新与做企业、做人是同样的道理。什么是企业在创新的过程中应该坚持的原则？什么是不能做的？这是企业在创新时需要思考的问题。

中华优秀文化里"合乎天理"的智慧，提醒企业科技创新"过犹不及"，凡事适度而为，做过头了就会出现反生反克现象。方太提出的"创新的原则是有度"，警醒所有企业沉心思考创新应该坚持"有度"原则，满足或创造顾客的合理需求，而不是过度刺激人的欲望，也不是一味地追求技术潮流而生搬硬套地为产品做加法。

3.1.3 把幸福作为创新的目标

对于"企业创新的目标是什么"这个问题，作为方太的经营者，茅忠群的答案是："创新的目标是幸福"。这一点与方太的使命是完全统一的，方太所有的创新都是要去实现"为了亿万家庭的幸福"这一使命。

一直深耕于吸油烟机和厨房领域创新的方太,自创立以来,已经创造了中国厨电行业的多个"第一"——第一台深型吸油烟机、第一台欧式吸油烟机、第一台侧吸式油烟机、第一台"三合一"水槽洗碗机……在创新上,方太不断跳出已有的舒适区,探寻新挑战、新突破。

前文所提到的方太研发净水机的故事可以很好地诠释这一点。那是方太在创新过程中以顾客的幸福为目标的真实体现。

事实上,方太在2020年完成了"幸福三部曲"的打造,从幸福家庭到幸福社区,再回归幸福厨房,"幸福"二字,早已注入了方太的品牌基因。今天,当我们回看方太"为了亿万家庭的幸福"这一使命时,会更加相信,幸福不仅是方太的目标,更是方太经营顾客的起点。

方太坚守"幸福为本",用创新科技更好地推动个人幸福、家庭幸福和社会幸福。表3-3为方太幸福创新的三大内容。

表 3-3 幸福创新的三大内容

幸福为本	内涵及意义
个人幸福	个人幸福,即与自我和谐。创新科技应以个人幸福为本,以身心和谐为本。以此为镜,可照出身边的创新科技到底是不是真正向善
家庭幸福	家庭幸福,即与家人和谐。好的创新科技应该成为家庭幸福的促进者,而非破坏者,满足家人的情感需求,加强情感凝聚
社会幸福	社会幸福,即与社会和谐。创新科技的发展应有利于美善环境的建设,避免破坏生态环境

在方太的创新历史上,为了追求幸福目标,不求回报的付出事迹有很多。方太坚持对研发的投入上不封顶,同时在德国、日本等地设立研究院;积极承担"十一五""十三五"国家重点科研项目;与中国科学院过程工程研究所共同成立"烹饪环境与空气治理联合实验室",在油烟净化与治理技

术、油烟对健康的影响等诸多领域开展深入合作，推进基础研究、关键核心技术及应用的创新性研究。也正是如此，水槽洗碗机引爆了整个洗碗机市场、母婴级净水机颠覆了传统饮水方式、集成烹饪中心引跑新赛道……

死磕幸福目标，再倒逼技术不断创新。方太相信只有产品基于人们的真正需求，这种创新才是对顾客负责的。

在方太，硬核的创新被赋予了使命、愿景、价值观，传递着一家企业对顾客家人般的仁爱关怀，这就是由正确的价值观引领的科技创新——以仁爱为体、合理为度、幸福为本的"美善创新"。

事实上，对于企业的创新来说，并不存在所谓的教科书式的方法论或秘笈。相比其他企业，方太的创新三观具有非常显著的特点——强调创新过程中的"仁爱创新"。茅忠群所推崇的"仁爱之心"表现在创新上，便是工艺设计之美、产品创新之善。方太不急于改变世界，而是希望基于顾客的长期洞察与技术深厚的积累，不断给顾客带来有惊喜和幸福感的创新产品，真正去"改善"世界。这是一种典型的技术投入与产品创新的长期主义，同时也是"中国商业智慧＋产品理念＋顾客洞察"的最佳聚合点。

唯创新者进，唯创新者强，唯创新者胜。方太用了25年的时间成就了一家厨电行业领先的科技创新型企业。那么，学方太的创新，要学什么？

企业在学习标杆企业时切记不要走入两个极端：一种是认为无法学习方太，认为我们所在的行业和企业规模都与方太不一样，所以方太那一套不合适自己的企业；另一种是"拿来主义"，方太怎么干，我们就怎么干。前一种会让你永远不知道学什么，后一种很可能会产生东施效颦的不良后果。学习标杆企业的正确方法应该是：去伪存真、去粗取精、由表及里、由此及彼。

3.2 视品质为生命

1998年9月的一天,方太当日的生产计划刚刚完成,生产工人发现安装螺钉的工位上多出两颗螺钉,这就意味着有一台吸油烟机少装了两颗螺钉。车间主任立刻汇报给上一层的领导干部,并将那天入库的所有吸油烟机重新开箱,一台一台检查。终于找到了那台少了两颗螺钉的吸油烟机。

正当大家松了一口气,准备把缺失的螺钉放进配件包时,时任董事长茅理翔(茅忠群的父亲)却让产品负责人当着全体员工的面,亲手砸掉这台吸油烟机。要知道,20世纪90年代,一台吸油烟机的价格在1000元左右,这对很多人来说,已经算是"奢侈品"了。当时很多人认为,只是少了两颗螺钉不影响使用效果,问题不算大,把钉子加进去就可以了。但茅理翔却一定要砸掉这台吸油烟机。

事实上,茅理翔也很心痛,一直以来,他都把每一个产品看成方太的"孩子",当"孩子"出了问题,他比任何人都痛心。但面对产品品质问题,茅理翔立场坚定,他说:"从方太出来的产品必须符合要求,不能给顾客带来任何困扰。"他毅然决然地让产品负责人砸掉了这台吸油烟机。

方太砸掉的不仅仅是一台质量不达标的吸油烟机,砸掉的是方太人对产品品质抱有的侥幸,这一锤子唤醒了所有方太人对品质的意识,象征着方太对品质缺陷问题的零容忍。同时,方太对品质的苛刻要求也为自己赢得了市场,从某种意义上来说,茅理翔"砸"出了一个中国高端厨电品牌。

时至今日,方太已成国内厨电行业的标杆企业,而茅理翔要求责任者挥锤的故事在方太口口相传,透过大家描绘的画面,那些追寻管理进步的"后来者"仍能从中感受到当年追求质量第一的坚定。

1996年至今,方太每天都在锲而不舍地为产品品质而奋斗,品质对于一家企业到底意味着什么?茅忠群在接受媒体访问的时候给出了答案:"品质就是生命,生命只有一次。品质一旦出问题,无论多大的企业都有可能瞬间出现巨大的危机。"

基于此,方太把品质作为经营顾客的第二个干法,并取名为"品质立信",即通过品质与顾客建立无限信任。图3-3所示为方太"品质立信"的具体内容。

3.2.1 对品质有敬畏感,对不合格的产品有羞耻感

为什么有些企业不断出现产品质量问题?究其根本,是因为大多数企业有着这样的品质观念:

奉行"差不多就行"质量政策(质量事故频发)。
企业经营者对质量不重视(交货第一,成本第二,质量最后)。
员工对品质的态度既散漫又漠不关心(工作频繁出错)。
多一些检查总能及早发现问题(大量依靠检验)。

根据中国质量协会顾客满意度测评结果显示,2012~2020年,方太主打

产品的顾客满意度连续九年位列行业第一名。

一个产品能让顾客满意、安心，往往不是因为它的性价比有多高，而是源自产品本身的魅力，而这一魅力大多体现在无法替代的品质上，这种品质让顾客期待、喜爱，自愿成为"太粉"之一。这是方太"零缺陷品质文化"作用下的结果。

品质文化是企业生存和发展的根本保障

方太自创立伊始，对品质就异常重视。茅忠群说："从一开始我就有一个志向，方太推出的每一款产品都必须是精品，不是精品我们就不能推向市场。"为了保障方太的每一款产品都是精品，方太从成立之初就导入质量管理体系，学习各种西方管理的工具和方法，比如IPD流程、卓越绩效管理和六西格玛等，这些西方管理工具和方法在方太的发展初期确实提高了方太的产品质量。

2017年，方太走上了发展的快速通道，有了自己完整的产品体系和独特的文化管理模式，而且踏进了跨千亿级规模的历程。正是在这种高速增长中，方太的质量提升也面临新的挑战。方太的质量管理是否能支持方太实现千亿级伟大企业？茅忠群和方太的领导干部开始深度思考这一问题。

伟大的企业总是好谋善断的。2017年，茅忠群在集团"七一党课"上提出了"修炼三大文化，创造中国精品"的主题。之所以提出这一主题，是因为方太在2015年提出了"伟大企业"的愿景，而要成为一家千亿级的伟大企业，核心之一就是要创造中国精品，打造中国名片。中国要从制造大国走向制造强国，不能没有精品。作为一家有强烈社会责任感的企业，方太立志要让自己的产品成为中国的精品，成为可以代表中国的名片，成为一家让千万家庭享受幸福、安心生活的伟大企业。

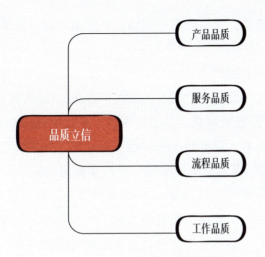

图 3-3 方太品质立信的四大内容

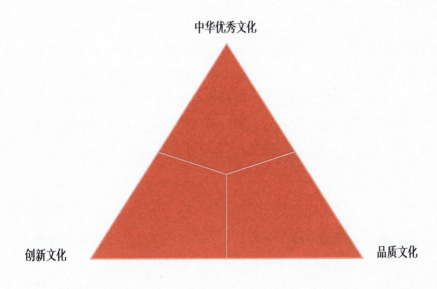

图 3-4 企业创造精品的"铁三角"

那么，问题来了，如何创造中国精品？答案就是"修炼三大文化，创造中国精品"。

在这三大文化中，"创新文化"是第一动力，"品质文化"是根本保障，"中华优秀文化"是重要源泉。茅忠群用汽车来比喻这三种文化的关系："创新文化"是第一动力，好比汽车的驱动后轮，汽车如果没有驱动后轮就不能前进；"品质文化"犹如汽车的前轮，是汽车前进的根本保障，一方面保障安全，另一方面保障生存和发展；"中华优秀文化"是汽车的能源、发动机，汽车如果没有能源和发动机，光有四个轮子没有动力，汽车也不能前进。创新文化、品质文化、中华优秀文化是企业创造精品的"铁三角"，缺一不可，如图3-4所示。

茅忠群说："创新和品质的最大源泉是中华优秀文化中的仁爱之心，是良知。离开良知，创新可能走上危害社会的歪路；离开良知，品质也难以得到真正的敬畏。"

在方太的品质文化里，仁爱之心是方太品质最大的源泉，方太用文化培育全体员工对顾客的爱心，对品质的敬畏感，以及对制造不合格产品的羞耻感，从而形成全员"视顾客为亲人，视品质为生命，坚持零缺陷信念，人人担责，环环相扣，把事情一次做对，用仁爱之心和匠心精神造中国精品"的品质方针。

"零缺陷品质文化"的变革之路

为了进一步提升产品质量，方太走上了"品质文化"的变革之路。

怎么变？

方太首先找到各个行业的标杆企业进行对标学习，在学习、自省、总结后，方太发现对于大多数企业来说，企业不缺少提升质量的技术，缺少的是为了达到高质量的正确理念。如果企业全员的质量理念没有形成或者不正确，用再好的技术也达不到预期的结果。而要提升企业全员对于产品质量的理念意识，其核心在于"零缺陷"。

回看方太的整个"零缺陷品质文化"变革项目，时间跨度从2017年到2020年，方太把它分为三个阶段实施，从理念导入到责任回归主体，再到行为转变，循序渐进地在企业内建立了属于方太的"零缺陷品质文化"，从而让"零缺陷品质文化"深深扎根于每一个方太人的心中、手中、眼中。图3-5所示为方太推进"零缺陷品质文化"变革项目的三个阶段。

3.2.2 理念导入：坚持零缺陷信念，把事情一次做对

方太有辆"特别"的货车，它会从各个地方收集一些"特别"的产品并送到一个叫"返工车间"的地方。在这里，产品失去了应有的尊严，等着被分类、返工、报废。2017年以前，方太每年都会有一些没有达到"零缺陷"标准而被返工的产品。

对于这些被返工的产品，很多人的想法是：人非圣贤，孰能无过，一个产品，特别是厨电产品工序如此复杂，如何能做到"零缺陷"？

是的，这不仅是当时方太一些员工的想法，更是很多企业的想法。很多企业视检验和抽样标准为至宝，心安理得地接受自己制造的产品有一定的不良率。但请大家思考一个问题：故障率对于企业来说可能是一个很低的数字，但是对于顾客则意味着100%，谁会愿意用有风险的产品？

当产品和服务与自己的切身利益距离遥远的时候，企业容易置身事外，

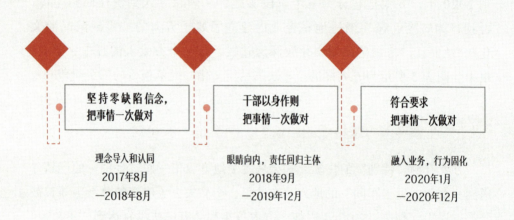

图 3-5 "零缺陷品质文化"变革项目的三个阶段

反而去谈容错率，这就是双重标准。导致这样的双重标准，其原因就在于企业对零缺陷理念缺乏基本的认知和认同。

2017年8月~2018年8月，方太开始全员学习零缺陷理念。方太认为，要想全面导入"零缺陷品质文化"，首先要格物，把零缺陷理念理解透彻，知道它是什么，然后才能在行动上做出改变。所以，方太把这一阶段的变革称为理念的导入和认同期，主要目的是把零缺陷理念和信念植入所有方太人的心中。

为了让大家理解什么是"零缺陷"，方太主要通过"学、问、思、辩、行"的导入路径来让大家认识和理解"零缺陷"。

"学"主要是指培训。方太在这一年里，开展了各个层级的培训，有高层领导干部的培训，有中基层干部的培训，有工程师的培训，也有班组长和一线员工的培训。培训完，方太还组织了理论知识考试及"零缺陷"讲师的认证。

"问"主要是指分享。培训结束以后，方太会组织全员分享，传播学习经验并答疑解惑，全年共传播分享心得58篇，分享9200次。

"思"主要是指启发思考。方太通过发放免费书籍，让各级员工阅读，阅读后产生思考。据统计，这一年里共发放"零缺陷品质文化"相关书籍5608本。

"辩"主要是指开展辩论赛和演讲。针对"零缺陷"到底是理想还是现实，方太举办了一场辩论赛。理越辩越明，通过辩论赛，大家明白"零缺陷"既是理想也是现实。

"行"主要是指践行到业务中。把学到的"零缺陷"理念应用到业务中，做到知行合一。

通过一年时间的理论导入，方太全员对什么是"零缺陷"有了深刻认识，"零缺陷品质文化"的核心内容如图3-6所示。

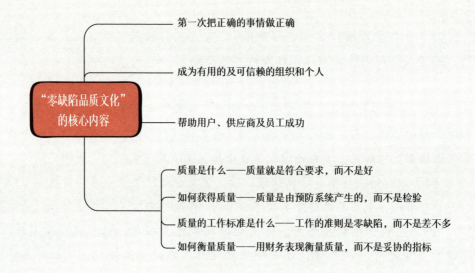

图 3-6　"零缺陷品质文化"的核心内容

方太电器一厂的陈工是一个很有趣的车间经理，他所在的车间负责吸油烟机玻璃的粘胶工序。每当后面的工序有关于"玻璃掉落"的反馈时，陈工都会异常难受。方太推行"零缺陷品质文化"后，陈工无比坚定地相信自己的车间可以做到玻璃零脱胶。为此，他特意挑选了一个日子作为零缺陷项目的起点，在车间内发动了一场轰轰烈烈的"百日零脱胶"运动。

首先，陈工倡导车间所有人立下了"零缺陷之志"，立志做到100天"零不良"；其次，在早会上，陈工对"零缺陷品质文化"做了宣导，让大家进一步明白"零缺陷"的意义；然后，陈工倡导所有人签下了"零不良"的承诺书。

在"零缺陷品质文化"变革项目实施的过程中，陈工经常看到车间的员工跑到组装线去看自己粘胶的产品是否有质量反馈，而在以前，如果出现不良产品，员工的第一反应往往是先反驳："不可能的，怎么会呢？"员工的心态由"这是谁的问题"，转变为在这个问题的解决上"我能做什么"。同时，在"零缺陷品质文化"项目实施的过程中，团队成员彼此尊重、赞赏、认可，坦诚沟通，消除了彼此间的隔阂和顾虑，在查找和分析问题时能够快速有效地切中要害，从而避免了"闭门造车"。

通过"零缺陷品质文化"一期项目的导入，"零缺陷"就像一颗种子，种进了方太人的心里，并开始生根发芽。一期结束时，在方太的企业内部和核心供应商处，随意问一个人什么是"零缺陷"，他都能说得头头是道——方太供应商开乐直流车间的工人说："我的文化水平不高，刚开始不知道什么是'零缺陷'，觉得不可能实现。但领导亲自到现场带着我们干，教我们怎么干，让我们明白了每个岗位的作业要求、质量标准，现在我认为做好每一件产品，就是'零缺陷'！"

随着一期项目的成功，方太开了一个好头，方太负责"零缺陷品质文化"变革项目的负责人在一期项目结束时颇有感触，他说道："我已经记不清在过去一年中被质疑过多少次，'零缺陷'真的可以实现吗？"

因为相信，所以看见。

3.2.3　内察自省：核心问题出在前三排，干部要以身作则

"零缺陷品质文化"一期项目结束后，这一理念在方太人的脑海中已经形成了"零缺陷"品质意识，大家能理解和接受"零缺陷"理念，并在工作中坚持它。"零缺陷"的核心是坚持做正确的事。如何坚持做正确的事呢？

茅忠群说："核心问题出在前三排。""零缺陷品质文化"是否能落地，其实核心在于各部门的领导干部是否能以身作则，是否把"零缺陷"作为自己的业务要求和业务标准，领导干部是否做出了行为上的改变。

此后，方太把第二期"零缺陷品质文化"变革项目的主题定为"以身作则，一次做对"。倡导眼睛向内，责任回归主体，这也是方太文化当中的"我是一切的根源"的体现。干部的态度和行为的转变是"零缺陷品质文化"落心及落地的关键所在。

在"以身作则"方面，一则方太要求每位领导干部要总结出自己的零缺陷行为标准，同时主动了解其他干部对"零缺陷"的认知，修订和发布自己的零缺陷行为标准，制订自己的零缺陷行为目标和计划；二则方太要求每位领导干部严格践行零缺陷行为标准，并在部门进行公开，接受下属监督，每月对照行为标准进行自我评价，以不断发现不符合"零缺陷"的行为，并进行改正，最后还要接受一级推进团队的评价，如图 3-7 所示。

方太希望通过"以身作则"，使每一名领导干部成为零缺陷行为的榜样。

图 3-7　方太领导干部"以身作则"示意图

第一次担任方太车间管理者的向经理曾经认为每天忙忙碌碌、能够解决问题才是一个合格的管理者。自从方太推行"零缺陷品质文化"后，这套方法让他知道如何做一个合格的车间经理，也让他的时间变得充裕，有精力去想更高阶的要求。他说他很感谢与"零缺陷"的相遇，这个改变由内而外让他越来越自信。

除了"以身作则和一次做对"，在二期项目中，方太还持续开展了"零缺陷品质文化"的培训与教育、文化宣传和传播工作。方太的各部门需要自己培养"零缺陷"讲师并强化其能力，使讲师推进部门"零缺陷"工作。"零缺陷"讲师则需要持续对部门内的员工进行培训和思想教育，年底参加全员"零缺陷品质文化"考试，每月在部门内开展零缺陷沟通，积极参与企业"零缺陷日"等专题活动。

到 2019 年年底，在推进"零缺陷品质文化"变革项目的二期过程中，方太成功完成了一批零缺陷项目。

净水机有一个很大的行业痛点就是漏水，这很容易造成顾客家受到浸泡。方太在研发净水机时，内部正在推进"零缺陷品质文化"，所以整个研发净水机的项目小组立志要开发不漏水的净水机，实现产品零漏水。为了实现零漏水，净水机的研发负责人带领团队开了多次会议，目的就是研讨出实现零漏水的方案——如果要确保零漏水，要识别哪些风险，要做到哪些要求？最后该小组识别出 130 个漏水的风险点，总结出 402 项管控要求。2019 年 9 月，方太的净水机上市，真正做到了零漏水。

3.2.4 行为固化：人人在管理和业务中立零缺陷之志

到了三期项目，方太把"零缺陷品质文化"变革项目的主题定为"符合要求，把事情一次做对"。这一阶段的目的是把零缺陷融入方太的日常业务中，固化到方太的管理行为和业务行为中。如何做到这一点呢？

方太倡导人人立"零缺陷之志"。立"零缺陷之志"的方式如图 3-8 所示。

比如方太的一个结构工程师立的"零缺陷之志"为"图纸归档流程一次通过率 100%"；一个检验员立的"零缺陷之志"为"产品漏检次数零化"；一个装配工立的"零缺陷之志"为"螺钉装配零不良"；一个品牌部员工立的"零缺陷之志"为"文章零错别字"……通过立零缺陷之志，方太让"零缺陷"在每个人身上发生，人人都能把事情一次做对。一个企业的品质文化成为企业全员发自内心的牢固信念之后，大家还要付诸行动，将其应用到业务的每一个环节中，这就是行道。

从理念导入到责任回归主体，再到行为转变，这就是方太"零缺陷品质文化"的变革之路，同时也可以理解为企业做好质量管理的三个层面，如图 3-9 所示。

方太通过三期项目导入"零缺陷品质文化"，不仅树立了全员的零缺陷意识，还成功实践了一批零缺陷项目，同时把零缺陷的行为固化下来，成为方太常态化的管理方式，并且推广到业务的每一个环节。同时，方太"零缺陷品质"文化建立的成功，也给中国企业树立了标杆，希望越来越多的企业能够了解、学习、实践质量管理科学，进入"零缺陷"质量阶段，为打造"中国品质"而奋斗。

质量是政策和文化的结果。在"零缺陷品质文化"项目推行过程中，方太内部的质量政策也得到了不断完善，可以很好地支撑"零缺陷"在业务层面的落地。在项目初期方太新修订了企业的品质方针，体现出零缺陷信念。2018 年方太又提出"品质领先"的四零目标，以"零"为目标来牵引。对

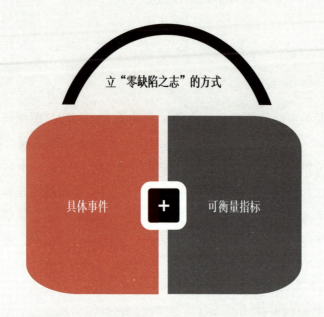

图 3-8　立"零缺陷之志"的方式

图 3-9　企业做好质量管理的三个层面

待项目结果，方太有激励和末位处罚制度，同时又有流程 DNA 检查和零缺陷行为践行的牵引，还有零缺陷理念落地和文化的形成。

落地"零缺陷品质文化"，做好质量管理是否有放之四海而皆准的方法？

还真有。

方太针对"零缺陷"提出质量管理的三个层次：人理、事理、物理；《了凡四训》提出"改过"的三个层次：心上改，理上改，事上改。说法不同，实则不谋而合。

茅忠群在"零缺陷品质文化"变革项目三期的总结大会上说道："心是道的源泉，道是德的根本，德是事的根源，厚德才能载物，因此心、道、德决定了事。方太过去使用了航天航空的质量工具却依然遇到质量瓶颈，因为方太只在事上下了功夫，而心却没有变化。心是我们的起心动念，只有心里相信'零缺陷'可以做到并坚定追求'零缺陷'，让这份相信变成信仰。而道是一种格局和境界，心上的改变能提升我们的格局和境界。德则是仁爱、智慧、胸怀和勇气，用仁爱之心造美善产品，心上变化，道上提升，智慧才能显现。而这三者便是基础，在心、道、德的基础之上，事便会做得更加成功。"

悟道，让方太发现了一条正确的路——唯有在心上下功夫，企业才能真正实现零缺陷目标。方太说"文化即业务"，"零缺陷品质文化"的建设和推动一定离不开业务的实践。"莫听穿林打叶声，何妨吟啸且徐行"。各位还是先从心开始：问问自己，你从心底相信"零缺陷"吗？

3.3 服务要至诚

调研报告显示,"产品质量""安全性好""品牌"是顾客认为最重要的三个因素。除此之外,顾客还关注"售后服务"和"节能"。如果企业的产品质量好、安全性好、品牌好,依然留不住顾客,那么企业需要考虑的是:你的服务是否出了问题?

方太对服务的认识与一般厨电企业不同。有些企业视服务部门为成本中心,不愿投入太多的人力、物力。让顾客安心的服务不仅仅是一个微笑、一句"欢迎光临",还需要企业里的每一个人都应有服务意识。顾客服务是整个组织的事,而不只是属于服务部门和销售部门的工作,这意味着企业要在内部建立一套完整的服务战略。

"前几年,我们家换新房时买的就是方太的产品,今年我女儿结婚,我还是想选择一套方太光影系列厨电产品作为嫁妆送给她。说心里话,虽然方太产品的价格与市场上其他厨电品牌产品相比贵了一些,但是我的亲身经历是,方太不只产品好,服务更好。"一位方太的老顾客说道。

这种"好"除了体现在方太的产品品质上,更重要的还体现在方太服务顾客的标准和"人无我有,人有我精"的理念上。

让顾客得安心，企业不仅要有好的产品品质，还要有好的服务品质。方太专注于为厨房空间提供解决方案，坚持"高端厨电专家与领导者"的身份定位，认为服务是展现一个高端品牌最直接的方式，因此自成立以来一直非常重视顾客服务。

2008年，方太在公司内部开始推行中华优秀文化，将仁、义、礼、智、信渐渐融入员工工作中，这成为方太"至诚服务"差异化的起源。

三年后，方太要求顾客服务不仅要有技术含量，而且要有文化内涵，并提出了"至诚服务"的理念。其中"诚"字，一方面是方太文化的写照；另一方面是让顾客能切实感受到方太服务的态度、效率和结果。图3-10为方太名誉董事长茅理翔亲笔书写的"方太至诚服务"。

方太的"至诚服务"由方太文化驱动，倡导"及时、专业、用心"的服务方针和"顾客永远是对的""以顾客感动为第一标准"的服务原则。

2012年，方太坚持推行"至诚服务"，强化"高端"品牌定位，面向顾客推出了特色的服务项目和专业的服务产品，面向员工落实服务战略并建立服务文化。

2015年至今，方太将愿景定为"成为一家伟大的企业"，努力树立让顾客动心、放心、省心、舒心、安心的品牌新典范，至诚服务工作逐年升级。在方太的"至诚服务"理念里，"及时、专业、用心"这三个关键词浓缩了方太一直以来的服务经验。

对于顾客的问题，方太的服务技师总是做到举轻若重、彬彬有礼，甚至很多顾客还给方太的服务人员和维修人员画了像——没脾气、话少、眼神淡定、面带微笑、积极乐观、干活认真，身上干净没有异味。如果遇到这样的

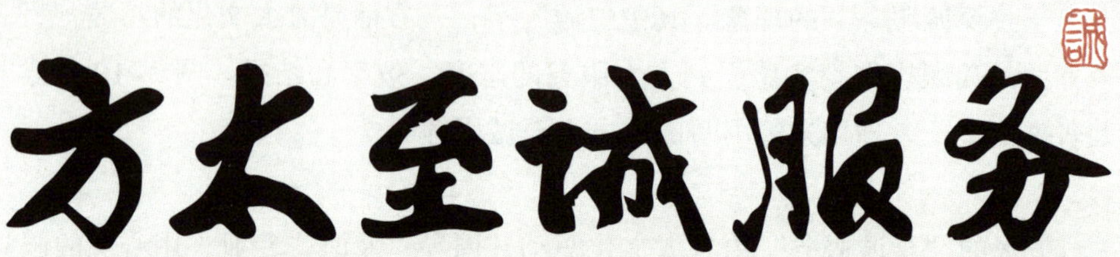

方太至诚服务

图 3-10　茅理翔亲笔书写的"方太至诚服务"

服务人员，相信你也会满意。

3.3.1 服务"三字经"

企业的服务人员直接面对顾客，处在一个矛盾高发的位置，对他们的管理与培训尤为关键。茅忠群开始在方太推行中华优秀文化之后，客户服务部体悟到：《三字经》《弟子规》这些典籍朗朗上口，何不借用这样的形式，将服务人员的行为规范融入进去？

2013年，方太客户服务部梳理了服务过程中的主要事件，将服务要求与方太文化相结合，自创了独具特色的服务"三字经"，在企业树立了"文化即业务"的典范。图3-11为方太的服务"三字经"（部分）。

"三字经"对服务人员的行为规范要求十分细致。比如"衣冠正"，服务技师在领好配件或者出门之前，要对着仪容镜看看自己的仪容仪表符不符合公司要求；到顾客家前要整理好自己的衣服，然后准备好鞋套再进门；上门服务的时候，进门之前的动作必须是微欠身。因此，方太在推广"三字经"时不是一蹴而就的，而是循序渐进地展开。

在实施"三字经"的过程中，方太开始倡导"五个一"。在"五个一"里有"行一次孝"，方太认为，一个孝顺父母的人，一个有孝心的人，才有可能做好服务。如果一个服务人员连孝顺自己的父母都做不到，就不要奢望他能"视顾客为亲人"了。所以，方太服务部在践行"五个一"时，会读《百孝篇》，倡导所有人员行孝。这是方太服务人员上的第一课。

同时，方太挑选服务人员的标准是：孝顺父母，身心健康。方太的服务人员是否有相关工作经验并不是最重要的，但如果他不孝顺父母，方太坚决不要。

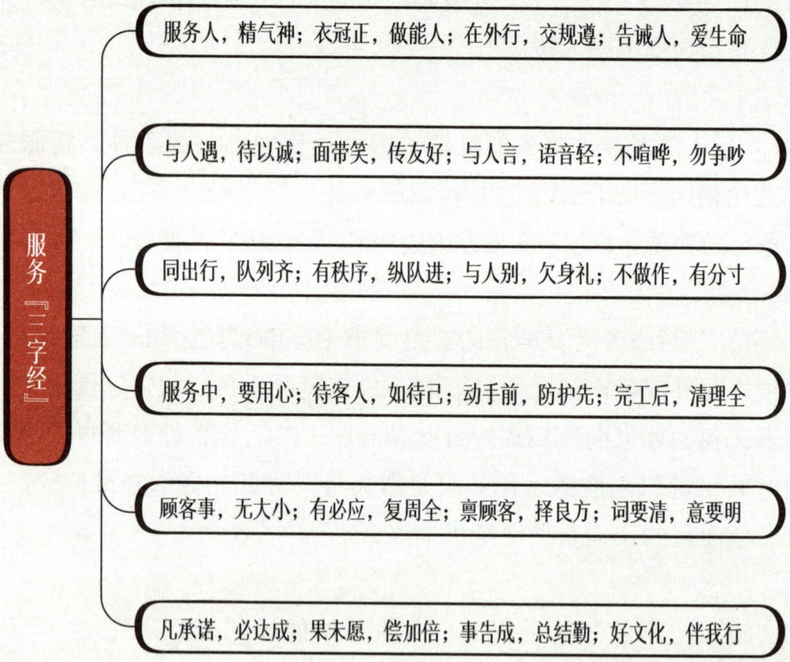

```
                    ┌─ 服务人，精气神；衣冠正，做能人；在外行，交规遵；告诫人，爱生命
                    │
                    ├─ 与人遇，待以诚；面带笑，传友好；与人言，语音轻；不喧哗，勿争吵
                    │
服务"三字经" ───────┼─ 同出行，队列齐；有秩序，纵队进；与人别，欠身礼；不做作，有分寸
                    │
                    ├─ 服务中，要用心；待客人，如待己；动手前，防护先；完工后，清理全
                    │
                    ├─ 顾客事，无大小；有必应，复周全；禀顾客，择良方；词要清，意要明
                    │
                    └─ 凡承诺，必达成；果未愿，偿加倍；事告成，总结勤；好文化，伴我行
```

图 3-11　方太服务"三字经"（部分）

2016年，方太还增加了"知孝、行孝"的内容，让服务人员在做好服务"三字经"的基础上，还要诵读《百孝篇》，激发员工尽孝心，做到既知孝又能行孝。

在方太文化及"至诚服务"的理念下，通过服务"三字经"，方太涌现出越来越多的感人事迹。

3.3.2 户行一善

刘先生常年在福建工作，年迈体弱的母亲在南昌生活。一次灶具维修，让刘先生与方太的陆师傅结下了兄弟之情。原因是陆师傅在第一次去刘先生母亲家服务后，刘先生感受到了陆师傅的"及时、专业、用心"的服务。于是向陆师傅提出：由于自己常年不在家，日后家里遇到什么事，想请陆师傅帮助母亲。

在陆师傅答应的几天后，刘先生给陆师傅打电话说家里的电热水器漏水，但产品不是方太的，请他帮忙去看看。陆师傅没有丝毫犹豫，立即赶往刘先生母亲家，帮其修好了电热水器，没有收取任何报酬。一个月后，某一天突然下了大暴雨，刘先生的母亲家进水了，刘先生请陆师傅到家里帮忙搬点物品，陆师傅冒雨赶来，把家具和生活用品往楼上搬，像对待自己家一样……

就在这一件件的小事中，刘先生因为感念陆师傅的服务及善行，与他结成了兄弟。

如今，在方太，所有的服务人员都养成了"户行一善"的习惯，一位方太的服务人员说："每天不做一件善事，就感觉少了点什么。"比如上海的服务人员韦工去顾客家维修吸油烟机时，打开吊顶发现顾客的吊顶有些渗水，墙皮都落在节能吊顶上了，韦工帮顾客把吊顶的渗水处修好了；万技师主动帮助顾客更换了灯泡；黄技师主动帮助顾客安装了卫生间的水龙头……

茅忠群说："做好本职工作就是首善。"对于服务人员来说，首善就是要做到服务五到位——上门服务准备到位、服务操作规范到位、讲解指导使用到位、产品维护通检到位、现场清理服务到位。做好本职工作后，再额外帮助顾客做点力所能及的小事，比如拧个螺钉、安个挂衣架、换个灯泡等。

正是这些看似"平常"的上门服务、"简单"的服务兑现，最终不仅将方太的"至诚服务"战略和方太文化都一一落到实处，也让顾客感受到方太从未改变的服务态度和理念。这不仅重新定义了中国厨电企业的服务标准和模式，也将原本冷冰冰的服务条款和文字承诺，变成了一个个感人的举措和温情的依托。

更让人感到惊喜的是，为了更好地推进"户行一善"，持续强化方太文化落地工作，2014年方太客户服务部从一线甄选出感人故事，分期汇编成《方太服务故事会》，通过讲故事的方式向一线的服务人员传播服务正能量。

《方太服务故事会》里的每个故事都是标杆，概括来说就是一面锦旗、一份信任、一份感动、一份荣耀。《方太服务故事会》里都是以方太一线服务人员现身说法的方式，总结提炼出来的最佳实践事例，读它的人可以从故事会里找方法，学标杆。

通过方太的"至诚服务"，你的企业能收获什么呢？在了解完方太的"至诚服务"后，笔者体悟到的企业做好服务的本质是利他之心，以利他之心为心，则可得他心也。做服务，少说多做，去功利性，去企图心。

方太的服务与方太文化不谋而合。这也从侧面反映一个问题，企业里所有关于"术"的内容，都需要"道"的指引。如果一个企业的文化以"赚钱为唯一目的"，那么做好服务品质就是一句空话，所以企业在修"行"之前必先修"心"。

茅忠群认为，不管是方太的产品品质、服务品质，还是流程品质或工作品质，要想做好，都需做到有决心、有办法、有文化。

有决心，是指企业对于品质要有非常坚定的决心，不能只停留在口号上，企业要有说到做到的决心和勇气。真正的决心怎么体现？一定是体现在行动上，不是在口头和标语上。什么时候能够看出来？就是在品质跟交期发生冲突的时候，品质跟成本发生冲突的时候，企业是否还能坚持品质第一？

有办法，是指企业要运用好的方法、工具、技术、流程等。这些年方太为了提高品质，学了很多方法、工具、技术、流程。从最基础的 ISO 9001 到卓越绩效模式，流程上有 IPD 流程；工具有 QFD、NUD、DFMEA、DOE 等；制造上有六西格玛、QCC、提案改善等。这些工具、流程体系的运用，能更好地保证企业的品质。

有文化，是指企业要形成全员的品质文化。在此过程中，企业要激发全员的仁爱之心、敬畏心、羞耻心（指对生产制造不合格产品的羞耻心）。此外，全员的工匠精神和零缺陷理念也都属于品质文化的范畴。比如把简单的事情做到极致，在平凡的岗位坚守扎根，这是方太供应链系统的工匠精神。每年年初，方太都会花一个月的时间举办工匠文化节。工匠文化节有很丰富的内容，比如工匠技能比武、工匠文化电影赏析、工匠标杆企业学习、方太好师徒评选、工匠评选、工匠文艺会演等。通过工匠文化节，方太培育全员的品质意识，创造品质文化。

3.4 为顾客铸立意义

25年前，人们对厨电产品的选择大多基于需求与功能，对于品牌二字没有概念，在大多数人的认知里，只有国外的厨电产品才叫品牌厨电。方太在成立之初，茅忠群便立下"做中国人自己的高端品牌"的志向，这为方太奠定了品牌的优良基因。

到2021年，方太已经从中国制造到中国创造，从中国速度到中国品质，从中国产品到中国品牌，实现了三个转变，品牌价值评估为683.85亿元。方太用自己的"双脚"，实打实地走出了一个中国厨电领域的高端品牌。

方太认为，创新是第一动力，品质是根本保障，品牌是强大拉力，仁爱是核心、基石和重要源泉。品牌最大的源泉也是仁爱之心，方太要用仁爱之心，铸国家名片。为了打造中国厨电的国家名片，方太提出了"品牌立义"。

茅忠群说："一个致力于成为伟大企业的品牌，必须要'立义'。"这里的"义"来源于中华优秀文化"仁、义、礼、智、信"中的"义"。"立义"是指方太要通过品牌建设为顾客铸立价值意义。茅忠群还特别强调，只有品牌真正把"义"立起来了，而且产品品质也真正做到好，才能让顾客得安心，才能成为伟大品牌，才有可能成为伟大企业。

茅忠群所说的"品牌立义",就像同仁堂的"炮制虽繁必不敢省人工,品味虽贵必不敢减物力"和胡庆余堂的"是乃仁术,真不二价"的古训,都是"品牌立义"的典范。图3-12为方太"品牌立义"的四大内容。

当很多人争辩"中国制造的特点和优势就是低成本、低价格"的时候,国产高端厨电品牌方太为正处于转型中的中国制造业提供了一个"中国式高端"案例,它的成功也证明了中国品牌的高端化之路是行得通的。

3.4.1 品牌定位三步法

在方太的品牌战略中,有一个很重要的策略就是品牌定位。为了做好品牌定位,方太采用了三步法,即身份定位、特征定位、价值定位,如图3-13所示。

身份定位:我是谁?

为什么顾客能通过某些广告语产生特定的品牌联想呢?答案是,这些品牌向顾客清楚地传达了"我是谁",也就是做了身份定位。其实,品牌的竞争也是品牌身份的竞争,品牌的身份定位就是品牌战略的核心。

当下,许多企业在为自己的品牌进行身份定位时总是含糊不清,导致企业在与顾客进行沟通时往往被"自我思维"主导,在一通介绍结束后,顾客仍然不知道和自己对话的究竟是谁;或者企业无端地标榜自己什么方面都很厉害,事实上却被顾客认为一点价值都没有,最终造成现实营销效果中品牌感知与顾客感知之间的错位。

方太认为,品牌的身份定位就是向顾客介绍或传递"我是谁"。那么,方太是谁?方太是"高端厨电专家与领导者"。这就是方太品牌的身份定位。

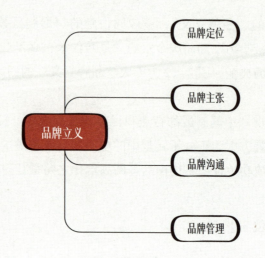

图 3-12 方太"品牌立义"的四大内容

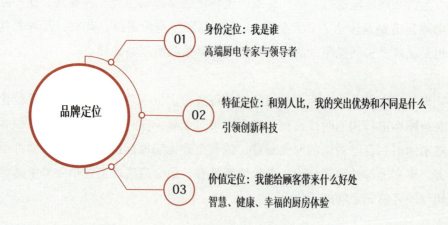

图 3-13 方太品牌定位三步法

方太通过不断开展产品创新和营销创新，使目标顾客了解到，方太是"高端厨电专家与领导者"的象征，使顾客一想到高端厨电，脑子里就闪出了方太品牌。

定位之父艾·里斯和杰克·特劳特先生多次在公开场合发表演讲时提到"专家与领导者"定位，他们一致认为"专家与领导者"定位是企业品牌的最佳定位。为什么"专家与领导者"定位是最佳定位呢？

专家与领导品牌地位长期稳固。一旦方太品牌成为顾客心智中的"高端厨电专家与领导者"，那么方太品牌在顾客心智中将长期占据这一心智。《定位》一书中列举了很多领导品牌长期处于领导地位，那些都是历经上百年的品牌，至今地位依然稳固。

特征定位：和别人比，我的突出优势和不同是什么？

在当下同质化异常严重的商业竞争环境中，一个品牌要想获得成功，必须具有自己的差异化价值，即你能为你的顾客提供别人不具备的价值（这种价值包括物质和精神两个层面），并将这个价值牢牢"打"入顾客的脑海中，让顾客有这个价值需求时，就能想到你的品牌。只有这样，你才能在众多的同质化产品中有立足之地。

那么，如何打造自己的差异化价值呢？方太的做法是做特征定位，即和别人比，我的突出优势和不同是什么？方太把自己的特征定位于"引领创新科技"。

过去25年，中国厨电产业迎来了一轮又一轮井喷式发展：产品品类从吸油烟机、燃气灶、消毒柜到净水机、洗碗机……产品形态从欧式吸油烟机、近吸式油烟机，再到如今的集成烹饪中心……这些背后离不开的是坚持科技创新的厨电企业，其引领者之一便是方太。从吸油烟机的应用技术创新到水槽洗碗机的颠覆式创新，再到净水机的核心基础材料创新，方太在以创新科技引领中国厨房发展的同时，也实现了对中国厨电产业的"重塑"。

价值定位：我能给顾客带来什么好处？

我们知道宝马的核心价值便是驾驶，试想一下，一提起宝马，人们的脑海中便会想起驾驶上的操作感，甚至有人称其为"终极驾驶机器"；奔驰的核心价值是舒适的乘坐体验，因此，一提起奔驰，人们的脑海中便会想到乘坐享受；作为核心价值为省油的本田，带给我们的直接感受自然便是省油和省开销。

不难看出，每一个拥有高知名度的品牌都不会缺失其核心价值，每一个品牌必须要找到一个核心价值，用它去占领消费者的心智。所以，价值定位是品牌定位的核心之一。

如何做好品牌的价值定位呢？方太认为，品牌的价值定位，就是在回答我能给顾客带来什么。这是品牌价值定位中最核心的部分，也是企业创立品牌的基础所在。方太品牌的价值定位是"智慧、健康、幸福的厨房体验"，而这就是方太能够带给顾客的好处。

品牌的价值一旦找到，它将是品牌战略定位的核心。在核心价值上，企业可以进行长期持续的投资。只要长期持续地积累，企业品牌就会从量变到质变，占领顾客的心智，成为领导品牌。

方太品牌定位的三步法，究其实质在于懂得取舍之道，懂得坚持。这是方太赢得市场、快速发展的法宝，也是方太谋划未来的战略方针。

企业在塑造品牌时，可以借鉴方太品牌定位三步法，回答三个问题：

我是谁？——身份定位
我有何不同？——特征定位
我能给顾客带来什么好处？——价值定位

这三个问题看似简单，却让企业经营者难以作答，原因是他们无法在品牌战略上做到聚焦与取舍，从而无法精准定位，最后导致企业的财力、物力和精力受损。如果企业经营者能回答好这三个问题，就能够迈进品牌准确定位的大门。

3.4.2　品牌沟通要传递价值意义

周末逛街，你会看塞到你手里的传单吗？

大多数人可能会道一声"谢谢"后随手将其扔进了垃圾箱。有数据显示，一家中国的大型商超，每年纸质传单的广告成本在 3 亿元左右，但即使这些传单真的发到了顾客手中，顾客可能连看都不看一眼。在整个信息流通环节中，大到品牌主张、品牌定位等精神内涵，小到当季精品和实时优惠，这些品牌想要传达的信息，如何真正落实到顾客端？在新媒体环境下，品牌如何与顾客（特别是"80 后""90 后""00 后"顾客）沟通？这些都是企业面临的重要难题。

品牌，从传播的角度来说，就是沟通。打造品牌的过程就是不断强化顾客对品牌认知的过程，而要强化顾客的认知，品牌就要与顾客进行全面而又深层次的沟通。凡是成功的品牌，无一不是与顾客沟通的高手。方太要为顾客提供价值意义，在这个基础上，方太是如何与顾客沟通的？它的沟通之道与其他企业有什么不同呢？

品牌沟通的意义是什么

君子务本。要找到方太品牌沟通之道，首先要明白方太对于品牌沟通的理解，即品牌沟通的意义是什么？大多数企业经营者的答案聚焦在"推广企业产品""让产品有更高的知名度和影响力""吸引顾客"三个方面。

方太认为，品牌沟通，不仅为了吸引顾客，更要传递价值意义，弘扬正能量。这是方太品牌与顾客沟通的意义所在。

这一意义也是方太从中华优秀文化中体悟得来的。企业做品牌沟通是出于对顾客的爱，使传递的内容对顾客有价值意义，弘扬正能量，自然而然会吸引顾客，达到推广企业产品、让产品有更高的知名度和影响力的目的。"传递价值意义，弘扬正能量"是因，"吸引顾客"是果。

衡量一则广告是否为好广告的因素有很多，比如销售转化、流量点击、口碑叫座、品牌影响力等。但方太认为，一则好广告不仅仅是吸引顾客的关注和购买，更能传递爱与正能量，同时在这个过程中，让顾客感受到品牌魅力并且产生共鸣。

在很长的一段时间里，厨电品牌都以严肃古板、老气横秋的形象出现在顾客的视野里，"一本正经讲产品"或是"家庭主妇享受家庭生活"就是人们对厨电广告的所有印象了。然而方太却反其道行之。在方太水槽洗碗机的广告中，方太以"关爱家人"为切入点，在大多数厨电企业的广告语以"洗碗机能解放家庭主妇的手"为中心时，方太以孩子的视角，将广告语改为"帮爸妈做点小事，就是了不起的事儿"。这一句广告语不仅转换了家庭中服务者的角色，引导孩子做力所能及的事，唤醒了孩子在家庭中的主人翁意识，还倡导了新时代家庭价值观，弘扬正能量。

"因爱伟大"的品牌主张

既然品牌沟通的意义是传递价值意义，弘扬正能量，那么方太要向社会传递什么样的价值意义和正能量呢？

2015年，方太提出了"因爱伟大"的主张。这一主张不先出现在广告片里。走进方太，你能感受到无处不在的"仁、义、礼、智、信"文化；和茅忠群聊天，你听到最多的不是企业的产品有多么好，而是《论语》；参加方太的产品发布会，除了感受到充满科技感的产品外，更会被无处不在的幸福和温暖感动。

2017年，方太发布了一则名为《油烟情书》的广告短片。寥寥数分钟，方太把油烟从人们讨厌的对象转变为爱情的象征。"思念和油烟，也说不清哪个更浓"这句话，成了一些夫妻间的爱与产品之间的联结点。而广告结尾的那句"为你吸除油烟危害，只留下柴米油盐中的爱"，强化了方太的产品让家庭生活更美好的形象，使顾客建立情感认同——油烟是为家人下厨的痕迹，也是爱的印记。

2018年，在方太的幸福发布会上，方太用一支《云水有相逢》的短片，诠释了一个"幸福的家庭"所拥有的幸福智慧和幸福要义到底是什么。在这则故事里，云先生和水小姐看起来是两个世界的人，但因为有和而不同的爱好而走到了一起。相处之后，两人不仅互相扶持，也都有各自的朋友圈，尊重彼此的空间。虽偶有争吵，但总能得到彼此谅解。这则故事里还埋了一个细节：男女主人公的日常交流沟通中，呼应了方太在发布会上提出的"幸福五句话"——"我错了！""我也错了！""我帮你！""谢谢你！""我爱你！"

2021年，方太邀请了两位明星作为代言人。和过往一些品牌在官宣代言人的品牌片文案里突出艺人的态度感略微有所不同的是，方太将这一次的品牌片命名为《烈马》。并且在文案中自问和自答了一个看似宏大、但细想又与我们每个人日常都有关的命题：什么样的缰绳，才能驾驭创新科技的烈马？方太在这一次用形象化的表达，提出了它的创新科技观——创新科技的烈马，需要爱的缰绳。这里的"爱"，既包括对资源的节制使用，对环境的自律观照，也包括对产品智能化的人性思考，以及对顾客多重需求的洞悉与提炼。

无论是从走进方太时所能感受到的人文气息，还是通过方太对外发布的品牌短片、广告宣传片所能了解到的信息，我们可以看到方太在与顾客的沟通过程中，一直都在积极寻找现代文化与中华优秀文化的契合点，用现代的表达方式与顾客沟通，激发顾客对中华优秀文化的兴趣。在这个过程中，方太一方面将品牌主张融入其中，另一方面又向顾客展现品牌的文化魅力。由此，方太创造了"产品营销 + 文化与价值观营销"双轮驱动的品牌沟通与营销模式，这也是其他企业学习方太塑造高端品牌的核心所在。

一个伟大品牌的铸造不是一蹴而就的，品牌战略和管理是一个持续、动态的过程，需要不断地对品牌予以全方位建设和管理，不断地追求顾客的满意度，如此才能创造出更大的品牌价值。

第 4 章

员工得成长

视员工为家人，让全体方太人幸福成长，
物质与精神双丰收，事业与生命双成长。

——茅忠群

导　言

方太的使命是"为了亿万家庭的幸福",其中"幸福"包括顾客家庭、员工家庭、合作伙伴家庭、方太大家庭、祖国大家庭和人类大家庭。从使命的角度出发,只有一家幸福的企业才能带给顾客幸福,而让顾客幸福首先要让员工感到幸福,一个满脸愁容的员工是无法做出幸福的产品的。

无论是方太的使命、愿景,还是价值观,都离不开员工。所以,除了经营顾客,经营员工也是方太成为伟大企业的干法和践行环节之一,同时也是方太文化的重要组成部分。茅忠群曾在一次讲话中说道:"一个企业的文化好不好,并不是看企业的墙上贴了什么,展厅里挂了什么,主要是看企业员工的行为、气质以及习惯。"

那么,方太是如何对待员工的呢?笔者将从以下三个问题展开介绍。

第一个问题:方太对待员工与其他企业有何不同?

大多数企业已经逐步认识到"员工成长"的重要性,形成"员工的成长速度决定企业的发展速度"的认知。与这些企业一样,方太对待员工的核心也是让员工得到成长。与其他企业不同的是,大多数企业只关注员工的职业发展和物质需要,忽视了员工的精神成长。方太尤为关注员工精神层面的成长。另外,大多数企业希望员工得成长以后为企业创造更多的价值,而方太希望员工得到心灵成长，从而获得幸福。

方太认为，一个人心灵的成长就是幸福的根基，而幸福的感受大多来源于一个人三观的感受，因此，方太视员工为家人，关注和重视的是员工的心灵成长，让全体方太人幸福成长。

第二个问题：什么才是员工的幸福成长？

事实上，每个人都想有一个幸福圆满的人生，但很少有人明白实现幸福圆满的人生之道是什么。关于这个问题，方太从中华优秀文化里找到了答案。

《中庸》开篇里提到，"天命之谓性，率性之谓道，修道之谓教"。《大学》里提到，"大学之道，在明明德，在亲民，在止于至善"。"北宋五子"之一的张载有一句非常有名的话："为天地立心，为生民立命，为往圣继绝学，为万世开太平。"由此可知，生而为人，我们是带着使命来到这个世界的，使命就是"修身、齐家、治国、平天下"。所以，一个人的人生应该遵循天理良知，实现人生使命，让人生更有意义和价值，这样的人生才是幸福圆满的人生。究竟什么是真正的幸福？一个人真正的幸福就是物质与精神双丰收，事业与生命双成长，最终实现幸福、圆满、觉悟、自在的人生。这就是方太对于员工幸福成长的定义。

第三个问题：如何让员工幸福成长？

在谈到企业管理时，总绕不开一个词——以人为本。但如果追问一个问题——以人的什么为本？不同的人给出的答案很可能是五花八门的。在方太，这个问题的答案是——以人的"心"为本。方太定义的幸福是物质与精神双丰收，事业与生命双成长。幸福成长归根结底是心灵的成长。

那如何做到"以心为本"呢？一是企业经营者或管理者要修己心，安人心；二是企业经营者或管理者要以建设员工的心灵品质为本，以提升员工的心性为本，这是最根本的。没有这一点，即使给员工金山银山，他也不会有真正的幸福，或者说这些快乐幸福只是短暂的。比如有人开宝马车，当他看到街上有人开劳斯莱斯时，烦恼马上就来了。所以企业想让员工幸福，最根本的是提升员工的心灵品质，提升能量智慧。

基于此，方太通过对中华优秀文化的体悟和员工不同阶段的成长需求，提炼出"四个化"来让员工幸福成长，如图4-1所示。"四个化"分别为关爱感化、教育熏化、制度固化、才能强化。其中有四个关键字——"感""熏""固""强"，这四个字的选择也是有深意的。

关爱感化：营造"四感"环境，超越员工期望，激发自主意识。通过营造超越员工期望的"四感"环境，激发员工的主人翁精神。这里的"感"包括安全感、归属感、尊重感、成就感。

教育熏化：教以道德因果，培养行为习惯，唤醒自主行为。教育的目的是"明理"，即明白做人的道理。方太要让员工觉知和体悟到人生的使命和意义，这是员工获得双丰收、双成长的关键。如何让员工"明理"呢？要通过"熏"，即长期潜移默化的影响。

制度固化：约以制度规范约束，建立激励机制，养成自主行为。在教育过程中，会慢慢形成一些制度和行为规范，不能只做"道之以德"，也要做"齐之以礼"。"齐之以礼"就是用制度来"固"化，这样整个团队就会越来越有秩序。

才能强化：培训知识技能，实施双线发展，培养自主能力。这强调的是对专业的学习，同时为员工提供双线晋升发展通道，让员工从工作中获得成就感，真正增"强"员工安身立命的能力。

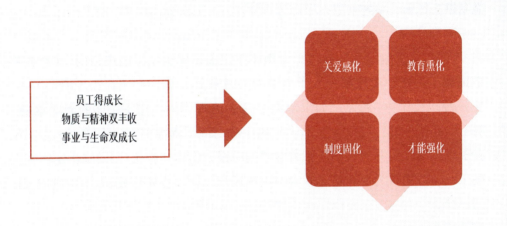

图 4-1 方太员工得成长的"四个化"

在方太的"四个化"中，前面"两个化"是有先后次序的，后面"两个化"的顺序是可以变换的，而"才能强化"不一定要放到最后，也可以与"制度固化"同步进行。

为什么"关爱感化"一定要在"教育熏化"之前呢？

首先，"关爱感化"强调的是企业经营者作为文化的学习者和践行者，应做到以身作则、率先垂范，尽自己的努力为员工营造"四感"的工作环境。

其次，"关爱感化"在"教育熏化"之前是符合孔子的思想的。《论语》中记载了这样一个故事：孔子周游列国时来到卫国，弟子看到卫国人丁兴旺，便问孔子："老师，如果现在让您来治理卫国，您下一步打算怎么做呢？"孔子回答："富之。"弟子又问："如果大家都富裕了，又该怎么办？"孔子说："教之。"当人们还饿着肚子的时候，实施"教化"，效果肯定不好。基于此，方太认为要让员工获得心灵的成长，第一步先是关爱，第二步才是"教化"。

"关爱感化"与"教育熏化"的次序是不能颠倒的，企业经营者落地中西合璧的文化管理模式一定要从"关爱感化"做起。

除了上面讲到的"关爱感化"和"教育熏化"的先后关系外，方太的"四个化"之间还存在着一些内在联系。一是"关爱感化"强调的是爱，"制度固化"强调的是严，爱是严的前提，严是更高级的爱。所以有了"关爱感化"以后，还要用制度把它固化下来。这是"关爱感化"和"制度固化"的关系。二是关于"教育熏化"和"制度固化"的关系，可以从方太"德法管理"的管理原则来理解。"德法管理"，即"德治""法治"同时进行。这就意味着方太既注重"德治"的教育熏化，又注重"法治"的制度固化。三是方太既强调心性的教育，即"教育熏化"，也强调对专业的学习，即"才能强化",两者缺一不可。一个是教育,唤醒的是员工的"品德",提升心性能量;一个是培训,训练的是员工的"才能",提升职业技能。这样培养出来的员工才是"德才兼备"的员工。

透过方太的"四个化",我们至少可以看出两点:一是"四个化"涵盖了员工成长的方方面面,既有物质与事业,也有精神与生命;二是"四个化"既遵循了马斯洛需求层次理论,又根据员工的成长阶段和实际需求进行了创新,使员工的成长形成闭环。

企业最重要的变量之一就是人。如何有效地激发员工的积极性,让员工得成长,中国企业需要找到一种突破和创新。方太的"员工得成长"体系,是在中华优秀文化思想之上构建起来的,融合了西方管理理念与方法的员工管理体系,也是方太在从小做大的过程中,从这套中西合璧的管理体系中沉淀出来的管理哲学与方法,希望在员工管理的道与术上能让中国企业得到启发。

4.1 关爱感化

在方太工作,是一种什么样的体验?笔者虽没有在方太工作过,但在方太工作了 14 年,获得"宁波首席工人""宁波首席工匠"荣誉的刘工的故事或许能让我们感知一二。

刘工原本是一个鄱阳湖上的渔民,如果没有遇上方太,他可能会守着鄱阳湖过一辈子,每天开着小船漂泊在湖面发愁是否有鱼可捞,为生计担忧。2007 年,35 岁的刘工进入方太,成为一名打磨工。

进入方太后,在第一天的晨会分享上,刘工所在的部门读的是《弟子规》。"这是小学生的课本,为什么我们成年人要读?"带着疑惑,刘工和同事一起读了起来。一晃三年,在方太文化的熏陶下,刘工从一个对专业一窍不通的人,成长为了业务骨干,对于方太文化的领悟也越来越深。他明白了"做产品要带着感情,不能像机器人一样"。这几乎是所有刚进入方太的员工对方太文化的体悟过程——初读经典时,不过是学习为人处世之道;复读,才体会到中华优秀文化的核心是仁爱之心。只有倾注自己爱心的产品才会有温度,有温度的产品才是对顾客和社会的仁爱。这句话是刘工读经典后的解读。方太虽倡导"读经",但却不会给员工标准的答案,而是希望员工根据各自的悟性和经历来理解经典,达到学以致用的目的。

打磨吸油烟机的集烟罩是初入行的打磨工必学的技能之一,有的人只是把这项工作当成一道工序,可是刘工并不这么看。他认为如果只当作一道工序来打磨产品,磨出来的力度、纹路都是不一样的,外观上的粗糙度和精致度也会完全不同。刘工不想像机器人一样,不带感情地做产品。有了这个想法后,刘工开始不断钻研,不懂就四处求学,慢慢地,他琢磨出一套独创的打磨技艺,一举改变了这一传统的作业工艺,这些技艺后来为水槽洗碗机的产品品质奠定了基础。

2014年,方太任命刘工组建全新的打磨班组,并且由他来打样一台高端的水槽洗碗机。该款水槽洗碗机力求在外观上就给人带来强烈的视觉冲击,从设计师的图纸到工业化生产,刘工的打磨技艺成为其中关键的一环。

刘工摸索出这套技术后,在方太开设了一个"打磨培训班"教徒弟。他的徒弟从最初的十几个发展到如今的三十多个,这支生力军保证了方太水槽洗碗机的外观品质。由此,打磨班组跃升为制造这款高端水槽洗碗机的"核心技术"。

如今是刘工在方太工作的第14个年头,现在的他与初进方太时的自己,已经判若两人。当年因家庭条件不好没有上过大学的刘工,现在张口就是经典语录,对家人、朋友、同事等都谦卑有礼。

谈及未来时,刘工有着清晰的规划:以师者的态度,把技能传承给徒弟;以学者的态度,研究更高的技艺。刘工说:"我是一个奋斗者,要不断地给自己充电,自己学到了,才有本事去教徒弟,这样才会有价值。"

刘工只是方太一万多名员工的一个缩影,从中折射出的是员工在方太工作时的体验——满满的安全感、归属感、尊重感和成就感。这也是方太"关爱感化"里的"四感环境",如图4-2所示。

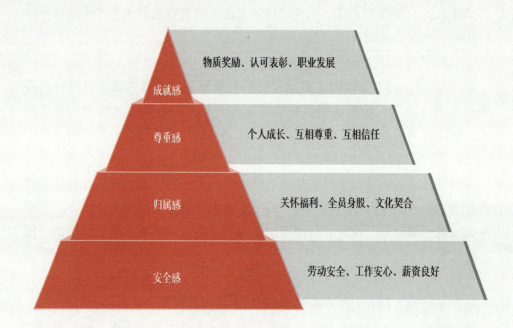

图 4-2 方太的"四感环境"

方太的"四感"环境是遵循马斯洛需求层次理论而定的,鉴于大多数人生理需求已经得到基本满足,所以方太把"生理需求"去掉,从安全需求、归属需求、尊重需求和自我实现的需求,提炼出"四感"。这"四感"是一个人从低级向高级发展的过程,符合人类需求发展的一般规律。

方太希望通过营造"四感"环境,超越员工期望,激发员工的主人翁精神和对生命的觉醒。

4.1.1 安全感：全面薪酬管理体系

"安全感"是"四感"环境里员工最底层次的需求。谈到"安全感",很多企业会认为这是最容易做到的,无非就是让员工的生产、生命安全得到保障。方太的"安全感"包括但不仅限于员工生产、生命的安全,方太想要营造的"安全感",更多的是职业安全感。

职业安全感就是指一个人在职业中获得的信心、安全和自由,特别是满足一个人现在或将来的各种需要。通俗地说,员工不会担心自己会被无端责骂,不会担心自己稍有不慎就会失去这份工作,终日惴惴不安。比如一些企业将进入的门槛限定在 35 岁以下,而且还对超过 35 岁的员工设置了淘汰线,35 岁已俨然成为职场的"生死线",形成了"35 岁职场危机"。这就是典型的让员工没有安全感的做法。

《大学》里提到,"知止而后有定,定而后能静,静而后能安,安而后能虑,虑而后能得。"一个人只有"安"而后才能"虑",才能真正地去考虑正确的事情。如果一个人的心是诚惶诚恐的,那么他如何镇静、思虑周详地去做一件事呢?所以,人只有拥有安全感才更有才能去做一些有价值和有意义的事情。

很多企业为了激励员工达成目标，会设置很多奖惩措施，试图给予员工动力。然而，员工只感受到了压力和没有安全感，生怕自己没有完成目标而被淘汰或处罚。这也是很多企业会利用员工的不安全感带来动力的原因所在。不可否认，这样确实会让员工有一些动力，但方太认为，没有安全感的动力是很可怕的，因为没有安全感的动力，极容易导致动作变形。比如员工可能会为了逃避某种严厉的惩罚而采取非常规手段，最终损害价值观或产品品质。

给员工安全感并不是不能给员工压力，方太认为，给予员工安全感是激发员工的自主意识，也就是主人翁精神，从更深层次上来说，是让员工明白人生的意义所在。

那么，企业如何才能使员工有安全感，特别是有职业安全感呢？要弄明白如何才能使一个员工有安全感，首先得弄清楚影响员工安全感的因素有哪些？方太经过分析、总结，找到三大影响员工安全感的因素，即劳动安全、工作安心、薪资良好。

那么，方太员工的职业安全感是怎样的呢？2006年7月，刚满21岁的王浩（化名）加入方太，成为装配线上的一名螺钉工。初来乍到，王浩对工作流程和标准一窍不通，可令他感到安心的是，主管、导师和同事都会积极地帮助他，这让有些腼腆和慢热的他很快融入了方太。在方太工作的这些年里，他积极学习，先后做过机修工、物料员，经过方太的人才培养计划，2010年，王浩晋升为组装车间吸油烟机生产线的班长。

不管是刚进入方太，还是后来晋升为管理者，王浩都有种心安的感觉。他说道："在方太，我不会担心自己因为小事小错而被主管随意谩骂，被轻易辞退，也不会担心不擅社交的自己会和同事发生矛盾，总之，在这里我感觉自己整颗心都是踏实的。"

如何让员工感到安心，除了工作环境、工作氛围这些硬性条件，最核心的逻辑是用文化去支撑，比如方太倡导的让员工幸福成长的文化管理模式。

除了以上这些之外，一份良好的薪酬是必不可少的。老板描绘的理想图景再诱人，不如到手的薪酬福利使人真正安心。所以，让员工有安全感，企业要给予员工良好的薪酬。大多数企业的薪酬体系都是由基本工资、绩效工资、奖金、五险一金等构成，方太在此基础上又进一步分类、优化、创新，形成了具有方太特色的薪资构成体系——全面薪酬。这一体系让员工不仅能在物质上获得安全感，在精神上也能获得安全感，如表4-1所示。

表4-1 方太的全面薪酬福利体系

环境 & 发展	薪资		福利				分红
	固定薪资	浮动薪资	生活 & 援助	健康 & 安全	娱乐 & 关怀	学习 & 休假	
企业形象	基本工资	加班工资	住房公积金	社会保险	员工康乐活动	文化教育	身股分红
工作岗位	年功工资	绩效工资	员工免费住宿	商业意外险	员工结婚纪念	员工培训	
工作环境	工作补贴	月/季度奖金	首次购房贷款	补充医疗险	员工疾病看望	带薪年休假	
职业发展	通信津贴	年终奖	政策性购房	海外出差意外险	生日关怀	法定带薪节假日	
	高温津贴	专项奖金	租房补贴	员工健康体检	节日关怀	其他带薪休假	
	政府津贴		车辆补贴	职业病健康体检	防暑降温关怀	特别年休假	
	其他津贴		购车借款/购车补贴	新员工入职体检	员工座谈会	带薪公益假	
			通勤车	安全教育	长期服务纪念		
			助困基金	劳动防护			
			优惠购买公司产品				

通过方太的全面薪酬福利体系，我们可以看出，其薪酬体系主要包括四个方面，即环境与发展、薪资、福利和分红。这四部分综合考虑了员工的物质获得及心理感受，并从生活和援助、健康和安全、娱乐和关怀、学习和休假等方面给予员工全面的福利保障。

2015 年，小汪大学毕业后加入方太。她的家乡位于贵州的一个县城，父母都是普通的上班族。在拿到方太录用通知前，面对大城市高昂的房价，她从未想过可以在这里买房、买车、扎根。但进入方太后，方太给了刚出学校的她一个很有竞争力的薪资，让她对未来更加坚定。

在方太工作的前两年里，小汪选择了住公司免费提供的公寓式宿舍，上下班可以搭乘班车，早、中、晚都可以选择在公司食堂用餐，逐渐有了一些积蓄。进入方太的第二年、第三年，每年都有年度调薪，小汪除了薪资有所增长，还拿到了政府的人才津贴。后来，随着收入的稳定增长，小汪决定在外租房，一是希望父母有时间能过来一起住；二是也想工作之余自己偶尔能做顿晚餐。租房以后，小汪申请了公司的租房补贴，抵消了将近一半的租房费用，生活的成本也并没有增加多少。

生活品质的提高没有削弱小汪的斗志，入职以来她积极参加方太的各类培训，提高自己的职业素养。2018 年，对小汪来说是一个新的起点，工作上的成就让她成功晋升为部门主管，在薪酬上有较大提升的同时，也开始享有方太的身股分红了。同年，小汪在方太遇见了自己的另一半，并在两年后步入了婚姻的殿堂，她拿出自己的积蓄，加上申请的公司购房借款福利，在宁波买了一套小三居和一辆代步车。虽然房子不大，车也不贵，但小汪说自己过得很知足、很幸福。

方太的全面薪酬体系，让员工明白了一个最简单的道理：你付出了什么，最终就会得到什么。方太的全面薪酬体系，有利于它培养出一支能艰苦奋斗、勇于拼搏且带有"方太味"的团队。

看完方太对"安全感"的定义及做法后，你有什么样的体悟？营造"安全感"的环境，绝不是仅仅停留在保障员工生产、生命的安全，而是要营造让员工有职业安全感的环境。

4.1.2　归属感：超越预期的关怀福利和全员身股制

人在不同时期表现出来的对各层次需求的迫切程度是不同的。当员工较低层次的需求——安全感得以满足后，就会随之产生更高层次的需求——归属感。

员工归属感是指员工在企业工作一段时间后，在思想上、心理上、感情上对企业产生了认同感、公平感、安全感、价值感、使命感和成就感，这些感觉最终内化为员工对企业的归属感。

方太财务部的圣会计在没有进入方太之前，因为爱情和工作的冲突，曾迷茫过、焦虑过。自从入职方太以后，他不断学习中华优秀文化，修炼身心，提升心灵品质，逐渐找到了属于自己的幸福。如今的他虽然与妻子分居两地，但感情却日渐深厚，拥有一个温馨有爱、相敬如宾的家。

刚开始圣会计的妻子对分居两地颇有怨言，夫妻俩时有争吵。后来，圣会计时常与妻子分享方太文化，带她融入自己的工作圈子。在妻子参加了几次方太的集团活动之后，方太人的言行举止感染了她。慢慢地，圣会计的妻子也开始学习《大学》《论语》《三字经》《了凡四训》等中华优秀经典，与圣会计一起交流学习心得。在生活中，圣会计不仅与妻子有了更多的话题和交流，妻子对他的工作也越来越认可。

古人有言："此心安处是吾乡。"笔者认为这是对归属感最确切的解释。不需要多么深刻的诠释，只要员工认为在企业得到了收入与精神的满足，真正把自己当作企业的一部分，愿意把企业的文化分享给家人、同学，把自己的理想与目标寄托于企业，把"企业放在心中"，这就是员工对一个企业的归属感。

如果一家企业不把员工当成工具,让员工感觉企业认可他的价值,他自然会对企业产生归属感。我们之所以对家有极强的归属感,是因为家人对我们的包容度是最大的,这是归属感最重要的组成部分。方太认为,要让员工对企业有归属感,就要尊重人性中善的部分,并把员工心目中的心灵宝藏激发出来,这样员工自然会有归属感。

如果一个员工进入一家企业,这家企业告诉他,他做好这份工作拿到相应的薪资就可以了,那么这只是一种合同契约关系,员工不会对企业产生归属感。如果一个企业针对生产工人的薪资制度仅仅是计件制,那么员工与企业是结算关系,也会导致员工不容易对企业产生归属感。

工作不只是契约关系和挣钱,而是建立员工主人翁精神的归属。为此,方太自己培养了大量厨电顾问和服务技师,而在厨电及家电行业,很多企业都是采用外包制。为什么方太要花大成本自行管理呢?因为方太要让亿万家庭幸福,要让顾客和员工幸福,自己管理培养就是为了让员工对方太有强烈的归属感,而不是怀揣"我又不是方太员工"这样的心态去服务顾客。

员工对于企业归属感的形成是一个由浅入深、渐进互动的过程。由此,方太提炼出了培养员工归属感的三大维度,即关怀福利、全员身股、文化契合。下面,我们把重点放在"关怀福利"和"全员身股"这两个维度上。

关怀福利

谈到"关怀福利",很多企业可能会说,现在哪个企业没有这些。问题是,虽然企业设置了关怀福利,却没有让员工对企业产生归属感,反而让员工觉得这是企业应该做的,这是为什么呢?

最大的原因在于,企业做的关怀福利是否做到了员工心里,做关怀福利的起心动念是否真的是让员工幸福,而不是为了让员工"感恩"。

方太的关怀福利涵盖了员工工作、生活的方方面面,在"吃、住、行"上都给予了员工很好的保障。在茅忠群看来,中华优秀文化的核心在于仁爱之心,方太让员工幸福成长也是出于仁爱之心,只有让员工感到温暖,感到有归属感,才能生产出更好的产品,就好像"在为家人工作"。在这样的文化引导下,方太的关怀福利,展现出了自己的独有风采。

1. 关注心理健康

方太推行的新时代家庭幸福观——衣食无忧、身心康宁、相处和睦、传家有道,也包括方太企业大家庭。方太为员工营造了一个利于追求幸福的环境。在幸福观中,"身心康宁"是方太一直提倡的,特别是员工的心理健康,更是重中之重。方太虽然没有设立非常直观的数字目标,但提升员工内心的"幸福感"足以说明方太的重视程度。

员工身心康宁,拥有幸福感,就要先让员工的内心"富足"起来。方太学校负责充实员工的知识、技能,陶冶情操,增加素质财富。几年下来,除了促进员工职业发展、素质成长之外,各类幸福生活文化的培训,也让员工从内到外有了很大的转变。这从方太员工的待人接物、礼仪风范,尤其是他们脸上的笑容,完全可以感受到。

员工内心"富足"了,还要有文化来不断滋养。方太坚持"礼乐文化"的传承,让员工沉浸在中华优秀文化的熏陶之中,内心有了强大的底蕴支撑,就会更智慧、更幸福。

以情感类福利政策中的"集体婚礼"为例,方太秉承着婚姻是人伦之基,是万事之始,是礼之本的宗旨,为促进员工家庭幸福,同时让更多方太家人感受幸福文化的浓厚氛围,特地面向全员开展集体婚礼活动,每年会邀请 20 对新人共同举办婚礼。这种福利政策对企业而言虽然看起来没有收益，甚至是"亏本买卖"，但能在员工心中留下深刻印象。未婚的员工会憧憬自己参加集体婚礼的场景，被选中参加集体婚礼的员工能分享自己的幸福，而已婚的员工也能再次从中感受到爱。这种群体式的幸福传递活动，让方太员工真正地凝聚到了一起。

除了帮助员工"成家"，还有帮助员工正确"成人"的"成人礼"、了解时令节气的"岁时礼"、人与人之间相处之道的"内部相处礼"……这些不同的活动，给到方太员工方方面面的"心理滋养"。

2. 强调日常关怀

健康、养生、炼体、修心，在方太已经形成了一种习惯。除此之外，方太的关爱还体现在日常的方方面面。

刚加入方太时，方太会为每一位新员工安排一位老员工作为导师。在管理复杂的部门，更是有 1 年期的详细的新人融入计划。

节日来临时，方太都准备一些小惊喜，比如元宵节准备的汤圆、妇女节安排的休假、中秋节举办的晚会、新春佳节发放的红包等。

需要沟通时，方太有许多体现民主和人性化的制度，例如建立职工代表大会、厂务公开制度等民主管理机制，打通了企业与员工沟通交流的渠道，帮助解决员工遇到的不公平、不合理问题。

困难时，方太会对每一个需要帮助的困难职工伸出援手，方太工会于 2007 年 4 月成立"助困基金会"，于每年的 3 月 5 日"学雷锋日"开展"慈善一日捐"系列活动，募集的善款用于日常助困。截至 2021 年 5 月，方太助困基金已经帮扶困难员工 332 人次。

退休时，方太会将感恩赠予那些将青春留在方太，一直工作到退休的员工，方太每个季度都会为光荣退休的老员工举办欢送会，衷心感谢他们对方太的付出。

这些看起来微不足道的关怀方式，营造出了充满归属感的工作环境，让员工能时刻感受到方太的温暖与关爱。

全员身股制

2010 年，茅忠群做了一件令外界大吃一惊的事情，除了工资、奖金，他开始把企业的利润分享给全部员工。在方太任职满两年的所有员工，即使是保洁、保安，都可依据企业规定拥有一定数量的身股，即全员身股制。

让全员享有分红权，对于任何一家企业而言都绝非易事，尤其是制造业企业，它展现着企业经营者长远的战略眼光和仁爱之心。关于身股制是否覆盖全员，茅忠群在与管理层讨论时，遇到了不同意见。

茅忠群在回忆身股制的初衷和设计过程时这样说："身股制覆盖面有多大？是覆盖高层还是中高层？这时就出现了分歧，大家普遍认为公司都是这样的，是少部分人享有的。那我就反问，我们学习的是中华优秀文化，我们是仁者爱人，我们说把员工当家人，那凭什么等真正享受的时候，只有中高层享受，基层员工却无法享受？我们最后决定实行全员身股制。"

"刚开始大家不相信，我们只是工人，已经领了工资，真的还会给我们分红？我有很多老乡在慈溪打工，从没听说过其他公司有这种做法，没想到到了约定的时间真的领到钱了。"来自重庆的冲压工周工说，"分到钱后，工作更认真了。那种感觉真的不一样。以前只觉得自己和工作有关系，现在感觉整个公司好不好都和自己有关系。"

茅忠群这样形容全员身股制："它是方太全员中长期激励方案，是员工共享企业经营成果的方案。与其他激励方式不同，它更加正式，更有制度保障，最重要的是带给员工前所未有的体验。身股制让员工切实感受到自己是企业的一分子，有了主人翁的心态，心态的改变带来的是行为的改变，且这种行为的改变更加彻底和持久。"

方太的全员身股制具有三大特点：

一是区别于资本股，享有身股的员工不需要投资入股。

二是人在股在，人走股没。意思是说，当员工在方太工作时是享有身股的，当员工离开方太，就不再享有身股，身股是不允许转让的。

三是只有分红权。方太的全员身股制与奖金不同，奖金完全是由业绩导向的，业绩好的人拿得多，业绩不好的人拿得少，有的人甚至拿不到奖金。而全员身股制不同，只要方太的效益好，每个人都能拿到分红，只是分红数量不同而已。相比奖金，身股让人更加有归属感，能够实现对员工持续不断的激励。

身股制的成功实施也并非一蹴而就，方太一直在探索和改进，试图找到最有效、最适合方太甚至是中国企业的方式。

为了更好地实现身股制的落地，使身股制发挥更大的价值和作用，茅忠群还会为员工颁发身股持股证。由于身股分红按年结算，每一年身股数都有变动，人力资源部和上司会与员工一起沟通，最终签订一份身股确认证。通过这些举动，让员工感受到一种强烈的仪式感，并向他们传递"公司有你一份，公司和你紧密关联"的信息，改变员工的心态和认知。

并非所有人都能很好地理解身股制的内涵，尤其是一些基层员工，而如果员工不能很好地理解内涵，便达不到实施身股制的预期效果。为了解决这个问题，方太的人力资源部在员工聚集的地方，例如食堂、车间，专门为员工提供咨询服务，制作看板展示，为员工开展培训等，并在生产车间设立固定的办公地点，服务基层的员工。公司通过一系列措施向员工表达了公司对身股制的重视，员工自然也重视起来了。

"利可共而不可独，谋可寡而不可众；独利则败，众谋则泄"，这是曾国藩留下的"管理哲学"。方太在刚开始推行全员身股制时，许多基层员工觉得不可思议，难以相信自己能够分享企业的利润——直到他们真的拿到钱。这一制度在方太全体员工中产生了巨大影响，员工在分到钱后，对主人翁精神有了更加深刻的理解，真正感受到自己在企业中存在的价值。

超过 50 项的关怀福利，每一项福利不只是发发节日费或节日礼，都是有温度的关怀。企业关心、关爱员工，自然而然就会在企业内部形成一种和谐、友好的关系，这样员工就能切身感受到工作、生活在方太的温暖。

4.1.3 尊重感：尊重要落实在具体细节上

当员工的归属感需求被满足后，会产生更高层次的需求——尊重感。希望得到他人的尊重也是人类的基本需求之一。员工自然希望在企业中获得领导、同事的尊重，如果这种被尊重的需求得不到满足，即便这个人在工作上拥有出色的能力，其积极性和创造性也会被大大削弱。

对于什么是尊重感，笔者觉得用孟子说的一句话可以很好地诠释——"君以国士待我，我当以国士报之！君以路人待我，我以路人报之！君以草芥待我，我当以仇寇报之！"

无论是前文刘工、圣会计的故事，还是方太的诸多关怀福利，无不透露着方太对于员工的尊重。除此之外，方太还通过个人成长、互相尊重、互相信任三个方面来营造有尊重感的环境，让员工感受到来自企业的尊重。具体落实到动作上，方太有以获奖者为中心的颁奖的仪式感，比如方太杯等。

几乎每个企业都有颁奖，但很多企业的颁奖都没有做到以获奖者为中心，没有让获奖者感受到真正的尊重。有的奖项是以领导为中心的设计，在环节设置、讲话安排等方面都优先考虑领导的感受。有的奖项则是不注重颁奖的各种细节，出现种种纰漏。总之，是让获奖者或者员工不仅没有产生对荣誉的向往和感动，反而觉得是企业在"作秀"。

而方太所有奖项的设计，都体现了以获奖者为中心。比如方太会用心设计精美的奖章。在颁奖仪式上，无论是视觉环境、听觉感受，还是流程安排，所有在场的人都能感觉到一种既庄严神圣又温馨和谐的氛围。让人感到不可思议的是，每一次颁奖，茅忠群及所有颁奖领导都会行至获奖者面前深鞠一躬，然后获奖者会鞠躬回礼，最后才是颁发奖章、奖状、奖品或鲜花。颁奖结束之后，领导都会先让获奖者退场，并自觉走在队伍最后。整个过程文明大气，流畅自然，井然有序。据笔者了解，所有隆重的颁奖仪式，领导们都需要提前去现场彩排，以保证质量，这充分体现了方太对荣誉获得者的尊重。

4.1.4 成就感：认可员工所做的有价值的事情

成就感是员工最高层次的需求。对于什么是成就感，茅忠群是这样形容的："一个人早上踌躇满志地来工作，8小时后，带着不受赏识、沮丧的感觉回家，他的这种感觉会怎样影响自己与家人的相处？如果他带着因做成了有价值的事情而被认可的感觉回到家，对他与家人的相处又会产生怎样的积极影响？"

茅忠群所说的"因做成了有价值的事情而被认可的感觉"就是一个人的

成就感。方太不仅在制度体系中搭建员工成长平台，更是通过物质奖励、认可表彰和职业发展为员工营造自我实现、自我超越的环境。"我是一名快乐的奋斗者"成为方太人的流行语。

2009年9月，余部长进入方太的市场部担任公关新闻助理。与其他人进入部门后都有老员工亲自指导的情况不同，留给她的只有三张匆匆提交的工作交接单，很多工作几乎是从零开始，全靠自己摸索。"那时候方太给我的机会特别棒，让我有很宽广的平台来接触不同的业务，这也是我在同届'阳光学员'中进步最快的原因。"余部长笑着说。

在方太的培养计划下，余部长迅速成长起来，创造了响当当的工作业绩，同时多次获得了方太的"模范员工"等荣誉。作为同方太品牌一同成长的模范员工，余部长在向我讲述自己的工作时，言语中流露着对于工作的热爱，以及对方太给予自己成就感的感恩，"在方太工作，我有一种被重视、被需要的感觉。这种感受让我每天工作时都干劲十足。"

当一个员工真正在组织内有成就感，能够在组织内实现个人理想和抱负时，他也将在组织内燃烧自己。因此，帮助员工获得成就感，是一个企业对员工最好的关怀和激励。为了营造有成就感的环境，方太设有各种独特的奖项，奖励有贡献的员工。

长期服务纪念奖

长期服务纪念奖是为了奖励那些多年来在方太坚持在工作岗位上默默奉献、辛勤耕耘，以主人翁精神为方太贡献自己力量的员工。方太的长期服务纪念奖以金质纪念章形式体现，如图4-3所示。

2020年，有近1400名员工可享受长期服务纪念奖，由总裁、副总裁、

图 4-3　方太长期服务金质纪念章

事业部总经理为长期服务员工颁发金质纪念章。

方太的长期服务纪念奖，不仅鼓励了员工长期为企业服务，对员工为企业持续贡献的精神予以激励，让员工获得了成就感，而且也表明了方太视员工为家人，让员工明白自己为企业所做的贡献是能被看见的。

功勋人物奖

方太每年会评选出功勋人物奖，这些功勋人物或在部门管理做出了典范，或在新兴业务中开了先河，又或是在平凡的岗位上创造了不平凡的业绩，他们可以代表方太人，并且是方太人学习的榜样。

方太的功勋人物表彰大会通常通过播放专题短片、致颁奖词、人物代表发言等形式，展示他们获得的阶段性成果，以及涌现出的各类感人故事，充分展示出新时代方太人的良好精神风貌。

除了长期服务纪念奖、功勋人物奖，方太还设有卓越员工奖、模范员工奖、文化践行奖、双强标兵奖、优秀员工奖等，每个奖项都有专属的奖章。

试想一下，在一家企业，员工不仅能获得安全感、归属感，还能获得尊重感、成就感，可谓"名利双收"，这样的企业难道不让所有员工心向往之吗？

管理不是控制，真正好的管理是释放人性中本来就有的善意。方太通过营造"四感"环境为方太人带来良好的工作体验的同时，也在激发和释放人本身固有的潜能，创造价值，为他人谋福祉。

最后，笔者来回答一下开头那个问题："在方太工作，是一种什么样的体验？"在方太工作，物质与精神双丰收，事业与生命双成长。

4.2 教育熏化

要让员工得成长，"关爱感化"是前提，是企业首先要做到的。当员工通过方太营造的"四感"环境获得安全感、归属感、尊重感和成就感后，接下来方太要通过教以道德因果，培养员工的行为习惯，唤醒员工的自主行为。方太把这一动作称为"教育熏化"。

什么是教育熏化？这个方法是茅忠群从学习中华优秀文化中体悟到的，要弄懂教育熏化的内涵，首先我们要明白中华优秀文化倡导的教育观。

《礼记》里说："建国君民，教学为先。"意思是说，治国安民，第一要务就是推行道德教化。这句话十分明确地指出了教育的重要性。体悟到中华优秀文化所倡导的教育观后，茅忠群结合方太的实际情况，提炼出教育熏化的教育方法。在中华优秀文化的教育观里，儒家把对人的教育称为"化"，"熏"字则说出了文化落地的真谛——春风化雨，润物无声；炉中一篆香，清芬醒耳目。在潜移默化的"熏陶"中让员工从内心深处接受并认同方太文化，唯有如此，才能"化民成俗"。

方太教育熏化的意义在于让员工修身心、尽本分，快乐学习，快乐奋斗，最终让员工得以实现幸福圆满、觉悟自在的人生。方太的教育熏化主要包括四大内容，如图 4-4 所示。

4.2.1 领导垂范，做"四铁四前"干部

《论语》里说："其身正，不令而行；其身不正，虽令不从。"用在管理上的意思是，（管理者）如果自身行为端正，不用发布命令，事情也能推行得通；如果本身不端正，就是发布了命令，人们也不会听从。

孔子认为，作为一个当权者，更多的时候应该以身作则，依靠个人的言行和魅力来影响和感召他人，而不仅是靠发号施令。自己做得好，不用命令别人，对方也会跟着学；如果自己做不好，即便强制去推行，也没有效果。由古代圣贤提出的这一点，对现代管理学仍有积极意义。

茅忠群认为，"言教不如身教，领导垂范是最好的教育方式。"基于此，方太把领导垂范看作教育熏化最重要的一种方法。

什么是领导垂范

"领导"不单指方太的管理干部，还包括党员、职工代表、先进代表、优秀员工、先进集体，"垂范"是指给下属或员工做示范、做榜样。

茅忠群认为，作为一个管理者，要想管理好一个团队或组织，从行为上，必须身体力行，成为表率；从思想和战略上，要"为政以德，譬如北辰"；只要自己有足够的修养，足够大的德行，足够的境界，企业的人才就会主动围在你身边，甚至企业外的人才也会来到你所在的企业。

作为企业的经营者或管理者，我们首先应该达到"垂范"的榜样要求。

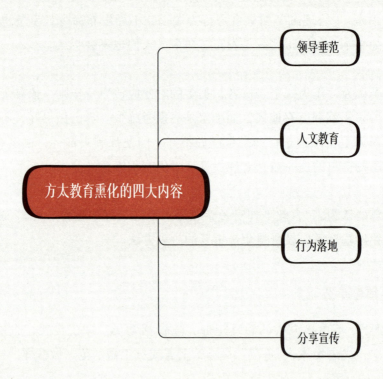

图 4-4　方太教育熏化的四大内容

茅忠群倡导中西合璧的方太文化，他便化身成为方太的使命、愿景、价值观的代表，成为方太文化最坚实的守护者。方太所有与文化相关的内容都是茅忠群亲自把关的，比如方太文化的整体架构，都是他一个字一个字地反复推敲写出来或修改出来的。同时，茅忠群在许多场合谈的都是方太文化，这就是一种坚持和垂范。可以说，茅忠群不仅是方太文化的"缔造者"，同时也是方太文化的"布道者"，无时无刻不在践行和传播方太文化。他强调学习，自己每天坚持读书一小时；他强调仁爱，就以利他的方式对待每一个人；他强调尽本分，在方太工作完下班回家，回家后尽到做儿子、父亲、丈夫的本分……

"领导"需要在哪些方面垂范

方太一直秉持着"为政以德"的管理思想，强调文化在管理中的影响力，并对领导干部也提出了较高的垂范要求，如图4-5所示。

除了"四铁"干部和"四前"干部，方太的领导还需要带头垂范"五个一"。茅忠群认为，无论是从实现使命和愿景的角度，还是从人才队伍的建设角度，一支具有仁、智、勇"三达德"特征的干部队伍都是非常关键的。

在2017年的方太年会上，茅忠群强调了"打造有信仰和有战斗力的干部队伍"的重要性。方太要实现伟大的使命愿景，关键在于打造一支有信仰、有战斗力的"四铁"干部队伍。

为了培养"四铁四前"干部，方太加大了领导者在文化学习方面的投入，举办了明师大讲堂、标杆学习会以及微信群文化分享等活动。据统计，方太干部一年文化学习的时间超过164小时，包括每年2~3次的大型文化课程，每季度一次的双XING会议，每年8课时的文化课程讲授，每月一期的标杆学习会，每天的微信群文化分享和读经一刻等。

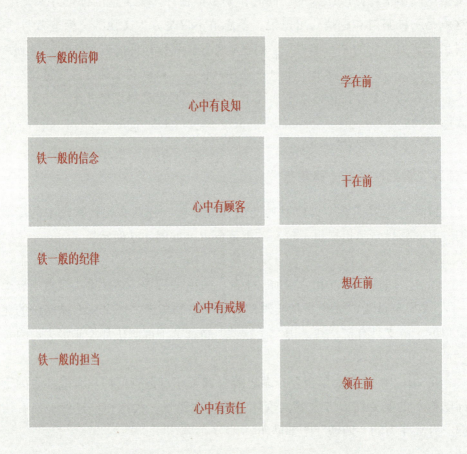

图 4-5 方太的"四铁"干部和"四前"干部

曾带领团队将方太集成烹饪中心打造为 2020 年企业的增长顶梁柱与行业的风向标，油烟机产品管理部的董部长，正是方太"四铁四前"干部的代表之一。

董部长在成为集成烹饪中心的项目经理后，在六年的时间里，带领团队将吸油烟机产品线的发货增长提升将近 123%，并使年增长率达到了 14.4%，远高于同期竞争对手。董部长不仅在产品发货量上创造了里程碑事件，还将以吸油烟机 X 为龙头的集成烹饪中心树立为了行业中高端产品的标杆，Z 系列集成烹饪中心更是首次开创了国产家电产品在 KA 渠道中控价好、卖得好的先河。

如此优秀的业务成绩也归功于董部长对方太文化的高度认同。一直以来，董部长都坚持用行动诠释、传播仁、智、勇"三达德"，不仅在团队管理中坚持带头推广并践行各项方太的文化活动，更是将方太文化融入自己产品设计的每一环节。他认为产品设计应该为顾客解决每一个痛点，引导团队用行动诠释"以顾客为中心"，坚持要求油烟机产品管理部的伙伴实施"三个一"：站一天卖场、给厨电顾问讲一堂课、跟服务技师上门一天。同时，为了"无限逼近用户真实"，董部长坚持每一个重要项目的外观与功能都展开实际的用户调研，并连续多年与用户体验联合开展购买时刻全流程跟访，要求产品经理开展入户调研收集新品使用反馈……在董部长的影响下，团队攻克了一个又一个技术挑战。

"视顾客为亲人，视产品为生命"的信念，与"敢为人先、不怕失败、越挫越勇"的精神，不仅仅是董部长的信仰，更成为他在 2020 年年底打造出"肯能有出"（肯操心、能着急、有办法、出手快）的团队的有力保障。董部长坚信，在坚持独特、高档、领先的信念之下，他与团队还会创造出更多出自方太的中国精品。

正人务必先正己，治人必先自治，责人必先自责，安人必先修己。作为企业的经营者、管理者，我们的一言一行、一举一动对员工都具有教育性、示范性和影响力，率先垂范、以身作则是形象化的教育、是实践者的行为，像无声的命令具有极大的说服力。

管理类书籍关注的大多是对他人的管理。但笔者从方太的"领导垂范"中体悟到，作为企业的经营者或管理者，要想管理好他人，首先要管理好自己。管理并不是从管企业开始的，而是从管自己开始的——从我做起、做出表率、以身作则、带头执行。

4.2.2　塑造理想人格的人文教育

西方语言中的"人文"一词来自拉丁语"Humanitas"，这个词既有"文化""教化""教养""文雅"之意，又有"人性""人格""人情""仁爱"的意思。在中国，"人文"主要是指文化、教育、教化，以及个人通过这种教化所达到的一种自我实现和完善。

人文教育的重点不是单纯的知识传授或灌输，而是一场促进其人性境界提升、理想人格塑造以及个人与社会价值实现的教育。所以，人文教育也是"做人之学"。在方太的"员工得成长"体系中，人文教育和技能培训同等重要。方太人文教育的具体内容，如图4-6所示。

下面，笔者挑几个比较有特色的内容给大家展示。

幸福人生

方太不仅要帮助员工实现职业的发展，更要帮助员工提升个人修为，拥有幸福人生，让员工成为德才兼备、身心健康的社会成员。方太的人文教育

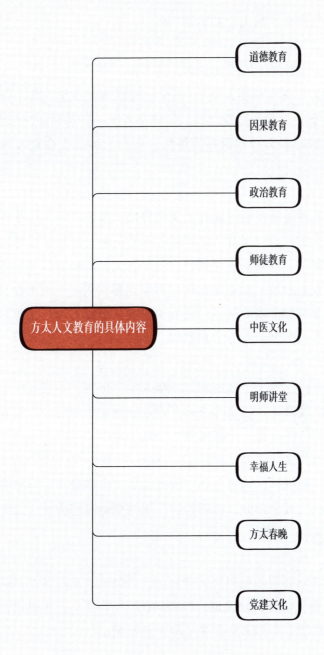

图 4-6　方太人文教育的具体内容

就是帮助员工拥有幸福人生的重要手段。

其中，方太针对不同的场景和主题方向，开发并优化了幸福人生系列课程，如"幸福家庭与幸福人生""五个一成就幸福人生"等，分别达到普及家庭幸福观理念、涵养仁爱之心，了解"五个一"背后原理以及践行方法，深入学习婚姻的意义与和谐相处智慧，明白、体证生命重大真理和真相等目标。

很多员工通过课程学习提升了文化自信，坚定了学习中华优秀文化和践行"五个一"的信心。其中，"幸福家庭与幸福人生"课程是最早面向全体方太人（含家属）开展的文化项目。基于方太的"新时代家庭幸福观"设计开发，帮助方太的员工对企业文化、中华优秀文化、个人工作与生活幸福之间的联系建立更加清晰的认识，树立美善的人生观，为员工更好地追求事业进步与家庭幸福提供参考方法和原则。

富有方太特色的"了凡四训与幸福人生"课程，不仅面向企业干部、业务骨干、办事处员工、家属等人群开设，还面向供应商、经销商、服务商和制作商等合作伙伴，是一个集言教、身教、境教、礼教、乐教等为一体的综合类集中体验式文化课堂，遵循了知行合一、学—明—悟—行等文化学习的基本特征和一般规律。内容包括"因爱伟大、惟谦受福、行孝有方、立命之学、改过之法"五个部分，以帮助员工更深刻地理解方太"五个一"以及幸福人生的意义。

方太武汉分公司的厨电顾问李顾问于2013年进入方太，谈及在方太学习的中华优秀文化时，她说道："自从在方太学习《了凡四训》后，我受益匪浅，它对我的工作和家庭带来了很大的影响。"

"在方太学习《了凡四训》后，我明白了'命由我作，福自己求'的道理。建材市场的销售环境和电器卖场有所区别，人流量比较少。我改变了以前经常抱怨的状态，主动反思自己的工作方法——既然顾客不走进来，我就走出去。于是我主动联系商场里的其他品牌，维护客情关系，争取更多的订单；联动其他品牌一起跑小区；在维护以前有合作关系的装饰公司的同时，开拓更多的新装饰公司关系；做老顾客回访、维护，了解他们已购产品的使用情况，告诉他们一些注意事项，告知他们我们新产品的产品动态。在我的不断努力下，我们的订单多了起来，老顾客加单、回购、推荐的情况也变多了，销售业绩得到明显的提升。"

"学习'日行一善'也让我和家人的相处有了很大的改变。以前我对孩子的教育观念是只关注孩子的成绩，不注重亲子教育，现在我变得更加关注孩子的个人素质培养，教会他成人成事。我引导孩子学习《弟子规》《论语》等中华优秀文化，孩子回到家后我们也经常在一起交流学习经典的感受。遇到孩子不懂的地方，我就像平时方太为我们读经、解经那样，和孩子讲解几句，让孩子理解其意。现在我和孩子的关系更融洽了。另外，我和先生的关系也有所改善。以前先生喜欢打麻将，我们经常为此吵架，现在遇到先生偶尔娱乐，我不与他吵架，而是会想其他方式劝诫。在我的影响下，先生现在几乎不打麻将了，会跟我一起经常带孩子出去转转，享受宝贵的亲子时光……"

中医文化

方太的使命"为了亿万家庭的幸福"，而家庭幸福感的提升离不开每个家庭成员的身心康宁。基于使命的牵引，方太开始推广及落地中医文化，旨在通过中医文化向内部员工、合作伙伴、方太顾客及社会传播正确的生活理念，帮助其学会养护生命、未病先防，从而让"顾客得安心、员工得成长"，助力亿万家庭获得幸福健康。

从"员工得成长"的角度来看，员工得成长离不开员工身心健康，被健康问题困扰的员工不仅影响幸福感，也无法全身心投入工作。树立正确的生活观念，养成正确的生活习惯，并用健康的观念影响家人，提升家庭幸福感。这是方太在企业内部推广和落地中医文化的意义所在。

方太有一支专业的中医团队——中医研修院。中医研修院定位以教育为核心，兼顾中医健康诊疗与中医产品研发。聚力中医文化普及推广的同时兼顾传承型中医人才的培养，不仅系统化地普及中医文化，还为有志于深入学习中医的员工开辟了通道。针对各个年龄阶段及各类职业，充分结合青壮年、中老年、妇儿等人群健康特征进行课程设计，涵盖中医基础观念、居家生活、职业防护多个维度，以满足员工对中医文化与智慧的学习需求，用中医健康智慧的传承，引领员工回归健康的生活方式。

方太把中医文化融入新员工的入职培训中，这也是方太在入职培训上与其他企业不同的一点。新员工从进入方太就开始接触健康养生的文化熏陶，除此之外，方太还有自己的中医课程学习体系，让员工可以系统、深入地学习中医文化，并且配备专业中医师为员工提供健康管理服务。另外，方太结合健康养生体验专题活动、养生功法教授等让员工持续感受到方太对员工健康的关怀。

方太学校的龚老师第一次接触中医文化是在方太的"阳光计划"学习时，在一次中医课程上，最令龚老师印象深刻的一个环节是给父母写健康指导书。当时龚老师觉得这个文化理念很特别，不仅教会员工调理好自己的身体，还帮助员工去改善父母的健康状况。后来随着加入方太的时间越久，龚老师对中医文化的了解也就越深，她了解到中医"起居有常，饮食有节，情志调达，福德深厚"的四大观念，并跟方太的"五个一"文化一起践行后，明显感到自己有了很大改变。首先是拥有了规律的睡眠，每天晚上基本十点入睡，早起会冥想一段时间，这样规律的作息带来的是整个白天的工作都精力充沛，充满灵感，龚老师觉得这就是能量带来的"智慧"。

中医文化不仅给龚老师的能量带来改变，她的父母也因此获益良多。中医研修院举办中医养生营之时，龚老师果断替父母报了名，本意是让他们了解一些中医养生知识，学习一些养生疗法，但没有想到的是，他们的转变让龚老师非常惊喜。龚老师的母亲是一个不太善于表达自己的人，但参加完养生营之后，龚老师明显可以察觉出母亲变得更容易接纳和表达自己。龚老师的父亲在养生营期间也做了大量笔记，现在每天仍然在坚持练习学到的养生功法。龚老师的父母把在养生营获得的快乐，能量以及健康，反馈到她这里，她也就能更全心更放心地投入到工作和生活中。

党建文化

党建文化也是方太人文教育的重要一环。方太的党建文化在实践中探索，在探索中创新，在创新中规范，形成了具有方太特色的党建工作体系——"12355体系"，如图4-7所示。

"1"是树立一个党建工作的核心理念，即服务员工、服务企业、服务社会。党建工作要服务员工，不断满足方太人物质与精神双丰收、事业与生命双成长的需要；党建工作要服务企业，不断满足企业持续、健康、稳定、高效发展的需要；党建工作要服务社会，不断满足企业承担社会责任、促进社会和谐的需要。

"2"是坚持党建工作两大功能定位，即让党建成为企业的"助推器"和"润滑剂"。"助推器"是将方太的使命、愿景、战略方向和党组织的使命相统一，使方太正确、高质量发展；"润滑剂"是将党建工作和方太和谐发展相统一，为营造方太健康和谐的环境起到"润滑"作用。

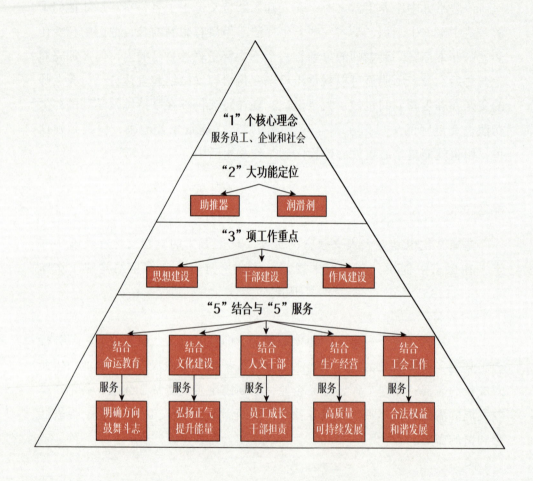

图 4-7　方太 "12355" 党建工作体系

"3"是把握党建工作三项工作重点,即企业思想建设、干部队伍建设、党员作风建设。即以"学思行"为一体的思想建设;以"党员干部交叉任职""支部书记""干部储备"为重点的组织建设;以党组织堡垒指数、党员党性体检、党员价值观评价为平台的作风建设。

"55"是党建工作五结合、五服务。企业命运教育与党建文化相结合,为明确方向鼓舞斗志服务。比如方太党委会开展"七一党日"系列活动,以缅怀先烈,共商发展。再比如方太党委书记茅忠群每年"七一"都要讲一堂"特殊"党课,分析行业趋势等,结合"方太"文化,明晰方太未来的战略和变革方向,以此统一思想,凝聚人心。

2019年,就在方太"七一党日"活动举办前,电器一厂的"80后"员工王师傅在车间里正式被批准加入了中国共产党。在谈及入党的感受时,王师傅一脸兴奋地说:"刚进方太时,老班长告诉我,一定要下功夫练就一手绝活,我牢记在心。"现在,王师傅是电器一厂油烟机班的班组长,他的班组在厂里成绩突出,肯干敢拼。"我经常和团队小伙伴探讨优化技术的新方法,我们所取得的成绩源自无数昼夜的坚持和付出。"

"我是一名方太的普通员工、一名共产党员。在我们企业里有很多优秀的共产党员,他们中有研发工程师、销售员、行政工作者,在'为了亿万家庭的幸福'的使命驱动下,他们勤勤恳恳、坚守本分,以快乐学习、快乐奋斗的姿态,致敬初心。"

党建文化与企业文化建设相结合,为弘扬正气、提升组织能量服务。在把党建工作与企业文化建设相结合的过程中,方太淡化说教痕迹,通过增加文化色彩,赋予党建工作新的内容,提高员工接受思想政治工作的效果。

党建文化与企业人文、干部管理相结合,为促进员工成长、干部担责服务。方太一则通过把党的组织发展工作和培养选拔方太各级领导干部相结合；二则通过双向引导、定量和定性综合考评、四个维度考核、分段考核和比例评优的方式，提升党员精神风貌，发挥党员先锋模范作用。同时，坚持从严治党，引导党员干部争做"四铁四前"干部。比如每年签订一次《廉洁自律责任状》，每年开展1~2次党员干部清廉教育。方太部长及以上干部的"五个一"会被展示在方太人流量最多的走廊，党员和先进代表的"五个一"也会被展示在方太的各处。

电器一厂的老党员徐工对此颇有感触："一线党员就应该关注生产一线的技术攻关和产品质量，遇到问题就要迎难而上去解决问题，让产出的质量越来越好。"对于党员，方太倡导党员要做方太文化的传播人、一线员工的贴心人、革新创新的领头人、关键技术的攻关人、品牌品质的捍卫人。

党建文化与企业生产经营相结合，为保障企业高质量可持续发展服务。方太让党建工作为方太的生产经营活动服务，为行政管理部门和生产车间当好参谋和配角。方太党组织牵头工会、共青团、妇联等群团组织，围绕生产经营活动，在各车间、部门设立党员责任区、青年示范岗、巾帼示范岗，组织开展创建文明班组、技能比武，推进合理化建议等活动，为广大员工施展聪明才智搭建舞台。比如为促进产业工人技艺技能提升，方太党委会举办了方太"工匠文化节"，建立以企业岗位练兵和技术比武为基础的劳动和技能竞赛机制。同时，还会为一线员工提供技能学习与传承、研究与攻关、交流与切磋的舞台。

方太党委通过每年的"工匠文化节"，培养了一批德艺双馨的匠人师傅。

在方太的"红色密码"——"12355体系"的带领下，方太的党建工作取得了显著成绩，迄今为止已获得"全国创先争优先进基层党组织""全国非公有制企业双强百佳党组织""全国模范劳动关系和谐"等多项荣誉。

4.2.3 立足企业教育的方太学校

在方太的"员工得成长"体系里，有一个不得不提的名字——方太学校。2016年9月28日（孔子诞辰2567年纪念日），方太学校正式挂牌成立。方太是一家由使命、愿景、核心价值观驱动的独特企业，方太学校的成立也是基于方太的使命、愿景和核心价值观。

企业不仅是一个组织，还是一个家庭，更是一所学校。站在中西合璧的视角，方太学校以"中学明道、西学优术、中西合璧、以道御术"为校训，以"传古今圣贤之教育，树德才兼备之仁才，成伟大企业之宏愿"为愿景，通过"创扬中西合璧方太文化的心本教育阵地、支撑关键组织能力建设的紧密业务伙伴、促进核心仁才队伍发展的共有精神家园、经营内外部知识与智慧的卓越管理平台，探索中国特色企业教育的自主化发展道路。基于人、事、知识三维视角，立足组织学习，既提升个人和组织的能力，又提升个人和组织的能量；通过知识与智慧的经营，传承文化、落地战略、支撑业务、发展人才，打造学习型组织和智慧共同体。方太学校的校徽就很好地体现了方太学校的定位和主张，如图4-8所示。校徽的设计以咖啡色为主色调，意喻土壤、根基，象征着方太学校是人才成长的沃土，进而成为方太人的精神家园，既承接"为了亿万家庭的幸福"的方太使命，也忠于"三品合一"的核心价值观。

在茅忠群看来，培训和教育是两个概念。培训的本质是复制，其内容是知识与技能，其功能在于提升能力；教育的本质是唤醒，其内容是伦理道德和智慧真理，其功能在于提升能量。基于此，方太学校在组织结构上分为三大板块——技能培训板块、心性教育板块、平台建设板块。心性教育板块包括对内的文化研修院、对外的方太文化研究院、内外兼具的中医研修院，即

图 4-8　方太学校的校徽

便是传统培训,在具体的学习项目当中也会遵循"手、脑、心一体化的全人教育"理念。

在企业中,大多把面向员工从事授课工作的人员称为"内部讲师",这一直是中国企业管理培训界的习惯性做法。为什么企业"内部讲师"不被称为"内部教师"呢?名称在一定程度上赋予了岗位不同的角色和使命,这里面的差异是什么?方太学校经过研究之后,将"内部讲师"更名为"内部教师"。

讲师与教师仅一字之差,差之毫厘却谬以千里。讲师,侧重在"讲",聚焦知识技能,教员工如何做事。在大部分企业中,讲师所承担的主要职责是培训,落实完成针对企业员工技能、知识、工作态度等培训动作。相对而言,对于中华优秀文化教育和心灵成长的关注度并未给予同等重视。

教师,侧重在"教",关乎心灵成长,教员工如何做人。方太学校所定义的"内部教师",除了培训的工作任务,还包括了另一职能,即化育人心,提升心性。他们的职责是以教师的智慧,启迪学员的智慧;以教师的心灵,滋养学员的心灵;以教师的生命,唤醒学员的生命。

教者,上有所施、下有所效;师者,传道授业解惑也。茅忠群认为,变更名称的意义重大,这个变更是为了让教学工作符合方太文化,因为教师这两个字本身的内涵远远超过了讲师。优秀的内部教师首先是一个企业文化的垂范者,《论语》提出"修己安人",教育他人则要先从教师的垂范开始。

从讲师到教师,一字之差,角色迥异,对企业教育工作者的角色要求是颠覆性的,之所以有这些变化,皆是因为方太文化管理体系中深厚的中华优秀文化土壤,让方太学校越来越接近教育工作的本质。

4.3 制度固化

方太的"员工得成长"体系的第三个环节是"制度固化"。制度固化的内容如图 4-9 所示。

什么是制度固化？制度固化实则是在说效率。方太要让所有人都得到幸福成长，要达到这个目标，如果一个个去教育，很难实现。而制度可以把一些好的做法固化下来，并明确地告诉所有人，这样可以提高工作和成长的效率。

制度固化的本质在于"固"字，这个字可以应用到企业所有好的做法上。比如固定激励、规范、政策。固定下来的东西，一则可以持续，不会因为人的变化而丢失；二则通过这种方式可以让更多的人更习惯去做这件事情。

对于方太提出的制度固化，曾经有企业经营者在方太文化体验营的课上向茅忠群提问："既然我们要把员工当家人，那是不是意味着我们不能处罚员工？绩效考核是否不符合中华优秀文化思想？"

茅忠群回答："当然不是。"

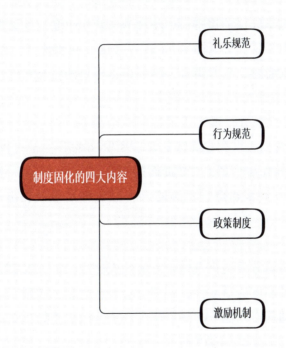

图 4-9　制度固化的四大内容

视员工为家人,并不是说对于犯错的员工完全不能处罚,而企业处罚员工的起心动念是为了让员工得到成长。古代家族有家训、家规、家法等同类价值理念,其中家规是对一些行为做出规范要求,家法是针对家族成员违反规范后的处罚制度。这与现代企业视员工为家人,对犯了错的员工进行合理的处罚是一样的道理,符合中华优秀文化的倡导和要求。

绩效考核也是同样的道理,中华优秀文化中也是有绩效考核和优胜劣汰的。比如《礼记·中庸》里提出,"日省月试,既廪称事,所以劝百工也"。意思是说,每天省察,每月考核,然后根据考核的结果核算收入。

同样,《孔子家语》里记载了这样一个故事。有一次子路问孔子:"贤君治国,所先者何在?"(意思是说一个贤明的君主治理国家,首先重视的是什么方面)孔子回答:"尊贤而贱不肖。"(意思是说尊敬、任用贤能的人,轻视能力不够和德行不够的人)这也许是最早提出的"优胜劣汰"的管理思想。

因此,一些对方太文化有初步了解的人往往觉得方太重视中华优秀文化的教育,忽视了制度的重要性,管理上会有些疲软。实则不然。方太从中理解了制度固化的核心内涵——约以制度规范,激以奖惩机制,帮助员工养成自主行为习惯。

4.3.1 制度制定要符合仁义的要求

每个企业都有各种各样的管理制度,但大多数企业不明白管理制度的目的是什么。笔者就这一问题向诸多企业经营者和管理者提问,大多数人的回答是:"为了避免员工犯错""为了保障企业的合法权益"……

对这一问题,方太的回答是:礼制(制度)的运用应当以和谐为最终目的。比如方太的"日常规范"制度中要求：在工作现场或走道上与员工相遇时应打招呼，如"早""你好"等，也可以直接称呼，还可以点头或微笑表示问候。

知道了企业的制度是以和谐为最终目的，那么方太又是如何遵循这一目的进行制度建设和执行的呢？

《论语·学而》里提出，"礼之用，和为贵。先王之道，斯为美，小大由之。有所不行，知和而和，不以礼节之，亦不可行也。"这句话说的就是礼制（制度）的制定原则。在这一点上，我们有两层思考，一是礼的制定，内容要符合仁义的要求，这也是方太的制度与遵循西方管理理念的企业制度的最大区别；二是礼的执行必须严格，违反礼制者必须按规定处罚，否则礼制作为一种制度，其作用将荡然无存。如果为了和谐而和谐，不以礼制来约束，最终反而得不到和谐。

礼的制定要符合"仁义"的要求

在早些年，方太的管理干部在讨论问题的时候，往往把"捅娄子"的人想象成坏人，这是基于人性本恶而产生的结果。举例来说，如果一个组织内有 100 名员工，其中 1 名员工违反了制度，而其他 99 人都很自觉，没有违反纪律。但是，这个组织决定，因为 1 名员工犯了错误，为了避免以后出现类似的情况，必须要增加一个制度并强制其他 99 人接受这个制度。毫无疑问，这样会让其他 99 人感觉不舒服，因为他们会认为自己并没有违反制度，而以前没制度时自己明明也做得很好。

因此，茅忠群建议不能这样以点代面地进行制度建设，尽管这样的制度建立的目的不是为了惩罚员工。这其实是对传统案例管理的颠覆，也就是西方法律规范中"判例判罚"的一种修正。茅忠群认为，制度本身的目的不应是惩罚，而应是为了预防不良后果的发生。如果单纯地为事而设制度，一是显得滞后，因为制度总是出现在事故之后；二是违背了和谐的最终目的。

方太认为中华优秀文化倡导的制度应当符合"仁义"的要求。那么，什么样的制度才符合"仁义"的要求？

"仁"即仁爱，即仁者爱人，体现在制度层面上就是企业在建设制度时要替员工着想；"义"就是制度要合理合宜。以和谐为最终目的的企业制度建设要把握好一个原则，即制定任何制度都要考虑"仁"与"义"，考虑企业与员工、合作伙伴、社区、环境的和谐。中华优秀文化的"仁义"思想应该成为中国企业制度建设的灵魂。

从实践观察，很多企业制定制度的出发点是管控，比如"三不准""五严惩"等，可谓"严刑峻法"。这种制度很可能与来自西方制度建设的"人性恶"假设有关，它显然不符合"仁义"思想。笔者在企业调查中发现，这一做法遭到很多员工的诟病，甚至导致不少人离职。

方太显然也看到了这一点。方太倡导员工内心都怀有向善之心，制度不应仅仅是约束，更是引导，使得更多的人不犯错误，不触及法律制度的底线。方太制度制定的出发点是要替员工着想，了解员工为什么会犯错，然后公平、公正、合理地处理问题，同时防微杜渐，通过引导、教育来避免他人犯类似的错误，也避免犯错误的员工下次再犯同类错误。

方太的处罚制度是在前面几个环节（指关爱感化、教育熏化）做得好的前提下才会对员工做出处罚。当员工做错事需要处罚时，企业首先要看自身对员工的教育和关爱是否做得足够，领导垂范是否做得到位，然后再去考虑处罚。同时，处罚的制度要合情合理。

礼的执行必须严格

制定出符合"仁义"的企业制度后，接下来就是执行的问题。茅忠群认为，制度一旦制定出来，就要严格执行。

茅忠群说："以前是原则问题，现在换成底线问题。因为原则这个词相对比较模糊，它既包含了很硬性的原则，也包含了比较软性的原则，不可商量的往往是那些硬性原则。所以我们用底线这个词，也就是指硬性原则，可能表达得更清晰一点。有些事永远都不能犯，一犯就不能回头。"从这点上，我们看到了温文尔雅的茅忠群也有"铁血"的一面。尽管25年来，方太很少严重处罚员工，但是所有的员工都明白：方太制度的底线是"高压线"，绝对不可触碰。

方太的"日常规范"制度中提出，员工必须严格遵守公司的各项规章制度。员工如果认为公司的制度明显不适用，应及时向上司或制定及解释该制度的部门反映，在意见被采纳并形成修改后的制度予以发布前，现行制度应继续得到不折不扣的执行。由此可以看出，企业的制度带有一定的强制性。

企业制度既有对违反制度之行为的惩戒规定，也有对遵守约定之行为的奖励规定。企业制度须以员工行为规范和做事准则为主，约定好企业成员可以做什么、不能做什么，对成员行为起到规范作用。奖励规定对员工行为起着导向作用，惩戒规定对员工行为起着预防作用，同时，规范、导向、惩戒对企业全体成员须始终保持一视同仁。

4.3.2 弄清"错"与"恶"的区别

在企业里，员工出现疏漏和错误的情况在所难免，此时，企业应该采取什么样的措施呢？有的企业会严厉处罚，试图以较高的犯错成本来规避员工的错误；有的企业则认为员工犯错应该恩威并施，采取"给一巴掌，再给一颗糖"的手段。我们来看看方太是怎么做的。

要做好员工的过错管理，首先要弄清楚什么是"错"、什么是"恶"。

《弟子规》里提出，"无心非，名为错。有心非，名为恶。"，意思是说，人们没有意识犯下的过错，是错误；但是如果有意去做错事，那就是作恶。"错"和"恶"的区别在于是否有心为之，无心为之的是错误，有心为之的就是恶行。比如，你不小心摔碎了同事的杯子，这叫错误。但是如果你因为怨恨同事，想要发泄自己的不满，故意摔碎了同事的杯子，这就是在作恶。

4.3.3 ABC 分类过错管理

分清了"错"与"恶"，方太又对其进一步细分，过错也有大有小，根据员工所犯过错的大小，惩罚的手段也不一而足。《方太员工手册》将员工的行为过错分为 ABC 三类，对这三类过错行为的界定和处分形式进行了详细规定，如表 4-2 所示。

表 4-2 方太员工行为过错界定和处分形式

过错分类	过错界定	处分形式			
		处分性质	通报形式	经济处罚	职务处分
A 类	故意过错行为，且可能或已经对企业财产、个人生命与财产安全、企业整体氛围、企业及个人的荣誉与形象等造成严重损害或伤害	违纪辞退	企业红文	/	违纪辞退

（续）

过错分类	过错界定	处分形式			
		处分性质	通报形式	经济处罚	职务处分
B类	故意过错行为，或者虽非故意，但是客观上已经对企业财产、个人生命与财产安全、企业整体氛围、企业及个人的荣誉与形象等造成损害或伤害	严重警告	企业红文	扣除月薪10%~20%的奖金	降职（职等或任职资格等级）、降薪、调整职务、调整权限、责令改正并做检讨
		警告	企业红文/部门级邮件	扣除不高于月薪10%的奖金	责令改正并做检讨、诫勉谈话
C类	由于疏忽、粗心大意或不重视而导致的过错行为，且暂未产生后果，若不及时改正，可能对企业或他人造成损害或伤害	口头警告	可选择部门级邮件	/	

企业对于A类、B类错误的处理方式大多相同，而且执行得都非常好，但对于C类错误，比如上班迟到、忘关门窗、浪费水电等一般性错误，反而会感到棘手。这类错误虽然造成的后果最为轻微，但往往是最频繁出现的。很多企业面对这种"大错不犯，小错不断"的员工头疼不已，方太在这方面也走过一段弯路。

以前的方太选择对C类错误采取罚款20元的处罚，但效果欠佳。这一制度的执行过程倒也没起什么风浪，时间一长，大家也都习惯了。

几年下来，茅忠群觉得这种制度执行得不对，他不由得反思：如果我们从中华优秀文化的角度看，就觉得这件事未必就是好的，因为处罚不会让人有耻且格。他对方太的管理干部说："如果员工因为犯错而交了罚款，那么他就会觉得我为我的错误行为付出了20元的代价，这样他在心理上就不会有羞耻感，因为在他的心里，20元就等同于处罚，为错误行为买单后不会持续感受到良心上的不安。他甚至还会觉得，我现在给你40元，明天我可以再犯一次同样的错误。"

在茅忠群的建议下，方太取消了 C 类错误的罚款。茅忠群笑着说："你犯了错我也不罚款了，不给你有买单的感觉。"如果不罚款了，员工会不会更加有恃无恐呢？方太采取了两项措施。

一是不强调经济处分，强调教育作用，激发违纪者的羞耻心。方太把处罚的方法改为：一旦员工出现 C 类错误，方太会直接让主管找他谈话，哪怕是一分钟的谈话，说说他这次所犯的错误，因为几乎没有人喜欢因小错误而受到主管的"接见"，这会让员工感到羞耻。

人人皆有羞耻之心，如果管理者通过谈话让犯了小错的员工感觉到了"不好意思"，那么就触动了对方的羞耻心。羞耻心一动，他们就会自觉、自愿地改正，这就是有耻且格的内在含义。

茅忠群说："道德是水，制度是管道。"对于企业来说，我们需要的是员工更加良好的职业道德，而不仅仅是遵守制度。《道德经》里说："天下皆知美之为美，斯恶已。皆知善之为善，斯不善已。"即善恶皆在一念之间，一念起，福泽百世，一念落，恶从心生。从这个含义来讲，人或许可以比拟为一半是"天使"，一半是"魔鬼"，方太要做的就是要把人"天使"的那一面尽可能放大，使他们在工作中最大限度地发挥自己的主观能动性。

举个例子，假如销售部的小李驾驶公司的商务车出去办事，因为自己闯红灯的缘故和别的车辆产生了剐蹭，管理者知道这件事以后，该怎么办？如果此时管理者去批评他："你怎么那么不小心，说过多少次了驾驶公司的车要小心，怎么还不听……"小李此时或许并不会反驳管理者，因为毕竟是他犯错在先，但内心并不一定认可管理者说的，甚至还会找出一大堆理由来解释。

如果管理者换一种方式，比如对他说："小李，你受伤了没有？人怎么样？要不要去医院检查一下？对方提出了什么要求？需不需公司派人过去先把事情解决了……"小李发现管理者这个时候不是问责，而是关心事情本身，那么他的内心肯定会对管理者有一丝感激之情，回想自己的错误时便容易产生羞耻心——因为管理者是站在帮他解决问题的角度——回来以后他自然会更容易向管理者承认错误。

二是强调"不贰过"。"不贰过"出自《论语·雍也》，主要强调不反复犯同样的错误。在方太，若有员工3个月内重犯C类过错，会被记为B类过错。对于员工故意造成的过错，企业应当采取相对强硬的惩处手段，以起到警示效果，避免其他员工再犯类似错误。"千里之堤，溃于蚁穴。"小错误的积累也会形成我们无法控制的洪水猛兽，毁掉一切。

当方太在C类错误上采取了这两项措施后，仅仅在2015年，方太员工犯错的总量就下降了50%，重大违纪违规行为也大幅减少。

当然，对于A类和B类过错，方太会坚决按制度执行，不打折扣。如果不对犯了重大过错的员工按制度执行处罚，也与方太的仁爱价值观相悖，因为姑息养奸就意味着对善良之人的不敬。

4.4 才能强化

彼时，确定方太的愿景是"成为受人尊敬的世界一流企业"时，茅忠群的理念是"一流的企业一定是一流的人才打造的"。一流的人才从哪里找？最初方太找人的方式是挖掘一大批被认定为世界一流企业的世界 500 强企业中的人才。这批优秀的职业经理人在方太的成长史上发挥了至关重要的作用。但是，一个企业想要持续发展，其人才主体最终还是要靠自己培养。因此，方太应该培养自己的人才，推动人才成长。让更多方太的子弟兵成为一流的人才，这不仅成为践行方太文化的重要环节，更是茅忠群"千亿级伟大企业"大战略框架中的一个基本工作。

如何培养人才呢？这就是方太"员工得成长"体系的第四个方面——才能强化。事实上，教育熏化和才能强化都是在培养人才。只是教育熏化关注的是员工心性的培养，才能强化关注的是员工管理技能和专业技能的提升。图 4-10 为方太才能强化的四大内容。

4.4.1 构建才能培养体系，培养精兵强将

方太的才能培养体系采取细化制，针对不同的人才特色，配有不同的才能培养体系。

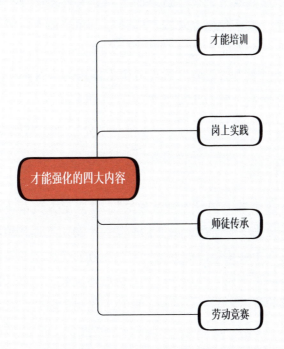

图 4-10　方太才能强化的四大内容

管理人才培养体系

根据人才成长的一般规律和方太才能强化的整体策略，方太管理人才的培养按照组织发展和人才发展双线展开。在组织发展线上，通过如战略管理、变革管理、重大项目等组织能力的构建，带动参与其中的各层级管理者个人能力的提升，在解决实际业务问题的过程中强化管理者的领导力和管理能力；在人才发展线上，设置自下而上的五大人才计划、系列问学班、部门长华山论剑等，体系化培养管理者的领导力和管理力，以此来解决业务问题，实现从管理者个人能力的提升助推组织能力的提升。两者的内核都是文化与领导力，组织能力的提升和管理者个人能力的提升都必须基于方太文化和方太领导力的要求，并且能够有效提升管理者对方太文化的理解和认同，促成手、脑、心的全面发展。图 4-11 为方太管理人才培养体系结构。

五大人才计划

参考拉姆·查兰的"领导力管道理论"，并立足方太企业的实际情况，方太把员工的成长分为 5 个阶段，由低到高是一个员工在通往组织高层领导者的路上需要经历的 5 个转型阶段。方太针对员工在每个转型阶段所面临的角色转换、所需要的不同管理能力及自身已具备的基本素养，为其设计不同的培养项目，帮助转型期的员工顺利完成转型，胜任工作岗位即"五大人才计划"。

方太的"五大人才计划"包括阳光计划、群星计划、起航计划、飞翔计划和巅峰计划。这"五大人才计划"针对五个不同层级的员工，旨在帮助各层级员工在胜任新工作岗位的同时，依靠文化来修己、安人、理事，实现"带领团队、依道而行、达成目标"。

在"五大人才计划"中，方太的管理干部是践行方太文化和价值观的表率，也肩负着达成团队业绩的重要任务，所以文化和领导力是管理类培养项目的内核，是管理层成长的培养核心。在实施过程中，根据管理层级的不

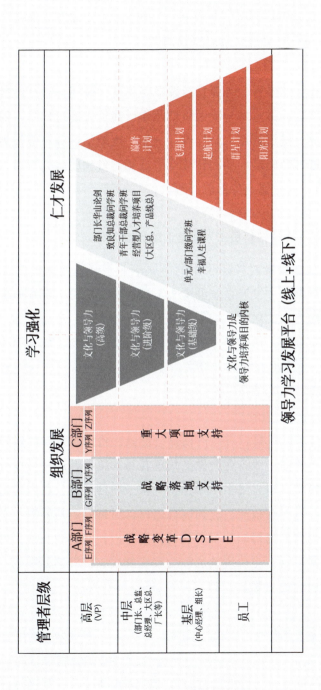

图 4-11 方大管理人才培养体系结构

同，文化和领导力从基础级、进阶级、高级三个层次展开。通过"五大人才计划"，方太培养了一批又一批优秀人才。

从一线业务员到零售业务部总经理，姜总是 2007 年的"阳光学员"，接受阳光计划培训后，进入到一线销售部工作。在工作的过程中，他通过公司的骨干员工培养、基层管理人员培养等计划，逐渐从业务员成长为分总、大区总、零售业务部总经理，期间转战八个战场，带领团队夺下过无数的"山头阵地"，成为方太零售业务部总经理。

1. 阳光计划——校招新员工入职培训项目

阳光计划是方太针对校招录用的应届毕业生开展的新员工入职培训项目，也是方太长期人才发展系统的源头工程，旨在使员工更好地接受企业文化的熏陶，认同方太文化，系统了解方太业务及流程、产品、部门职责与组织形式，初步掌握在工作和学习中所需要的基本知识和技能，形成积极的态度与工作观念，在愉悦的氛围下更好、更快地融入方太。方太把参加阳光计划的新员工称为"阳光学员"。

与其他企业不同的是，方太的使命、愿景、价值观直接决定阳光计划的项目定位，除了要做一般企业会做的角色转身的培养，还要做少有企业会做的——帮助阳光学员树立更多正知正见。基于项目定位，在内容选择和安排上除了基本职业素养与技能、应知应会之外，更重要的是爱国主义、方太文化、中医文化等德育内容的学习和践行，提升阳光学员的心性；另外，将方太文化落入日常运营，比如班辅老师的言传身教、日常学礼规范、激励评估牵引、规则流程的适应等。

经过不断完善和优化，目前，阳光计划的培训期被划分为职前学习、脱岗培训和在岗学习三个阶段，由文化研修院及专业研修院联合培养。阳光计划的职前学习时间是 4~5 个月，脱岗培训时间为 4 个月，如图 4-12 所示。

图4-12 阳光计划的具体培训内容

"90后"员工林工是2015年的"阳光学员",通过方太的"五大人才计划"及中华优秀文化的学习之后,从初出茅庐的电商运营助理升到操盘店长,从模块主管升到中心经理,再到主管数十亿元规模的业务负责人,短短5年时间,林工带领团队多次荣获运营及管理金奖,一年一跨越,在方太走出了自己的职场成长之路。

2. 专业人才培养体系

基于才能强化的四大策略,方太构建了特色的"点线面体"系统化专业人才教育培训体系。

从双线发展和知识体系搭建策略来看,在组织发展线上,方太通过IPD变革、零售三大战役、FPS流程建设等组织能力的构建,在解决实际业务问题的过程中强化人才的专业能力;在人才发展线上,方太根据不同业务体系的特色,基于任职资格和知识体系的职业发展设计,设置了各种系列自下而上的人才培养计划,如产研体系的系列仁才计划、销服体系的系列铁军计划、供应链体系的系列匠心计划等,系统提升不同序列人才的专业能力,以此来解决业务问题,实现个人能力提升助推组织能力提升。

从训战一体和三方协同策略来看,方太在学习项目设计过程中,遵循训、战、用一体化的设计理念。"训"的模块核心是基于业务目标,通过对理论强化部分进行良好的训与练的学习体验设计,引导学以致用,由方太学校主导、业务部门支持;"战"的模块核心是在做中学,通过对训战结合模块的强力落地,推动学习转化及实际业务成果产出,由业务部门主导,方太学校全程支持;"用"的模块核心是结果评价和政策支持,通过对行为改变模块的效果评估,实施绩效支持,该模块由业务部门和人力资源部门共同负责。整个训、战、用三个模块,业务部门都是深度并全程参与。图4-13为方太专业人才培养体系结构。

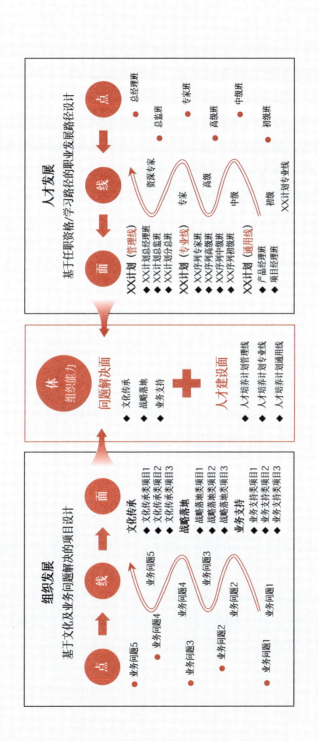

图 4-13 方大专业人才培养体系结构

通过多年体系化的培养实践，方太涌现了一批又一批优秀的专业带头人。其中，于 2003 年进入方太的李工，几经磨炼，已经成为方太"土生土长"的技术大咖，带领方太研发团队攻克数道学术技术难关，为方太技术创新和原创性成果的产业化转化发展、行业技术进步做出了积极贡献，先后两次获得公司"功勋人物"称号。在 2019 年人力资源与社会保障部公布的国家百千万人才工程入选名单中，他成为当年宁波市唯一入选人员。

4.4.2 设立五级双通道，留住员工共同发展

在方太，只要你符合方太的晋升标准，那么你就能得到晋升。在方太的"才能强化"中最突出的内容之一，就是方太的"五级双通道"任职资格体系，既促进员工职业发展、实现自我价值，又满足企业留住员工共同发展的需求。

方太从 2012 年开始搭建专业任职资格体系，历时 5 年多方才全面建成。当前方太的任职资格体系主要分为四个部分，即任职资格通道、任职资格标准、认证程序、结果应用，而要实现整个体系的运转，还需要组织保障，即方太的任职资格管理委员会和分委会。

任职资格通道

方太的任职资格通道采用双通道模式，如图 4-14 所示，即先梳理出"管理"和"专业"两个基本通道，再按照岗位划分的原则，将专业通道进行细分，衍生出技术族、营销族等子通道。这些专业通道从纵向按职业能力再划分出几类岗位，如专业通道由骨干、专家、资深专家三类岗位构成；管理通道则分为基层管理者、中层管理者、高层管理者。

在这个模型中，每个方太员工都可以根据自身特长和意愿，选择向管理

第 4 章 员工得成长 / 225

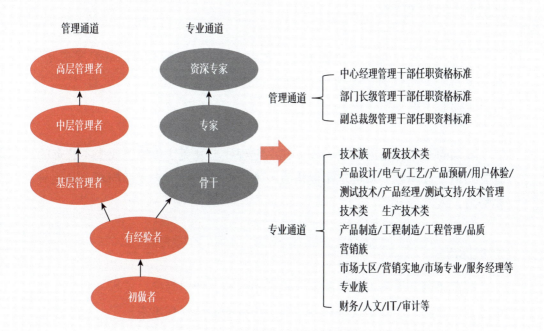

图 4-14 方太五级双通道模式

通道或专业通道方向发展。两条通道的资格要求不同，技术过硬但领导或管理能力相对欠缺的员工，可选择在专业通道方向发展，一旦成长为资深技术专家，即使不担任管理岗位，也可以享受总监级别待遇或者中高级管理干部的待遇。如此一来，方太也得以保留一批具有丰富经验的技术人才。很多员工还可以选择在两个通道分别进行认证，方太采取"就高不就低"的原则来确定员工的职级待遇。

很多人在企业闯得"头破血流"之后才找到了最适合自己的发展道路，而方太从一开始就为员工指明了方向，将"独木桥"变成了"双通道"，使得员工拥有了更多发展机会。

方太的五级双通道发展模式，在一定程度上避免了传统企业中不合理的晋升渠道设计问题，从员工角度出发，考虑到员工的未来发展问题。员工只要努力，就能晋升。

资格标准

搭完通道，接下来就要制定任职资格标准，即定标准。定标准是任职资格体系的核心，实际上就是把各个能力等级的标准罗列出来。

方太的任职资格标准由四部分组成，即经验要求、行为能力标准、绩效表现、能力素质。经验要求就是门槛值，具备哪些条件才有资格进入申请，比如目前职位、工龄、职称证书、学历、专业；行为能力标准一般分为三个层次：行为模块、行为要项和标准项；绩效表现就是员工的工作绩效表现；能力素质主要是指价值观、动机、个性特质等内容。

任职资格结果的应用

方太的任职资格结果的应用包括：基于职业行为的招聘甄选、基于任职资格的培训体系设计、基于行为要项的绩效指标设计、打通任职资格体系与岗位职等体系、基于岗位价值和业绩以及能力的薪酬福利体系。

比如方太制造技术部员工任职资格结果被应用在晋升、培养、绩效、薪酬、福利等多个方面。在员工晋升方面，不同任职资格等级与不同职级对应，牵引员工晋升；在员工培养方面，专业知识、专业实操、综合能力水平等认证条件，牵引员工成长；在员工薪酬方面，等级与员工的薪酬挂钩，具体以任职资格等级津贴标准形式应用；在员工福利方面，任职资格等级与员工的住宿标准、身股挂钩；在员工绩效方面，推动员工持续产生高的绩效结果，进而保证员工更好地实现组织绩效。

对于一个企业而言，一旦有人被推到其不胜任的级别，就会造成企业的人浮于事，效率低下，发展停滞。因此，企业经营者或管理者可以借鉴方太的"五级双通道"任职资格体系，改变简单的企业员工晋升机制，帮助员工职业发展和人岗匹配。

如果用一句话来形容方太的"员工得成长"体系，笔者的答案是：大道至简，悟在天成。当一个企业学会了把复杂的事情简单化，事事以让员工得幸福为目的，这便是修行的一个境界。因为员工要的不是大道理，而是企业的"知行合一"。

第 5 章

社会得正气

伟大的企业不仅是经济组织,要满足并创造顾客需求;而且是一个社会组织,要积极承担社会责任,不断导人向善,促进人类社会的真善美。

——茅忠群

导言

2006年，中国企业发布的《社会责任报告》只有32份，不到全球报告总数的1%；2019年，这个数字已经超过2000份，超过全球报告总数的10%。而方太早在2006年就开始发布企业的《社会责任报告》，是我国民营企业中发布《社会责任报告》较早的企业。时至今日，在公开场合我们已经很难听到企业家说"企业不需要承担社会责任"，这说明关于"企业是否需要履行社会责任"的问题，已经在大多数企业家的认知里形成了共识。但是，关于"企业如何履行社会责任"还有许多问题值得厘清和思考。

一些中国企业对"企业社会责任"的认知存在盲区。一提到"社会责任"，很多企业认为做一些慈善捐助，就是履行了社会责任。还有的企业认为自己的企业有多少员工，就解决了多少就业，这也是履行了社会责任……我们不能全盘否认这些对企业社会责任的理解，因为它们确实是企业履行社会责任的一部分，但并不全面，或者说缺乏整体性。所以，构建内含社会责任理念的管理模式，应该从对企业社会责任的整体性内容认识开始——什么是完整的社会责任？企业又该如何履行社会责任？

对企业社会责任进行了长达20多年研究的阿奇·卡罗尔，在1979年提出的"企业社会责任的金字塔"理论中，将企业的社会责任从低到高依次分为：经济责任、法律责任、伦理责任和慈善责任。卡罗尔的"企业社会责任的金字塔"理论概括了企业社会责任中的多个维度，由于比较全面，得到了学者和企业的广泛应用。

从 2006 年起，方太推出了第一份企业社会责任报告并坚持至今。2009 年，方太参与了"中德贸易可持续发展与企业行为规范"项目，与德国技术公司合作开展企业社会责任（Corporate Social Responsibility，简称 CSR）项目，制定及确立了"遵守法纪、弘扬道义、诚信经营、和谐发展"的 CSR 方针，完善了包括固废管理在内的 CSR 体系，同时形成了方太三个方面（法律、发展和道义）、十二项内容的社会责任观。

2017 年，方太结合企业整体运营情况以及内外部环境的变化，对原有的社会责任观进行了修订，建立了既有方太特色，又有完整性的方太"企业社会责任金字塔"，如图 5-1 所示。与卡罗尔的"企业社会责任金字塔"模型不同的是，方太认为，企业首先应该履行的是法律责任，这是底线，是不能突破的；其次才是发展责任（对应卡罗尔企业社会责任金字塔中的经济责任）、伦理责任和慈善责任（这两者又统称为道义责任）。

对于方太的"企业社会责任金字塔"，茅忠群解释道："法律责任和道义责任是 60 分与 100 分的关系。60 分的法律责任必须达到，不然就没办法毕业；100 分的道义责任，是方太不断追求的。而发展责任则是让产品不断创新，让企业员工不断得到成长，企业也要获得可持续和谐的发展，这也是中国企业能成为百年企业的基因。"

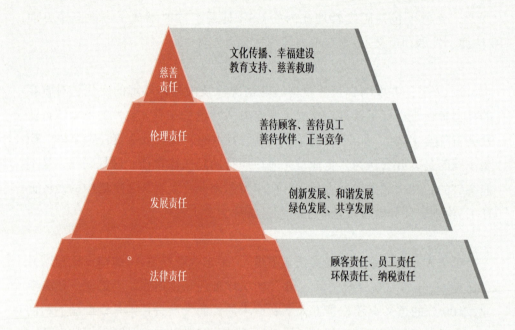

图 5-1　方太"企业社会责任金字塔"

5.1 法律是底线,不能突破

"法律责任",即遵纪守法,不触红线。这一社会责任观,表面看起来似乎没有什么特别之处,但茅忠群对它却有不一样的理解。在茅忠群看来,在商业社会中,如产品合格、不偷税漏税等,越是最简单的道理和准则,越容易被淡漠和忽略。"法律责任是最基本的企业道德,相当于百分制的及格分。"茅忠群如是说。

法律责任是企业履行社会责任的最低标准,它能保证一个社会有序运行。法律责任犹如交通法规,如果我们开车想怎么开就怎么开,一定会发生车祸。所以法律是底线,不能突破。

方太把"法律责任"进一步细分成四个维度,如图5-2所示。在本节中,我们主要介绍方太是如何践行纳税责任和环保责任的。

5.1.1 爱出者爱返,付出即回报

试问,什么是体现企业社会责任的最好方式?

答案是诚信纳税。诚信纳税是体现企业社会责任的试金石,也是衡量企

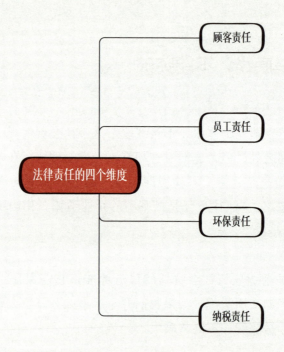

图 5-2　方太法律责任的四个维度

业商业诚信的重要标尺。诚信纳税看似简单，但在现实中，有些企业却很难做到。

举个简单的例子，一家企业为贫困学校捐赠了价值20万元的学习用品及设备，同时解决了3000人的就业问题。但事后却查明，这家企业偷税漏税。为什么这家企业一边在做慈善，一边又在偷税漏税呢？因为这家企业做慈善的初心是为了树立好的企业形象，获得更多公众的关注和支持；偷税漏税则是其将从事社会责任活动所支付的费用看作是额外的成本，所以对缴付的税款感到"心疼"，选择种种对策进行漏税、逃税。

诚然，企业捐赠和提高就业率的行为是应该大力提倡和鼓励的。但在这个过程中，企业一定要有正确的是非观和道德观。如果没有做到诚信纳税，那么企业做再多的捐赠和慈善活动，也只是给自己盖上一块"遮羞布"而已。对此，茅忠群说："爱出者爱返，纳税其实是一种奉献和付出。这些奉献和付出以后自然会以各种不同的形式回馈自己。"

透过茅忠群对"诚信纳税"的理解，笔者结合方太文化和中华优秀文化来体悟。"爱出者爱返"出自汉代贾谊的《新书》，意思是说，对别人付出了爱的人，终将收获别人对自己的爱。这与方太文化中"最大的规律是因果"有着异曲同工之妙。表面看起来，诚信纳税是企业的成本付出，但纳税可以让整个社会获得良好的发展，社会经济形势好了，反哺到企业，企业也能获得可持续发展。企业承担法律责任是"因"，获得可持续发展是"果"。

方太自成立以来，一直把诚信纳税作为自己的底线和红线，在履行诚信纳税的过程中，方太建立了纳税责任人制度及税务联络员制度，由专人负责税款的计提及解缴工作，确立财务会计部为税务上缴责任部门。"诚信纳税"的意识已经在方太人的思想中生根发芽，也由此形成了独有的企业信用文化。2007年以来，方太多次荣获"宁波市纳税50强企业""宁波市纳税信用 A 级纳税人"等荣誉称号。正是由于对诚信纳税长年累月的自律与坚守，方太不仅赢得了众多用户、政府和社会的信赖与尊敬，也以自身的实际行动，打造出一块响当当的"方太"品牌。

因诚信纳税，方太不但获得了信用保证，还获得国家"真金白银"的税收减免，而这些减免又让方太加大了技术创新的研发投入，形成了良性发展的循环。

5.1.2 勇于承担企业责任

目前，中国的环境问题面临严峻挑战，为了缓解巨大的环境压力，保证经济可持续增长，每一个企业都要以环境友好的方式推动经济增长，从源头开始节能减排，这无疑是人类改善地球环境的艰巨任务之一。

茅忠群在方太文化体验营课上说过这样一句话："作为一个企业家，勇于承担保护环境的历史重任，就是承担最大的社会责任。"

我们知道，厨房涉及空气、水、电、燃气等要素，方太从"绿色、健康、幸福"出发，解决厨电产品的油烟、水质、清洁、节能等具体难点。

吸油烟机的油脂分离度是决定油烟排放污染的重要指标，油脂分离度越高，从油烟中分离收集到油杯里的油脂就越多，对大气的污染程度就越低。目前，国家对于家用吸油烟机的油脂分离度标准是 80%，而方太则做到了98%，极大程度减少了油烟对大气的污染、对呼吸健康的侵害。

方太油烟净化技术大大降低烹饪油烟对大气环境的影响，在由中共中央宣传部、中央电视台联合制作的纪录片《辉煌中国》中被报道。方太油烟高效分离与烟气净化技术，降低烹饪油烟对大气环境的影响，提升全民呼吸幸福指数被纳入第四集《绿色家园》中，如图 5-3 所示。

方太的极火直喷 II 代灶具中的燃烧技术，使热效率从国家一级能效标准的 63% 提升到了 76%，再次突破行业极限，CO 排放仅为国标限值的 1/5，不仅提升了燃气利用率、减少了碳排放，还提高了顾客的烹饪体验，为社会节约了大量能源。方太不断追求技术创新，带动区域环境保护和经济效益的双丰收。方太水槽洗碗机的无管路开放式清洗技术，相比于传统管路式清洗系统，有效降低了水流系统功耗，单次清洗只需耗水 8L，耗电 0.58 度，达到清洗无死角、清洗时间更短、省水、省电的目的，受到广大用户好评。

节能减排是一个循序渐进的过程，它并非一蹴而就，也不能一劳永逸。它需要企业时刻在原有工作基础上持续深入，在节能减排相关工作的各个方面下功夫，以实现企业短期利益与长期利益的完美结合，实现企业经济效益与节能减排的良性循环。方太一直以实实在在的行动，践行着企业在生产经营、安全环保、和谐共建等方面的责任，为中国企业践行环保责任提供了可持续发展的参考。

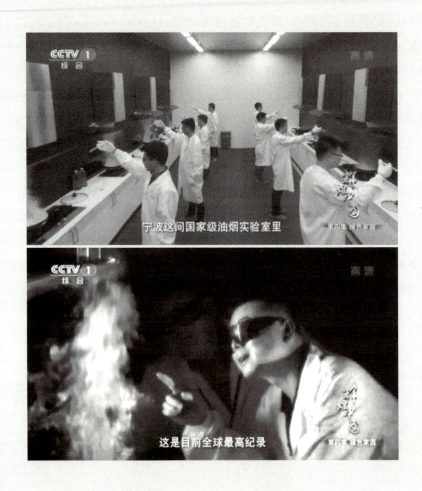

图 5-3 《辉煌中国》报道截图

5.2 企业不发展,一切都是空谈

"发展责任"对应着卡罗尔的"企业社会责任金字塔"理论中的"经济责任"。方太认为,如果企业不能健康可持续发展就会面临破产倒闭,给社会带来负担。

衡量一家企业经营情况好坏的标准只有一个:企业盈利的能力。盈利是企业生存的命脉,是企业发展的基础。一家企业如果没有利润,那么股东无法得到回报,员工生活无法得到保证,政府无法得到税收,更别谈产品创新和可持续发展了。所以,企业作为一个经济组织,首先得为"利益相关者"创造利润。企业不发展,一切都是空谈。

为了承担发展责任,方太把发展责任细分为四大内容,如图5-4所示。

其中,茅忠群把"共享发展"纳入发展责任里,是受到《论语·雍也》的影响,其中提出"己欲立而立人,己欲达而达人",意思是说,你想成功就要帮助别人成功。这是利己和利他的统一,"共享发展"说的是将两者相结合,自己成功也帮助他人成功,自己成长也帮助他人成长。这种人己互利的仁爱思想,正是当代共享经济的宝贵思想渊源。

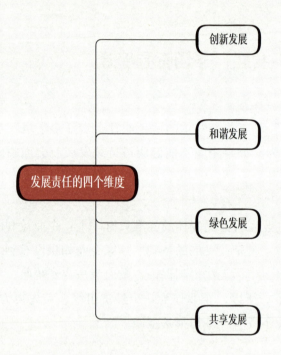

图 5-4　方太发展责任的四个维度

共享发展理念，不仅是认识问题，也是能力问题。共建才能共享，共建的过程也是共享的过程。失去共建的共享就是低水平、低层次的均等；失去共享的共建就是特权阶级的独占。企业要想承担共享发展的社会责任，既要"把蛋糕做大"，又要"把蛋糕分好"。

5.2.1 把"蛋糕"做大

国家百千万人才工程入选专家、国务院特殊津贴获得者李工，带领方太的研发团队历时 8 年做成了一件事情：修订 IEC 国际标准，为中国吸油烟机行业争取权益。

为了更好地解决中国厨房油烟大的问题，2001 年起，方太开始研制并推出侧吸式油烟机。2009 年上市的第一代智能"风魔方"吸油烟机创下年销售超过 30 万台的纪录。然而，侧吸式油烟机的安装高度通常只有 58cm 左右，远低于原 IEC 国际标准以及等同采用的国家标准规定的"工作在燃气灶具上方的吸油烟机最低部位与炉灶上烹饪器具支承面距离不应小于 65cm"，这直接影响侧吸式油烟机获得 3C 认证和在用户家中安装使用。而要改变中国标准，必须先修改国际标准。

李工带着方太的研发团队，对侧吸式油烟机的安全性能保障做了上千组实验数据，报告垒起来有一米高。经过 2 年的准备，2008 年李工和电器工程师房工开始了漫长的 IEC（国际电工委员会）提案之路。由于饮食烹饪方式、使用炉灶（电灶、燃气灶）的差异，甚至出于保护本国品牌利益的考虑，IEC 的专家学者们对方太的提案多次提出质疑，甚至驳回对标准的修订提案。

每一次的 IEC 年会，专家们都会看到这两个倔强的中国人。到了第五年，方太的坚持与专业感动了 IEC 主席和专家，倡议由中国担任组长，与美国、澳大利亚、德国、意大利四个国家形成战略工作组，一起开展对此项标准提案可行性的国际验证。这是 IEC 历史上少有的由发展中国家担任组长、发达国家担任组员的战略工作组。在方太的领导下，四个国家开展国际循环性验证试验，以此证明该国际标准在全世界的适用性与安全性。

2016 年 4 月，方太提交的国际标准修订案最终通过 IEC 的专家审定，成为国际标准。这意味着，对于当时中国 300 多家吸油烟机的生产企业而言，将近 1000 万台的侧吸式油烟机得以上市销售，不再受标准限制，产生的间接效益超百亿元。同时，方太主持修订了 IEC 国际标准，为中国油烟机行业在全球赢得了更多的市场话语权。

通过以上事例，我们可以清晰地看到方太不仅通过自己的努力成为高端厨电第一品牌，更是扩大了中国厨电整体市场空间；同时，也通过修订国际标准，让中国品牌在国际舞台上拥有了话语权，帮助中国侧吸式油烟机品类获得认证，走进千家万户。引领行业发展，实现共享发展，是方太作为厨电"头雁"品牌的责任。

5.2.2 把"蛋糕"分好

把"蛋糕"做大，考验的是能力；而把"蛋糕"分好，考验的则是智慧。为了把做大的"蛋糕"分好，方太有三个分法。

成立"华夏六西格玛俱乐部"，与供应商共成长

方太于 2014 年成立"华夏六西格玛俱乐部"，积极践行方太文化体系并秉承"中学明道、西学优术、中西合璧、以道御术"的方针，通过打造"四感一体"的战略模式，为供应商企业会员提供交流、学习、成长的平台，与供应商共成长。

比如通过开展太极养生、中医课程、中华优秀文化以及"零缺陷品质文化"传播和体验等活动，帮助供应商企业会员在身、心、事等方面不断提升和发展；通过持续推动四大转变，帮助供应商企业会员建立自主推进体系，实现卓越运营。

为不断发挥平台作用，2019年，俱乐部组织开展各类交流、学习活动，累计开展活动138次，参与人次6972人；帮助供应商企业会员搭建精益六西格玛人才梯队，通过精益六西格玛专题培训、俱乐部自主培养、带级认证等多种方式，培养了黑带82人、黄带864人、绿带24人、教师78人。

2019年，俱乐部开展精益六西格玛变革，推动精益生产这一业务主线；坚持零缺陷信念，推动供应商企业会员一次做对；持续学习六西格玛工具及方法，解决实际问题。通过开展高端论坛、主题沙龙、标杆研修、系统培训、在线学习、强化训练等特色活动，为供应商企业会员导入理念和最佳实践，为供应商企业会员带来行为的转变、技能的提升，乃至格局、心性上的提升。未来，俱乐部也将继续朝着实现"成为受人尊敬的六西格玛践行者和推广者"这一美好愿景而不断奋进，让更多供应商企业会员在平台上获得事业与生命双成长，共同分享方太的"蛋糕"。

实行全员身股制，与员工共成长

"身股制"激励机制在方太经过了10年的持续优化，已成为方太员工物质收入不可或缺的一部分。员工在享受身股激励的同时，为企业创造了更好的产品及服务，真正实现了企业与员工共成长。

传播经验，与社会共成长

窥一斑而知全豹，处一隅而观全局。方太不但把"蛋糕"做大，还把"蛋糕"切分给了社会，让社会共享方太的发展成果，在"做"与"分"之间找到了最佳协同、最佳平衡。

做"蛋糕"与分"蛋糕"密不可分，对于企业来说，发展是硬道理，企业只有做大做优"蛋糕"才是分好"蛋糕"的前提和基础。如果企业自己都无"蛋糕"可分，又如何把"蛋糕"分给员工、合作伙伴和社会呢？企业在分"蛋糕"时，要统筹国家、集体、个人三者之间的关系，处理好财富增长最大化与分配公平化的关系，把推动经济社会发展与分享改革发展成果有机融为一体。

企业只有做到良性互促，方可取得分"蛋糕"的最佳效果，激发做大"蛋糕"的再生动能，实现"做"与"分"蛋糕的良性循环，成为一家长期主义者企业。

5.3 善待相关利益者

"伦理责任"是道德杠杆,也称为商业道德。虽然严格说来,道德和伦理是两个有区别的概念,但鉴于中国语境中"道德"一词使用更为普遍,两者时常通用。在西方文化中,"商业伦理"意味着道德、梦想、责任和精神。而在中华文化中,伦理就是关系。

中欧国际工商学院经济学与金融学教授许小年曾经提出:中国企业家最大的短板,是商业伦理能力。如果不具备商业伦理精神,企业家领导的企业将无法成为伟大的公司。方太社会责任金字塔所说的"伦理责任"指的就是商业伦理。

"君子爱财,取之有道",传统商业文化的精髓在于笃守信用。以诚待人、以信接物自古便是我国商贾的成功之道,企业家与企业都要拥有"道德的血液"。茅忠群把方太的"伦理责任"分为四个维度,如图5-5所示。

为什么方太的"伦理责任"是四个维度,而不是六个维度呢?因为"善待股东"也就是善待员工,善待环境和资源对应着方太的"发展责任",善待社会对应着方太的整个社会责任体系,所以,从本质上来说,方太履行伦理责任也是从六个维度来考虑的。下面,我们来着重了解一下方太是如何理

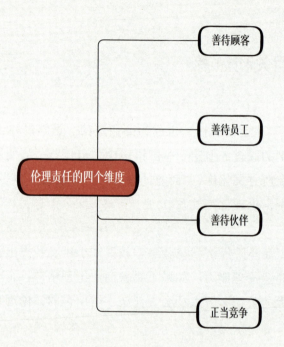

图 5-5 方太"伦理责任"的 4 个维度

解与顾客、员工、四商、竞争对手的关系的，这是企业承担商业伦理责任的根源。

方太要让顾客得安心，让顾客得安心就要视顾客为亲人。由此可以看出，方太与顾客是亲人关系。视顾客为亲人，就意味着方太要把顾客当家人。在前面我们了解到，方太要让员工得成长，把员工当家人，让员工获得物质与精神双丰收、事业与生命双成长。由此可以看出，方太与员工是家人关系。

"四商"与方太是什么关系？"四商"是指方太的供应商、经销商、服务商、制作商。茅忠群认为，"四商"是特殊的方太人。方太立志要成为一家伟大的企业，伟大的企业离不开"四商"的成长和发展。"四商"虽然名义上不是方太人，但因为他们有的是直接与顾客接触、有的负责产品材料的供应，对方太的产品品质和能否让顾客得安心起着决定性作用，所以，"四商"是特殊的方太人。

方太与竞争对手的关系是什么？从竞争角度来看，茅忠群推崇中华优秀文化中的"无为而不为"，他认为，最好的竞争策略就是做好自己。方太不是着眼于如何与对手竞争，而是聚焦如何让顾客安心。从行业发展来看，对手也是成就自己和行业的重要搭档。若是想要行业蓬勃发展，就必然要跟广大同行一起和谐发展。因此，从分蛋糕的角度，企业和同行是竞争对手；从做大蛋糕的角度，企业和同行是合作伙伴，只有共同做大市场的蛋糕，才能共同发展。所以，从这个角度来说，方太与竞争对手的关系是共生。

方太是以"共生"为前提，即"人与人共生""人与社会共生""人与自然共生"：在内部管理中，方太坚持"内圣、外王"，建设员工之家，营造和谐的工作、学习氛围；在行业竞争中，方太坚持不争而争，以不打价格战的原则来维护市场的稳定；在企业经营中，方太以顾客为中心，注重与用户构建和谐信赖的关系；在社区建设中，方太主动承担责任，实现企业与社区之间的和谐促进。

方太如何保障员工利益，如何为用户提供高质产品、诚信服务，以及如何在与同行的竞争中坚守规则，我们已经在前文中讲述过了，接下来，我们将介绍的重点放在"善待伙伴"和"正当竞争"上。

5.3.1 善待"四商"

企业与"四商"之间有合作也有博弈：企业自然希望通过尽量长的付款周期与尽量周到的售后服务，拿到低价高质的产品供应，而"四商"对此的期望则恰巧相反。两者之间最终会形成怎样的关系，就看企业如何构建与"四商"的关系了。

要知道，企业的成长离不开"四商"的成长，只有"四商"同样获得好的成长空间，企业才能更进一步，这也是伟大的企业可以促进全域产业链发展的根本原因。

立志要成为一家伟大企业的方太一直重视与"四商"的关系。方太通过自己的"四商"关系管理体系把企业和"四商"之间的"博弈"关系转变为"信任"关系，把简单的买卖关系上升到合作伙伴关系。茅忠群称其为"特殊的方太人"。

余秋雨所著的《君子之道》中用"常谊""甘谊"和"至谊"来形容人与人之间的三种友谊关系。笔者借用这三种友谊关系来重新定义和诠释企业和"四商"关系。

"常谊",是企业与"四商"之间最为常见的交易关系,是"通财之谊"。两者的交往"招之即来,挥之即去",双方履行完合同上白纸黑字的义务,结清一切账款,这段关系便画上了句号。

"甘谊"比前者更进一步,在前者的基础上多了"规过劝善"之行,双方信息共享,相互反馈,共同进步,存在良性互动。

"至谊"是企业与"四商"关系的最高级别,在"甘谊"的基础上还会共享相关技术,甚至不光分享对方的利益,还会分担对方的风险,与对方是相互扶持的绝对信任关系,同甘共苦,共同成长。

三种关系对应"四商"关系如表 5-1 所示。

表 5-1 三种关系对应"四商"关系

友谊等级	"四商"类别	企业和"四商"合作方式	"四商"关系等级
常谊	合格"四商"	"通财之谊"	普通业务关系
甘谊	优秀"四商"	"通财之谊+规过劝善"	合作伙伴关系
至谊	杰出"四商"	"通财之谊+规过劝善+同甘共苦"	战略合作伙伴关系

通过"四商"关系管理体系,方太结合自身的业务特点需要,和"四商"建立"常谊""甘谊"和"至谊"关系。当然"常谊""甘谊"和"至谊"关系是动态的调整,不是一成不变的。下面,我们着重了解一下方太是如何与供应商、经销商建立和保持良好关系的。

方太与供应商

针对供应商的选择,方太提出了"创新引领、专业一流、协同高效、合规透明,打造可持续发展的采供体系"二十八字方针。

首先，方太看重供应商是否有健全的采购和供应管理体系，健全的质量体系是提供高质量产品的重要保障，也是评判优质供应商的重要环节；其次，确认供应商是否拥有一支较强的技术队伍，是否具有新产品开发或制造特殊工艺的加工能力，是否在制造设备上有一定的生产规模与发展潜力，能够保证客户所需数量的产品，通过创新领先提供优质产品的同时，能达到成本最优，实现风险共担，合作共创；最后，售后服务水平是方太选择供应商不可或缺的一个重要指标，供应商应该能够及时地解决客户的各种服务需求，保存售后记录，做好产品追溯。通过层层筛选，目前方太已经与220家供应商建立了友好深厚的"至谊"合作。

值得注意的是，中国诸多企业尚未掌握科学的供应商选择方法，以至于企业往往是参考供应商自身提供的各类书面资料、市场口碑，乃至个人的主观臆测做选择，人为因素起到了极大的作用。除此之外，企业选择供应商的标准多集中于供应商产品的质量、价格、柔性、交货准时性、提前期和批量等层面，并没有全面的供应商综合评价指标体系，致使企业无法对供应商做出全面、细致又客观的判断。这一切都是企业应尽量规避的问题。

供应商绩效考核作为方太供应商管理的一个重要手段和工具，其主要目的是保证供应商能够按照方太的要求按时按质完成订单，发现、保留并巩固优秀的供应商，淘汰绩效差的供应商。同时，方太也可以了解供应商存在的不足之处，促进供应商改善，为日后更好地合作打下良好的基础。

方太的供应商必须追求和方太同样高标准的目标。方太通过四个方面来对供应商做出绩效评价：一是实现无缺陷产品质量同步发展；二是保持领先的产品和加工技术；三是准时生产、准时送货；四是提供具有成本竞争优势的服务。

综合的供应商评价系统使得方太能够对每一个供应商，按照每一步目标进行对比评价。一方面，可以挑选最好的、可信赖的供应商；另一方面，可以与供应商保持良好的合作关系，提高对整个供应链运作的预见性，避免突发事件造成不良影响，为进一步的价值增值提供更多的机会。

为督促和协助供应商建立质量、环境和安全管理体系，方太每年开展"四专、OQC"帮扶项目，不断为供应商提供技术质量培训、现场指导、第二方审核等，帮助供应商提升质量水平和经营能力。

为持续提升供应商管理能力，增强供应商团队的竞争力，方太建立了以物料分类为基础的供应商全生命周期管理体系，主要内容包括供应商开发与准入、分类分级、绩效考核、淘汰等。

为了更好地赋能供应商，方太针对供应商设立了专项文化体验课程，有较强学习意愿的供应商，参与了"了凡四训与幸福人生"学习班、"幸福家庭与幸福人生"学习班。方太帮助供应商建立文化推广机制，培养供应商开展各类文化学习的组织与引导能力。

方太文化研究院面向供应商开设的专题班、全面解析了方太的独特文化与中西合璧的管理经验，同时融合丰富的中华优秀文化体验环节，帮助供应商提升心性能量，增强文化认知，构建业务发展的核心驱动力，立大志，成大业。

方太与经销商

经销商作为方太最终与顾客交互的关键一环，是方太面向顾客的"最后一米"，其对方太文化、战略的认知深度对方太组织变革成功有着举足轻重的作用。为了帮助经销商一起与方太共成长，方太专门成立了经销商研修院——一个专门为经销商赋能的学习平台。在茅忠群看来，这是承载"经销商是特殊方太人"定位的一个重要体现。方太不仅为经销商提供了专业培训赋能，也为他们提供了文化培训赋能。

2020年，全国各地门店销售业绩均处于下滑状态，第一季度几乎停摆，第二季度业绩也不理想。严峻的市场环境对方太的经销商群体造成了极大的冲击，尤其是中小规模经销商。有的经销商开始对市场丧失信心，无目标意识，失去创新力。但方太通过调查发现，有100多家经销商门店业绩在此期间仍处于增长状态，平均增长达到30%以上。

为了解决经销商信心不足、动力不足、干法缺失的问题，方太重新针对经销商当前的问题，设计了全新的专业课程，帮助经销商重塑信息，提升运营能力。

整个课程的侧重点在于"心、脑、手"。"心"的重点在于解决经销商的认知问题，帮助经销商找回信心；"脑"的重点在于解决经销商的学习方法，帮助经销商找回干法；"手"的重点在于解决经销商的"开干"问题，帮助经销商解决行动目标和提供行动支持。在这个专业课里，方太以问题解决为核心，采用项目化设计、产品化运营，以训战为载体，提升经销商学员的参与感、体验感，使学员易学、乐学。

除了专业学习，方太也对经销商进行了文化培训赋能。经销商文化培训的赋能，主要通过"经销商文化体验营""了凡四训与幸福人生""办事处中医公开课"三门课程来开展。

通过方太与供应商、经销商建立和保持合作伙伴关系的举措，我们可以清晰地看到供应商关系管理的起点是"常谊"，以简单交易起始，逐步拓宽双方合作边界，成为"甘谊"，随着相互之间对背景、文化、经历、爱好的进一步了解，甚至于在人生观、价值观层面形成的默契，最终发展成"至谊"。

《庄子·山木》中有言，"君子之交淡如水，小人之交甘若醴。""淡"便是供应商、经销商关系管理的核心要点，与人际关系相似，它既体现在"规则"层面，即双方按照事先约定的规则行事，又体现在"敬"的层面，即互尊互重，毫不越界。

5.3.2　采取正当的竞争，有底线的竞争

企业存在的恶意竞争、不正当竞争现象，背后是竞争初心的缺失。竞争的初心，应该是通过良性竞争、公平竞争，激发企业创新活力、提升竞争能力，向市场提供更加优质的产品和服务，最终为消费者和全社会带来福利。反之，如果企业将精力用在通过恶性竞争打击对手，背后反映的往往是创业初心和勇气的缺失，更是对良性竞争的焦虑与不自信。

基于此，茅忠群把"正当竞争"看作方太践行"伦理责任"中的一环，旨在处理好与竞争对手的关系。企业在市场竞争中的竞争策略可以分为两类：竞争导向与客户导向。

多数企业的竞争策略是"你来我往"，会根据竞争对象的行动机动选择竞争对策，我们称之为"动态竞争"。竞争者们往往通过"行动－回应"的模式短暂获得竞争优势。

而另一类领导型企业并不过分关注暂时的得失，它们的行动皆聚焦在为顾客提供最好的产品与服务，而非关注竞争者的一举一动，就像百米赛跑的选手往往只专注终点位置与个人速度一样。这就是顾客导向，以此为标准获得的竞争优势往往长效且难以被替代，茅忠群所带领的方太便是这样的企业。

中华优秀文化讲究谦让，而企业又存在竞争，如何把握中道？茅忠群告诉我们："君子的竞争就是采取正当的竞争，有底线的竞争。"

看到这里，可能有人会说，像"君子"一样的竞争在如今的市场中是争不过"狼性"竞争的，"君子"一定会吃亏。茅忠群说："我们是用百分之百的爱心去关注我们的顾客，而不是关注竞争对手。"前几年，企业界的人都在看《海底捞你学不会》，为什么学不会？原因很简单，海底捞服务的出发点不是与对手的竞争，而是如何感动顾客。因此，海底捞根本不需要竞争，但它却超越了竞争。

茅忠群经常对下属说："最好的竞争策略，就是做好自己。"孟子说："仁者无敌。"你自己做到了最好，你就得到了所有顾客的心，这时你根本不用担心竞争。对此，方太提出了"竞争三法则"，即勇于竞争、善于竞争、超越竞争。

茅忠群曾在方太发展初期将国际"洋"品牌视为竞争对手，努力至今，方太在中国高端厨电市场的份额早已远超对手。方太曾经市场策略中的竞争导向也逐渐转为顾客导向，从顾客需求出发探索提升产品价值的方法。这不代表放弃竞争，而是选择以简单且专注自己的方式应对激烈的行业竞争。

方太成为高端厨电市场的领军企业后，每一款新品都引得同行争相效仿。比如近年来，方太率先推出的蝶翼环吸油烟机、水槽式洗碗机与集成烹饪中心等产品已成为市场上各品牌的热销款。面对大行其道的跟风热，茅忠群却从不担心。顾客导向的竞争策略选择让方太将关注点聚焦在了顾客的利益与需求上——方太只关心针对顾客的新技术研发是否在稳步推进，是否真正解决了痛点，是否具有颠覆性。

而专注自身的底气，则在于方太每一代新品都包含十几项自己研发的创新技术和发明专利。同行或许可以抄袭其外观形态，但最硬核的创新技术靠模仿是无法实现的。因此，始终保持自己的创新引领性才是方太领先于厨电市场的"撒手锏"。

企业家的格局是企业成长的边界，格局的大小往往取决于企业家内心的信念。茅忠群的信念便是一心一意做好产品，他曾在一次采访中说："你所谓的第一是什么？难道只是市场份额吗？但其实消费者关注的是品质和感受，按此道理，为什么不把消费者的需求放在第一位呢？当把打败竞争对手置于企业首要目标时，企业就会失去方向。企业用力的方向不同，结果自然不同。如果你全力以赴地关注顾客的需求，会有人追得上你吗？"

因此，茅忠群应对竞争最大的原则就是不断洞悉、创造并满足顾客的需求，并通过原创、引领、美善的方太创新来实现。当方太始终在做同行做不到的产品时，它便自然拥有了竞争优势。

茅忠群在竞争中同样贯彻了中华文化的核心思想——仁。所谓仁者爱人，方太面对友商，即便打仗亦有德，真正做到了"仁、智、勇"。那么，如果遇到竞争品牌先攻击方太怎么办呢？盐城卖场的销售员是这样做的。

当方太促销员张丽莉（化名）带领着一对中年夫妇经过友商专厅时，友商促销员见缝插针地说："想买吸油烟机看看我们的！"见这对夫妇迟疑，张丽莉大方地建议他们了解一下。夫妇俩听完友商促销员的介绍后，表示还想再了解一下其他品牌，还特意点出了方太，没想到友商促销员立马表示方太的产品价格太贵，好看却不好用，说了很多诋毁方太的内容，还将这对夫妇往厅里拉。

张丽莉全程没有插话，一直微笑着在一旁等待，夫妇俩见状拒绝了对方的拉扯，跟随张丽莉来到了方太专厅。面对夫妇俩对她刚才毫无反驳之意的疑问，张丽莉答道："我要是和她争辩，不是让您为难吗？再说产品好不好不是嘴巴说的，那是要看真实效果的，您不了解一下方太才是您的损失呢！"

见夫妇俩仍有犹豫，张丽莉继续说道："方太确实有点贵，刚才那个品牌也确实是便宜不少，价格上有它的优势。其实每个品牌都有自己的优点，关键还要看是否和您家的厨房匹配，以及真正解决您购买厨电的需求和痛点。您看起来应该是比较追求生活品质的人，方太的优势在这方面可能可以更好地满足您的需求！"

张丽莉一边说一边向夫妇俩展示方太独有的蝶翼环吸板技术，以及产品的工艺、设计。最终，夫妇俩见张丽莉不仅对同行的诋毁毫不在意，甚至还对竞品表达了夸赞，便冲着方太人谦逊大度的态度和对产品的满意，选定了方太，甚至还在购买吸油烟机的基础上追加购买了灶具与消毒柜。

在竞争市场上，无论企业采取怎样的管理思想，都逃不开商界较量的本质。但遵循仁义法则是方太选择的竞争之道，方太以仁爱之心服务顾客，坚信人品与产品的双重认可能让销售水到渠成。这也让茅忠群的方太特色企业在中国制造业市场始终能接受住残酷的考验——市场份额的数据战、扰乱视听的舆论战、被围攻的价格战……

子曰："君子无所争，必也射乎！揖让而升，下而饮，其争也君子。"意思是说君子与人无争，若有，也不过是比拼射箭技艺，但赛时也必不会少作揖谦让之礼，赛后也能登堂饮酒，皆是君子之争。的确，中华优秀文化也讲竞争，但讲的是君子之争，君子之争讲究正当、公平、有底线的竞争。茅忠群将所有精力聚焦于顾客和员工，这或许让品牌在初期很难抵御竞争对手的"狼性"，但企业做到了忠于本职，最终积累出了足以赢得竞争甚至超越竞争的优势。

5.4 经营一家企业，与亿万家庭幸福同频

在传统的认知里，一谈到企业或企业家，大多数人会认为逐利和竞争是企业的代名词。但在今天，我们再谈到企业或企业家，人们会觉得企业还拥有更多的社会责任。这意味着，在我们传统认知中的企业已经深化为现代企业。

2021年7月17日，河南突遭特大暴雨袭击，突破有气象记录以来的历史极值。河南灾情牵动了亿万国民的心，中国企业面对自然灾难所表现出的大无畏精神和慷慨解囊让全世界为之动容。方太捐款500万元，用于河南救灾紧急举措和灾后恢复工作。同时，方太还核对所有在豫的员工安全，排查门店风险，紧急调配资源，并动员方太河南分公司员工，全力助力当地政府和社会各界开展救援行动。

时局风谲云诡，方太一直在思索：除了简单地捐款捐物，企业还能承担什么，改变什么？

一个基本事实是，随着中国步入新的发展阶段，企业被赋予的社会责任越来越大。企业是创造财富的主体，也是分配财富的重要一环。在高质量发展中促进共同富裕已是大势所趋，这是时代和国家赋予当下中国企业的重要

历史使命。站在新的历史方位上，在推动共同富裕背景下，企业的社会责任有了新的内涵、被赋予了新的使命。

共同富裕，"国之大者"。如果说共同富裕是中国现代化的重要特征，那么，现代化企业就应该争当促进共同富裕的旗手，扛起社会责任的大旗。

方太把企业的使命、愿景以及多年来在科技与文化领域所积累的创新势能，在多个责任领域展开探索与实践，构建企业参与浙江高质量发展建设共同富裕示范区的方太模式，扎实推进共同富裕计划。

值得一提的是，为了不让"共同富裕"成为一句口号，方太还为此制定了行动纲要，如图 5-6 所示。

5.4.1 幸福建设

如前文所述，方太思索的内容始终围绕"幸福"二字。要实现幸福的目标，除了个人幸福、家庭幸福，方太早在 2019 年便进一步提出了"幸福社区"的概念。方太认为，人的一个属性是社会性，一个人想要获得真正的幸福，不能仅仅局限于自己的家庭或家族，凡是与自身相近、相关的人和事都会影响自身的幸福感。

孟子说："乡田同井，出入相友，守望相助，疾病相扶持，则百姓亲睦。"古代邻里间亲睦的关系难道因为现代发展而不能复现吗？对比现代人生活和工作的快节奏，中国人口的空间变动向高流动性的"迁徙中国"转变，文化也在继承中不断改变，导致了现代社会邻里间出现一种现象：同一个小区居住的人大多都不认识，甚至住在对门的人也互不熟悉，更不来往。

这种现象不禁让人怀念小时候邻里之间的亲密关系：孩子们一起玩耍、

方太助力共同富裕计划行动纲要

一个目标： 全力打造企业参与浙江高质量发展建设共同富裕示范区的方太模式

两项机制： 组织实施机制+运行规范机制

六大责任领域	行动计划
员工成长	员工幸福工程
文化传播	中华企业文化推广
文化传播	中医文化推广
文化传播	幸福家庭文化推广
幸福建设	幸福社区建设　幸福示范村建设
教育支持	教育基金计划　贫困助学计划
慈善救助	灾难救助计划　济困慈善计划
社会价值	可持续社会价值创新

图 5-6　方太助力共同富裕计划行动纲要

一起做作业,有时候留在一家吃饭;一家做了好吃的,会分给各家;一家有难,各家鼎力相助等。方太发现,现代社会尽管物质财富越来越丰富,但邻里之间的关系却大不如前了。同时,小区安全、孩子养育和老人养老等新问题也时刻困扰着现代人们。

为了社区幸福感的提升,方太联合社区发展公益组织、权威学术机构等共同起草了《幸福社区共建指导意见书》。终于在 2020 年 7 月,方太联合首批 13 家共建单位正式构建"幸福社区共建公益计划",并推动幸福社区共建公益联盟成立。联盟的主体包括地产、物业、社区居委会、业主委员会、社会组织等社会服务机构和企业。

截至 2021 年 8 月,联盟已有签约共建单位 68 家,共建社区 2178 个,覆盖全国 15 个省市,30 余个城市,200 余个街道,覆盖超过 1600 万社区居民。通过"带来"和"带走"的方式开展和优化联盟工作,通过联盟运营凝聚多方力量、协同多样机制等,带来的是项目甄选库和沟通分享、资源配置的桥梁;带走的是社区的各种困扰和难题。

于社会有益、与幸福同行的计划同样收获了正向的社会回应。在 2021 年年初举办的中国公益节上,"幸福社区共建公益计划"荣获了"2020 年度公益项目奖",方太更是获评 2020 年度公益推动力大奖。

除了幸福社区,方太还关注幸福乡村建设,并对"幸福建设"进行了长期规划。在助力共同富裕计划第一个五年行动纲要中,方太提出:加强企业文化资产和业务融合,在新运营模式方面开展探索,全力推进幸福社区、幸福示范村的建设,打造方太文化特色项目和示范工程,让更多社区、乡村成为"安其居,甘其食,美其服,乐其俗"的幸福之地。

5.4.2 文化传播

以"为了亿万家庭的幸福"为使命，方太一直在践行导人向善的商业伦理，去恶从善、积德获福，方太结合企业的社会责任体系向顾客、向社会传播着方太文化，希望大众与方太一起，推己及人，向社会传播正能量。茅忠群深信，用中华优秀文化来促进和谐的社会生活，国人也能从中获得更多提升幸福感的智慧。

基于方太的使命与愿景，方太从社会发展、文化传播的视角提出"十年助力十万企业家迈向伟大企业"的愿望，立志弘扬中华优秀文化，提升人们的精神素养；依托于方太文化研究院，主要以方太文化体验营的形式开展，至今已累计开设 80 余期，影响到的企业家以及核心高管超过 10000 人。

为了更好地推进"十年助力十万企业家迈向伟大企业"的社会责任目标，茅忠群在方太文化研究院的学习活动中也投入了巨大的精力。2021 年，他出席授课、分享的时间超过 190 个小时。自方太文化研究院成立以来，众多的企业经营者或管理者走进方太，了解到了拥有方太特色的"中西合璧"企业管理的模式。2021 年起，方太文化研究院又开始着手通过互联网线上学习的形式去影响更多的企业家。

在方太的学习经历，对企业经营者所在企业的经营管理以及企业经营者个人成长都起到了极大的促进作用。山东一位经营新材料的企业经营者说道："通过在方太的学习，我找到了学习的榜样和奋斗的目标，我的境界和格局都发生了很大的转变，公司也有了共同的奋斗目标。这两年，公司各方面发生了很大的转变，员工的流失率降低，企业业绩持续增长……之所以取得了这样可喜的成绩，是因为我们坚持把客户放在第一位，让顾客安心，把员工的成长也放在了很重要的位置，让员工的精神和物质都成长；另外，我们也像方太一样回报社会，回报国家，承担社会责任。这也是我们很看重的一项责任。当我看到每个员工精神饱满的面容，积极奋斗的身姿，真的感到特别高兴。我想我们的企业未来一定会越来越好。"

方太助力共同富裕计划中第一个五年行动纲要面向人民日益增长的精神文明需求。为了提升人民的精神文明生活水平，弘扬和传播中华优秀文化，通过中华企业文化推广、中医文化推广、幸福家庭文化推广，助力中华文化振兴和人们多样化、多层次、多方面的精神文化需求。

5.4.3 教育支持

除了传播导人向善的企业文化，方太还积极履行着教育支持的社会责任。方太通过"专项教育基金计划"和"贫困助学计划"，推动教育资源均衡发展，为中华优秀文化的推广和普及教育资源提供支持。

其中，"专项教育基金计划"以大力弘扬中华优秀文化，传承国学经典，导人向善为目标，通过设立教育基金，向致力于传播中华优秀文化和国学教育的学校和机构进行资金、物资捐赠，支持中国教育事业的发展。比如2015年，方太捐赠1000万元用来协助建设文礼书院培养向道有志之才，弘扬中华优秀文化等。

"贫困助学计划"以资助贫困学生，鼓励寒门学子自强自立，顺利完成学业，实现自身及社会价值。

笔者在方太听董书记讲了一个故事，颇有感触。笔者给这个故事取名为"戈壁滩上的幸福"，这个故事发生在一个叫黑泉镇的地方。黑泉镇地处甘肃省张掖市高台县中北部，由于当地气候条件较差，人均收入很低。为了过上更好的生活，镇上的成年人大多都外出打工，导致乡村学校里上学的孩子90%都是留守儿童，这些孩子大多依靠爷爷奶奶抚养，厌学情绪严重，辍学现象时有发生。2008 年，张强（化名）加入方太，他向方太讲述了他大学毕业在黑泉镇的十坝小学支教的经历，说到了戈壁滩上的沙土、破烂不堪的校园、孩子眼里的渴望和无奈……

方太得知这一消息后便立即发动员工成立"甘肃高台捐资助学"项目，资助黑泉镇贫寒学子。2009 年以来，方太为高台县黑泉镇各个学校捐款以及捐赠各种物资，包括国学阅览室、电脑、办公桌椅、音体美器材、幼儿玩具等，大大改善了受助学校的办学条件。

2017 年秋天，董书记来到黑泉镇探望受捐助的贫困学生时也有了新的发现，除了改善的一所小学，高台县依然有很多地方和黑泉镇一样贫困，辍学情况严重……于是，董书记决定将捐赠对象扩展到全县范围。2019 年，为了引导甘肃高台县孩子们将书本知识和实践相结合，体验城市生活，树立志趣，开阔眼界，方太举办了 2019 年金秋夏令营系列活动，让孩子从甘肃的黄土地走到江南水乡浙江。

如今黑泉镇受捐助的孩子们，有的已经顺利完成学业，开启人生理想之门。他们用勤奋、自强、博学实现了自我价值，用感恩回报了社会，回报了祖国，如图 5-7 所示。什么是教育支持？笔者认为这就是切实的教育支持。方太用自己的拳拳爱心和款款深情，弘扬了中华民族扶贫济困、助人为乐的传统美德，诠释了伟大的民族精神。

国有所需，民有所呼，企有所应。无论是在 SARS、汶川、雅安地震，还是浙江余姚水灾、河南水灾等灾难发生后，我们总能看见方太的身影。乡村振兴、生态环保、扶困助老、医疗卫生、儿童教育、防灾减灾……每一个社会问题都是国之关心，民之关切，方太之关注与响应。

未来，方太还将继续承担现代化企业的社会责任，兑现责任承诺，继续

图 5-7 这些年,方太走过的助学路

扮演技术创新者、值得信赖的合作伙伴以及优秀企业公民的角色。方太将以长远的目光力求可持续企业社会价值创新，助力解决社会诸多问题，进一步优化企业的管理运作来提升企业在社会责任各方面的表现。

响必应之於同声，道固从之於同类。当"共同富裕"已然成为新时代的必答题，像方太这样的企业摸着石头过河，在"共同富裕"的道路上贡献一份力量，既是时代的需求，也是社会赋予企业的使命和应有之义。

伟大的企业组织，无不立足于本土，它不仅需要在经济上绩效卓越，更需要在落实本地社会价值观、传承中华优秀文化和精神文明上，敢为人先，身先士卒，方能凝心聚力，生发出持续旺盛的创新与企业家精神。希望企业家从方太的社会责任践行中能有所感悟，有所收获。

最后，请允许我们用《南方周末》在 1998 年发布过的一则年度箴言结尾。

让无力者有力，让悲观者前行，
让往前走的继续走，让幸福的人儿更幸福；
而我们，在不停为你加油。
……

第 6 章

经营可持续

有了"三得"(顾客得安心、员工得成长、社会得正气),加上相应的经营管理基本功,就一定会达成企业的可持续发展。

——茅忠群

导言

2020年，厨电行业发展整体承压，吸油烟机、燃气灶等主要品类均面临挑战。但同样是在这一年，方太实现总营收同比增长10%，集成烹饪中心、水槽洗碗机等各个厨电品类在一线市场全面开花，收获"叫好又叫座"的局面。面对需求巨变、产业升级的拐点，方太逆势增长，创造了亮眼的成绩。

为什么方太可以在危机之下逆势增长？

为什么方太要原创开发水槽洗碗机、母婴级净水机、集成烹饪中心等产品？

为什么方太要牵头起草吸油烟机国际标准、国家标准和水槽洗碗机团体标准？

为什么方太开始向最基础的材料科研领域研究投入大量人力、物力和财力？

答案是茅忠群一直把"经营可持续"作为目标，坚持创新发展，不囿于短期利益的诱惑。如今的企业，但凡想要永久创新，发展壮大下去，追求"经营可持续"是必经之路。

如何追求"经营可持续"？茅忠群认为，有了前面"三得"（顾客得安心、员工得成长、社会得正气），加上经营管理基本功，就一定会达成企业的可持续发展。经过25年的实践，茅忠群提出了经营可持续的四个维度，如图6-1所示。

在西方管理理论里，战略是管方向的，运营是管落地的，人文管理保障执行里的最大变量——人，也就是管人的，这是经营管理的"三要素"。在此基础上，方太增加了"风险管理"，形成经营管理的"四要素"。

之所以增加"风险管理"，是因为缺乏危机感以及持续进取心的企业，不会拥抱变化，而是满足于现状、不思进取，保守往往成为很多企业没落的重要原因。企业永远在危机中，因为商业是一场没有终止的马拉松。所以，方太认为要想让企业实现可持续发展，需要做好风险管理。

前面"三要素"是属于企业内部管理的范畴，需要企业从内部去"抓"。比如如何制定战略，如何保证战略落地，如何保障运营结果的呈现，如何做好关于"人"的管理等。"风险管理"属于企业外部管理的范畴，如企业如何识别风险并制定相应的方案等。企业只有"抓"好这四个要素，才能实现经营可持续。

对于战略管理、运营管理、人文管理、风险管理之间的关系，茅忠群曾总结道："企业高效执行有四个要素：领导、战略、运营、人文。其中，根在领导、源在战略、要在运营、本在人文。"

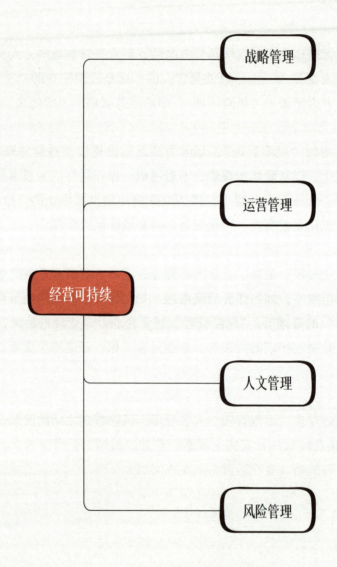

图 6-1　经营可持续的四个维度

6.1 战略管理

如今,面对着瞬息万变的市场,企业要做的就是"时刻准备好",迎接挑战,抓住机遇。而"战略"就是企业经营的"定海神针",帮助企业坚定初心,灵活应变,逆风而行。所以,要练好企业经营管理扎实的基本功,企业首先要做好战略管理。方太的战略管理包括四大内容,如图6-2所示。

方太从无到有,从小到大,几乎在每一个重大的历史关口,方太都能够做出正确的战略选择,取得成功。

1996年,刚开始创业的时,方太便集中精力开发全新吸油烟机,立志要做中国人自己的高端品牌;

1999年,当同行的某些企业在打价格战时,方太坚守价值,不打价格战,通过新产品"T型机"在价格战中不战而胜;

2003年,方太宣布企业品牌定位由"方太厨具"更名为"方太厨房专家"。方太放弃了迅速做大的诱惑,更加坚定地定位于厨房电器领域,先做精做强;

2008年,当时中国经济正面临全球金融危机寒流的侵袭,而方太从容淡定,其应对战略就是:聚焦自我创新突破,勤练内功,以创新突破宏观形势重围。

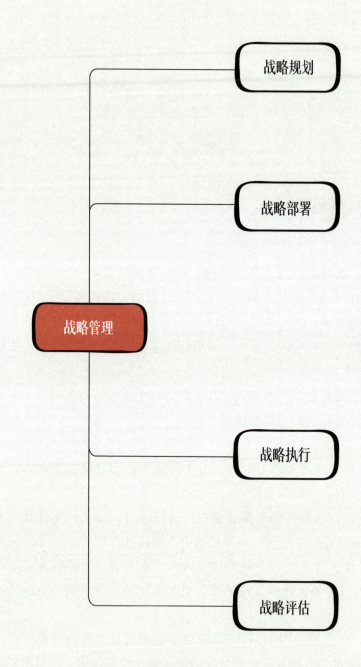

图 6-2　方太战略管理的四大内容

2015年，方太的愿景从"成为受人尊敬的世界一流企业"升级为"成为一家伟大的企业"。

2017年，方太的销售额突破百亿元；

2018年，方太的使命从"让家的感觉更好"升级为"为了亿万家庭的幸福"。

纵观25年的发展，方太每次都能抓住战略机会，这与方太极度重视战略，有着强大的战略管理能力密不可分。

6.1.1 什么是企业战略

方太曾就"企业战略"这一问题对前来学习"方太文化"的企业做过调研和分析，结果显示，大多数企业学员有战略管理改进的需求。其中，94%的企业没有开展或零星开展过战略管理工作，只有23%的企业开展了闭环战略管理工作，然而在开展过战略管理的企业中，仍有63%的企业对战略管理效果不满意或无法确认效果。

事实上，方太的战略管理也不是一蹴而就的，与大多数企业一样，方太也是蹒跚学步，走过很多弯路。

十几年前，方太曾做过饮水机和电热水器，后来主动选择退出。一方面是因为产品属于非主航道业务；另一方面在于核心能力不支持，并且这些产品不在厨房领域，不能构建方太差异化的竞争力。

没有任何一家企业的成功是偶然的，都是经过长久坚持和努力积累而成。方太也是一样。痛定思痛后，方太明白一个道理：企业只有做好战略管理，围绕核心业务和核心能力进行业务拓展，超出能力边界的战略选择往往难以成功。

所谓溯根先求源，要想弄懂方太是如何做战略管理的，首先要明白什么是企业战略，以及方太对企业战略的理解与其他企业有什么不同？享誉全球的管理学大师亨利·明茨伯格为了帮助企业更深入地思考战略，提出著名的"5P模型"。如图6-3所示，即方太对企业战略"5P模型"的理解。

通过应用企业战略"5P模型"，方太提炼出企业战略需要回答的四个主要问题，如图6-4所示。

第一个问题是"我是谁"。企业想达到什么样的目标？企业经营的目的是什么？企业选择的业务范围是什么？回答这些问题，企业要有明确的使命和愿景，知道企业存在的价值，不能做成什么是什么。

第二个问题是"我在哪儿"。企业现在站在哪里？企业的赛道在哪里？企业所处的位置在哪里？企业周围的环境是什么样？企业竞争的友商情形是什么？企业竞争的优势在哪里？回答这些问题，企业需要有深刻的自我认知和洞见，知道企业所当前及未来的状态，不能摸到什么算什么。

第三个问题是"我去哪儿"。企业的终极目标和阶段性目标是什么？企业最终想成为一家什么样的企业？回答这些问题，企业需要有清晰的发展方向和路径，知道企业所应坚守的能力边界，不能哪里热闹就去哪里。

第四个问题是"我如何去"。企业选择什么样的前进方向？直接突破还是迂回包抄？回答这些问题，企业需要构建可靠的关键能力和资源，知道企业赖以生存的根本要素，不能做到多少算多少。

很多企业的战略管理没有清晰的目标认知和科学的方法论，通俗地讲就是"脚踩西瓜皮，滑到哪里算哪里"。所以，一些企业的成功更像是天上掉馅饼，企业经营者也不知道成功的原因。当然，这种情况下失败也经常发

"战略5P模型"				
观念 Perspective	定位 Position	模式 Pattern	计策 Ploy	计划 Plan
企业战略表达了企业对客观世界的认知方式,反映了企业战略决策者的价值观念	企业战略要确认企业在市场中的位置,通过正确配置资源,形成有力的竞争优势	企业战略可以体现为企业一系列的具体经营行为和现实经营结果	企业战略是企业在特定环境下的行动手段,一种在竞争博弈中获胜的工具	企业战略是企业为达成目标而采取的一种有意识、有预计、有组织的行动程序
强调 价值观	强调 差异化	强调 结构	强调 谋略	强调 行动

图 6-3 方太对企业战略"5P 模型"的理解

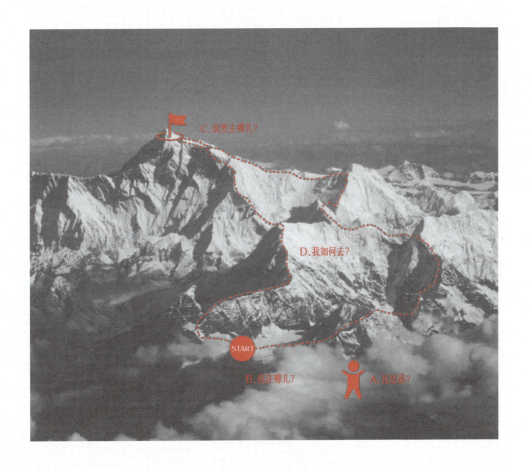

图 6-4 企业战略需要回答的四个主要问题

生，而且失败的概率往往远大于成功的概率。

方太认为，一个好的企业战略要实现商业的成功，让企业的经营质量得到提升，同时让整个企业可持续发展。

6.1.2 战略"三问"

如何把"企业战略需要回答的四个主要问题"落地呢？方太把它总结为"三大战略"，即"战略三问"，如图6-5所示。

如何定位

关于什么是定位，相信绝大多数企业都学习过"定位之父"杰克·特劳特的定位概念——定位就是令你的企业和产品与众不同，形成核心竞争力，对用户而言，即鲜明地建立品牌。

方太对于定位的理解是"商业成功的关键，是在顾客心智中变得与众不同"。为什么方太有这样的理解？

这是因为方太是一家使命驱动型企业，方太的定位也是从"企业三观"，也就是企业使命、愿景和核心价值观衍生出来的。基于"企业三观"，方太始终坚持"高端化、专业化、精品化"的定位，这是方太的定位战略，如图6-6所示。

1. 高端化

一个企业的定位战略首先源自企业家精神和企业家的初心。

1996年，方太创立之初，茅忠群在调研中发现中国厨电市场有一个现

图 6-5　方太战略"三问"

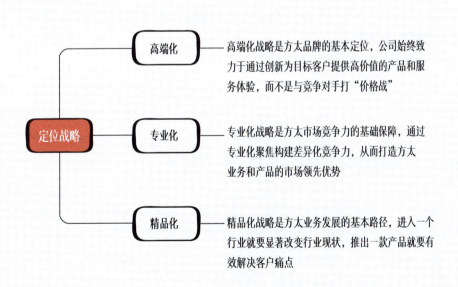

图 6-6　方太的定位战略

象,那就是高端品牌都是清一色的"洋品牌",那个时候他就怀抱了一个梦想,就是要做中国人自己的高端品牌。带着这个初心与梦想,茅忠群每逢决策时都会问自己,这是否符合高端标准呢?所以,高端不是一句口号,是需要实际的行动来支撑的。

此后,方太企业战略定位历经数次更迭,但高端始终是最核心的基因。

2. 专业化

方太的专业化战略是方太市场竞争力的基础保障,通过专业化聚焦构建差异化竞争力,打造方太业务和产品的市场领先优势。

方太于1996年进入厨房电器市场,一开始是从吸油烟机起步,随后又开发了饮水机。尽管当时方太的饮水机在市场上已获得了一席之地,但方太考虑到一是自己在这一领域没有核心技术,二是饮水机更多是顾客在办公室选择使用的产品,顾客的购买渠道不能与厨房电器形成资源借势,于企业而言无疑是在分散精力。

思考到这里,方太豁然开朗:集中力量做好厨电。当时方太还有一个更好的发展机会——整合慈溪6000余家家电配套企业和2000多家整机家电企业的机会。这是有政府支持的项目,但方太权衡再三,还是认为与专业化发展战略不符,到嘴的"肥肉"也没有去吃。

经过这一系列诱惑的"考验",方太坚定了走专业化战略发展的决心。茅忠群用三个"专"字解释了"厨房专家"的界定:"专心"在厨房产品领域上,"专注"于技术创新及方太特色、不可复制的产品力建设,使"专业"成为广大顾客能够明确感知的方太专属特质,依靠顾客对方太产生的专业认同建立区隔。至此,方太高端厨电品牌形象逐渐清晰起来。

面对有些浮躁的市场发展环境，一些企业确实也在四面出击中赚到了快钱。但对此，茅忠群曾表示"做企业要非常专注，一定要做最擅长的"，他还认为"这是一个企业的追求问题，走专业化路线，必须要牺牲一定的成本，牺牲发展速度。而方太不是一个急功近利的企业"。也正是这种追求长期主义的价值观，才使得方太在短期利益诱惑面前不为所动，坚持自己专业化的战略定位。

3. 精品化

方太的精品化战略是方太业务发展的基本路径，进入一个行业就要显著改变行业现状，推出一款产品就要有效解决顾客痛点。

"要把产品做成精品的话，一辈子只做一件事都不为过。"茅忠群表示，产品即人品，只有真正把心沉下来，才能把产品品质提升上去。精品化战略不是方太凭空想象出来的，需要有实实在在的技术指标和精良的工艺作支撑，方太很早就意识到了这一点。

笔者在参观方太的产品制造中心时听方太人介绍，像方太水槽洗碗机产品在出厂前要经过近乎极致的打磨。那些需要工匠手工打磨的部件，从角磨机的使用力度、转速、磨盘大小，到打磨时每一个细节动作，都有着严格的要求。即使是熟练的方太工匠，每天最多也只能打磨5台产品。每件产品，都会印上工匠个人的编号，成为凝结工匠精神、伴随工匠一生的见证。正是凭着这种对产品精品化的追求，方太产品多年来慢慢在广大顾客心中树立起了良好口碑。

企业到底是锁定高端还是兼顾中低端，是坚持专业化还是多元化，是做精品化还是追求性价比，其实至今没有一个最优答案。可以说，企业采用哪种战略定位并没有一定之规，而是需要企业根据自身的发展阶段、所处的地位等多种因素来做出适合自己的选择。所以，企业需要学习的是方太定位战略的本质，而不是定位战略本身。

如何发展

贝恩[一]把发展战略定义为基于核心能力的业务循环扩张。方太认为的发展战略是针对一定时期内业务的发展方向、速度、质量、路径及能力进行选择和规划，比如扩张、稳定、收缩。方太的发展战略有三个要点，即核心能力、核心业务、从核心业务扩张，如图6-7所示。

首先，方太建立创新的核心能力支持在专注的业务中达到领导地位；其次，方太专注于吸油烟机的核心业务以集中有限资源，力争创造竞争优势，获得领导地位；然后，方太在获取核心业务吸油烟机的全部潜力之后，从核心业务出发进行扩张，依靠核心资产，在品类上实现了突破。

面对各行各业、各类企业，情况和问题千差万别，如何准确地感知战略方向、识别战略命题、明确战略要点，迅速构建发展战略，其秘诀就是把握方太发展战略的十三字战略心诀：基于核心能力的业务循环扩张。

如何竞争

21世纪是一个战略制胜、竞争制胜的时代。如何在竞争中求发展，是每个企业都在思考的问题。企业如何制定竞争战略呢？

被誉为"竞争战略之父"的迈克尔·波特说："完美的竞争战略是创造企业的独特性，让它在这一行业内无法被复制。"成功企业的三种基本竞争战略，如图6-8所示。

[一] 贝恩，又称贝恩资本（Bain Capital）。成立于1973年，总部设于马萨诸塞州波士顿，是一家全球领先的战略咨询公司，为客户提供战略、运营、技术、组织以及兼并购方面的咨询业务。

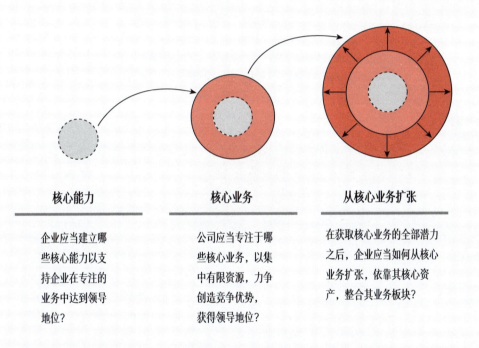

图 6-7　方太发展战略的三个要点

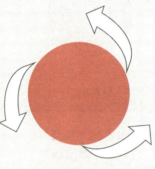

图 6-8　企业的三种基本竞争战略

方太通过对迈克尔·波特提出的三种竞争战略进行分析，结合自己的特点，把竞争战略定为"通过构建战略控制点持续打造企业差异化竞争优势"。

在了解方太的竞争战略之前，让我们思考一个问题：若是你想在百米赛跑中夺冠，是应该关注你身边对手的快慢，还是应该紧盯终点，竭尽全力？前者可能是大多数人的本能反应，认为只有超越了别人自己才会夺冠。在这种情况下，当我们跑在前面时容易沾沾自喜，并放松下来；当我们被超越了就会奋起直追，但往往也容易受到干扰，乱了节奏。

茅忠群对这个问题的回答是：紧盯终点，竭尽全力。只有关注终点，即便领先也会竭尽所能跑出自己的最快速度，才能成为"冠军"。当然，做到这一点需要很强的定力和能力。

方太的竞争战略是"通过构建战略控制点持续打造企业差异化竞争优势"。这里又有一个问题：什么叫"战略控制点"？

茅忠群对于"战略控制点"的解释是：方太的每一个控制点都要成为世界第一。方太要在未来五年实现世界第一，尤其是领先业界十年的管理，这个是方太的"核武器"。方太的目标是要打造具有中国特色、中西合璧的全球领先的文化体系、管理体系，一旦形成领先十年的战略控制点，就将形成方太大幅度领先同业的竞争力。

6.1.3 文化是战略的核心

方太已经走过了25年，在这个过程中，方太对于战略的理解也在不断加深。从一开始以产品创新为核心、较粗放式的发展到逐步完善管理体系，再到对战略的研究和运用。现在，方太的战略管理已经进入了一个相对深化的阶段。

企业规模小就不需要做战略管理了吗

很多企业，特别是中小企业或初创企业，当他们谈起"战略管理"这个概念时，经常会认为只有大企业才有战略管理，小企业不需要做战略管理。事实上，很多企业虽然规模较小，但同样具备制定发展战略的需求。

方太在 1996 年成立的时候，提出了一个初心，要成为"家电行业中国人的第一个高端品牌"，方太当时决定要通过产品的不断创新实现这个梦想，这种对初心的追求与忠诚，尽管没有系统的文本描述，但本身就是一个战略。

从使命、愿景和核心价值观出发，从初心出发去经营，这就是战略，和企业规模的大小无关。只是这种时期的企业战略往往不够科学，战略管理本身是一门专业科学，有效利用这门知识可以帮助企业建立更加科学、可持续的企业发展战略，从而更好地指导企业的持续经营。

当然，在企业的发展过程中，企业需要不断提升自身对于整体战略思维的理解。法无定法，企业需要捕捉到自身发展的核心规律，基于这个规律设定和调整企业战略，才是最重要的。要做到这一层面，企业需要做到以下四点。

一是立足于自我，能够清醒地看到自己和市场的差距。这就是中华优秀文化中所讲的自省。企业要从自省开始，从观照自我开始，找到自身的不足，这是企业最终实现飞跃的基础。

二是能够洞察市场机会，能够更客观地了解市场。企业不能依据自己的经验来形成判断，不能让固有的思维限制自己，不能"站在今天看明天"，而是要"站在后天看明天"。

三是打造高绩效团队。战略管理模型、方法论和流程只是企业战略的基础，其关键还是在于"人"，特别是企业经营者本人和干部群体以及优秀的"二等兵"，需要在实战中打磨人才，助力团队提升能力、不断进步，这是战略成功最重要的因素。不然即使有好的方法，如果团队不能齐心协力，组织和人员的能力得不到提升，最终也只是空中楼阁。

四是在战略运用的过程中提炼出模型、流程和方法，让企业经营"有法可依"。这样企业才可以更加科学地决策，锻炼团队建设能力，支撑企业持续发展和进步，这就是战略管理的意义和价值。

中华优秀文化对企业战略有什么具体帮助

"大道至简"，西方很多管理方法的本质实际上和中华优秀文化在"道"上是相通的，因此，方太一直倡导"中西合璧"的管理方法。比如方太倡导的"以仁爱之心创美善产品，以仁爱之心造中国精品，以仁爱之心铸国家名片"等，都是源自方太人的发心，源自方太人的使命，源自方太人的核心价值观。而这些和战略制定是密切相关的，它们能帮助方太确定在战略里如何聚焦顾客需求，如何聚焦产品创新，如何满足顾客的诉求，这本身就是文化力量的体现。所以，文化其实是贯穿整个战略管理过程的，它是战略管理的核心内容。

同时，战略管理中除了工具方法之外，还有"人"的因素。如果一个企业里"人"的力量不能被企业的使命、愿景和价值观所驱动，那么这个企业的力量也很难被激发，这就需要文化的力量。

方太的整套管理模型和方法上处处体现出了中华优秀文化的精髓。比如方太所运用的 BLM 模型，它的起点是对于企业市场差距的分析，这种差距体现在方太没有获得满意的市场结果，错失了市场机会等方面，而这个模型的终点便是市场结果。企业经营其实就是从一个起点走向下一个终点，而下一个终点又是一个新的起点，这个过程是呈螺旋式上升的。而且在这个过程中，方太也会不断通过对 PDCA①的迭代优化，通过对差距的弥补和对新机会的捕捉，实现战略路径的建设和战略目标的达成。这样的过程其实就是中华优秀文化中所讲的"一生二，二生三"，是一个循环的过程。同时，企业经营者对市场的再定位，往往也是通过否定自我来实现新提升的。方太通过定位的对立面找到差异点，在红海里找到通往蓝海的突破点，这本身就是对立统一思维的体现。

方太所倡导的"中学明道、西学优术、中西合璧、以道御术"，其实在战略管理上有着充分的体现，这也是"文化即业务"的体现。

---

① PDCA，即计划（Plan）、实施（Do）、检查（Check）、行动（Action）的首字母组合。每一项工作都离不开 PDCA 循环，须经过计划、执行计划、检查计划、对计划进行调整并不断改善这样四个阶段。PDCA 循环是能使任何一项活动有效进行的一种合乎逻辑的工作程序，特别是在质量管理中得到了广泛的应用。

6.2 运营管理

企业的发展过程就像山丘一样，如图 6-9 所示，纵轴是企业规模，横轴是企业发展阶段。企业在不同的阶段，随着规模越做越大，出现的偶然事件也有所不同。

在企业发展的早期阶段，这也是企业的生存期或温饱期，企业只要有生意做就可以，管理不是这个阶段的主要问题。这时企业会出现管理基础差、重业务轻管理、严重依赖个人的问题。在第二个阶段，企业规模扩大，企业开始招兵买马，引进人才。这时企业会出现规模不经济，一管就死、一放就乱，业务与管理两张皮的问题。在第三个阶段，持续突破是这个阶段的主题，这时的企业已经具有一定规模，出现了缺乏持续的活力，"天花板"难以突破，价值观支撑不足，"黑天鹅"事件频发等问题。

表面上看，一些企业的成长过程中充满了陷阱，但这些问题并不是偶然的。从运营管理的角度来看，企业要尽量避免这种偶然性，或者能够把这种偶然性变成可以管理的必然性。

既然企业在不同的阶段都会碰到各种各样的管理问题，那么企业在这个过程中如何找到规律，去解决这个阶段的主要矛盾并实现可持续发展呢？

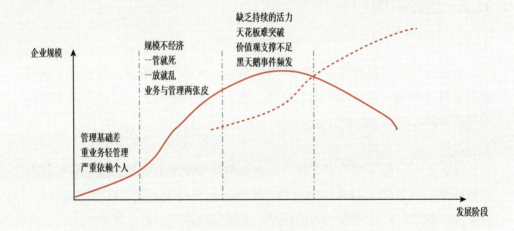

图 6-9 企业不同发展阶段出现的管理问题

企业成长到最高点时，需要跨越另外一条曲线，这条曲线决定了企业是否能继续提高境界和格局，走向下一个里程碑，这就是运营管理。在这里，有两个重点：一是企业在正常的管理过程中，每个阶段企业要如何做到科学化管理；二是企业发展到一定阶段后，企业要如何实现质变。这也是大多数企业在运营管理上面对的困境。

方太曾经对参加"方太文化体验营"的企业经营者或管理者做过一些调研。结果显示，91%的企业对卓越绩效管理体系实施效果不满意或无法评估；91%的企业对项目化管理实施效果不满意或无法评估；87%的企业对运营管理方法的运作效果不满意或无法评估；83%的企业对自身的运营管理各方面均不满意或无法评估……这也意味着，运营管理确实已经成为企业经营可持续的问题之一，方太是如何做的呢？

方太在运营管理实践上应用到较多管理体系，下面将着重分享对大多数企业有用的两大运营管理体系，即ISO9000质量管理体系和卓越绩效管理体系。

6.2.1　商业成功是出发点，顾客满意是落脚点

ISO9000 质量管理体系

很多企业听到ISO9000质量管理体系，也许认为这是制造企业所使用的体系，不太适合其他行业的企业应用。还有的企业说ISO9000质量管理体系不适合中小企业。事实上，这些都是对ISO9000质量管理体系的错误认识。方太在成立之初就导入了ISO9000质量管理体系。

中国很多企业一直在实施ISO9000质量管理体系，但由于种种原因，该体系的实施并不令人满意，很多企业把企业管理、体系管理做成了"两张

皮"。ISO9000 质量管理体系对于方太来说意义重大,它指明了过程管理的方法,同时还把方太的管理思想统一、管理语言统一,从某种意义上看,它也是一个自我革新的基础工具。

企业要如何更好地运用 ISO9000 质量管理体系呢?笔者从方太对 ISO9000 质量管理体系的实践提炼出七个原则,可供企业借鉴,如图 6-10 所示。

方太以 ISO9000 质量管理体系为基础,推进群众性质量活动与现场管理,要让所有人都参与,营造"全员积极参与"文化氛围,打造按标准作业的执行力。

除此之外,方太还推行工匠文化,打造工匠精神,把简单的事情做到极致,在平凡的岗位造就伟大。每年 4~5 月为方太的"工匠文化节",活动内容包括工匠文化节启动会、工匠技能比武、工匠文化电影赏析、工匠标杆企业学习、方太好师徒评选、工匠评选、工匠文艺会演等系列活动。

同时,与 ISO9000 质量管理体系一脉相承的还有方太的"零缺陷品质文化"。方太的"零缺陷品质文化"有三重意义:一是打造氛围,让"零缺陷"成大势,鼓励、激励员工学习;二是树立标杆,让"零缺陷"可看见,明白成功的落脚点是让正确的行为成为习惯;三是形成标准,让"零缺陷"可自学,建立标准,可以对照"宝典"完成自学。

6.2.2 做正确的事,正确做事,把事做正确

方太创立 5 年时,遇到了发展瓶颈。当时,方太面临三大挑战:一是企业成长遇到瓶颈,销售收入连续两年持平;二是行业竞争急速加剧,国际洋品牌大举进入厨电行业;三是企业管理水平与目标存在较大差距。

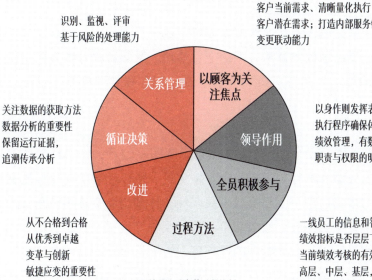

图 6-10　七个原则及其所对应的管理思考

为了应对这三大挑战，2001年方太探索发现了卓越绩效模式，并与外部专家反复探讨，确定导入卓越绩效模式必须从品质管理基本功开始，并制定"三步走"规划。第一步夯实基础，从日常6S管理、QCC、提案改善、现场管理等基础管理开始；第二步对标改进，参照评价标准制定管理目标并找出差距；第三步持续改善，参照质量奖评审要求，外聘专家进行现场诊断，持续进行改善。

可以说，卓越绩效体系推动方太在整个运营管理能力的建设发挥上起到了显著作用。卓越绩效体系从方太的文化落地、成熟度提升等方面出发，助力实现方太的第一个初心。员工的敬业度、NPS和管理成熟度也得到显著提升……

图6-11为方太的卓越绩效管理体系，从图左侧看，在卓越绩效管理体系里，领导、战略和顾客与市场是相互锁定的，所以领导的作用体现在它与战略、顾客与市场这三个方面形成了关联性，体现为一个作用三角。而重中之重就是要把方太的使命、愿景和核心价值观很好地贯彻到企业的作用三角之中。图右侧展示了是方太管理的成熟度，方太通过不断迭代实现卓越。在这里，方太特别强调了过程管理、资源和经营结果的匹配，这是卓越绩效管理体系的另一个三角形。方太的运营管理说的不是资源管理，而是对资源的分类。对于过程管理，方太的流程和项目都要实行过程管理。方太的经营结果采用对标的方式，通过对标找到差距，找到自己需要改进的地方并不断改善。

方太的运营管理有3个核心关键词，即有文化、有质量、有方法。

有文化。从方太的核心理念到基本法则，再到运营管理方式，再到要素的组合运作，其发心都是文化。方太文化决定了方太发展的方向，决定了方太的管理要求，决定了方太的战略导向和顾客市场的需求满足，也决定了方

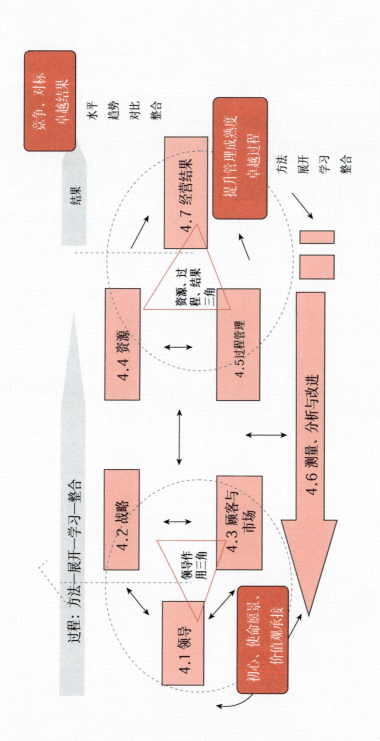

图 6-11 方大的卓越绩效管理体系

太对质量的要求。

有质量。文化决定了质量，质量就决定了方太瞄准的目标是什么，所以目标管理的方向就决定了方太怎么做。企业要做到从偶然看到必然的能力沉淀，要做正确的事，正确做事，把事做正确并持续改进。

有方法。方太有 PDCA 过程方法和基于风险的思维模式，这就是方法。但人的作用很重要，在方太的 ISO9000 质量管理体系和卓越绩效管理体系里都提到领导和全体员工的参与。为了提升领导力，方太有关于领导干部心性提升的"三达德"——"仁、智、勇"，方太还强调领导干部的三大作风——密切联系顾客，坚持深入现场，反省与唤醒。同时，方太还有"三把剑"——标杆学习、复盘改进、总结教授。

最后，回到"道"的层面，企业如果有一个向善的伟大目标，那么也会跟方太一样，由小到大，朝着"伟大"迈进。希望方太的运营管理方式能够为企业打开一扇门，提供一些助力。

6.3 人文管理

2017年，方太在人员&文化体系的战略会上，得出了一个初步的结论，方太未来要建立人文管理体系，即文化作用显著加大；精细与空间并存；复杂与简单平衡；自利与利他统一。这句话是什么意思？

第一句话的意思很清楚。第二句话是指管理并非在所有方面都越精细越好，如果全部都实施精细化管理，那么这一举动便会削弱人的主观能动性。方太倡导发挥人的主观能动性，给人的发展留空间，否则就像发明汽车流水线实现规模化汽车生产的亨利·福特说的那样，"我需要的是一双手，为什么上帝给了我整个人。"他的意思是，我需要的只是流水线上可以紧螺丝、刷油漆的一双手，只可惜这双手不能独立获得，于是不得不把拥有这双手的人也请来。

方太的人文管理体系倡导整个管理过程要为人的主观能动性、自主性、创造性留出一定的空间，做到精细与空间并存。

第三句话是"复杂与简单平衡"。现在很多人特别是企业经营者或管理者都在说"大道至简"，但所谓的"大道至简"，其背后也是有复杂的系统在支撑的。比如飞机在飞行的时候，驾驶员坐在那里只用按几个按钮，大多数时候是自动驾驶,但自动驾驶背后的技术和系统是非常复杂的。管理也是一样的道理,比如企业的 IT 系统,为了实现前台简单,中、后台的技术和系统是非常复杂的。所以,简单的背后都是由复杂系统在支撑。故此,方太倡导管理要"复杂与简单平衡"。

第四句是"自利与利他统一"。方太认为,企业在利他的同时,也是在自利,它是统一的,最后达到"义利合一"的结果。

那么,方太是通过什么创建"文化作用显著加大、精细与空间并存、复杂与简单平衡、自利与利他统一"的人文管理系统的呢?如图 6-12 所示。其中文化管理包括文化落地管理、员工关系管理、文化宣传管理、文化活动管理及敬业度管理,例如前文讲的中式集体婚礼就属于文化活动管理中的一个条目;组织管理发展是一家企业从游击队走向正规军的过程,方太达到百亿级规模之后,随着内外局势的变化,方太尝试通过组织修炼实现可持续性增长。以下,笔者将关注点主要聚焦在方太的干部管理上。

方太通过角色模型牵引、持续领导力培训、绩效考核、职级晋升、短中长结合的物质激励与精神激励、管理问责和不胜任调整等一系列手段,激发干部活力,提高岗位胜任度……由此,方太在企业中构建了完备的干部管理体系,锻造出一大批既有仁爱精神、又能打硬仗的干部队伍,让干部群体始终保持艰苦奋斗精神……

在干部管理方面,方太也曾面临过一些困境。2017 年,当方太发展到百亿级规模并进入"二次创业"时,所谓的"大企业病"在方太也开始凸显,比如干部盲目决策、远离现场、信息不畅、部门臃肿等,尽管大家感觉工作越来越忙,但成效却越来越低。

好在茅忠群将干部管理视为企业发展的核心工作,经过深刻反省,认真

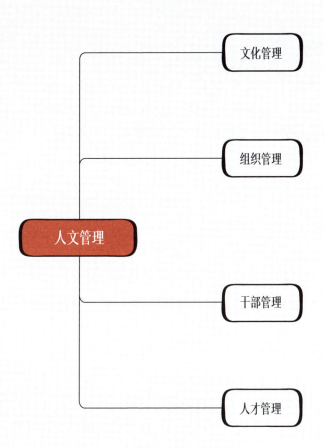

图 6-12　方太人文管理的四大内容

总结过去的经验和教训，在"中学明道、西学优术、中西合璧、以道御术"的基础上，方太发展出了一套极具中国特色的干部管理体系。这套干部管理体系，无论是对于企业领导者、中基层管理者，还是对于即将走上创业之旅的广大读者，都有着极大的借鉴意义。

6.3.1　干部的"三观"

方太作为用中华优秀文化管理企业的践行者，一直着力于以干部为主体的文化落地，正如方太内部一直强调的，"方太文化首先要做到领导垂范""不能认同方太文化的员工，不能进入中高级"等。方太有企业三观，同样，方太的干部也有干部的"三观"。图 6-13 所示就是方太干部的"三观"。

在方太做干部的目的和意义是什么？这个问题的答案就是方太干部的使命——带领团队、依道而行、实现目标。

方太的干部要成为什么样的管理干部？这个问题的答案就是方太干部的愿景——给人信心、受人信任，方太干部的最终目标是成为四铁、四前干部。

方太的干部信什么？在经营企业、管理团队的过程中，方太的干部相信什么是应该做的、什么是不应该做的；什么是能做的、什么是不能做的。

方太干部的信念和信仰是什么？这个问题的答案就是方太干部的价值观，即"三达德"——仁、智、勇。

常言道：父母是孩子的第一任老师。孩子在与父母相处的过程中，会不自觉地模仿父母的一言一行、一举一动。耳濡目染的结果，就是孩子的"三

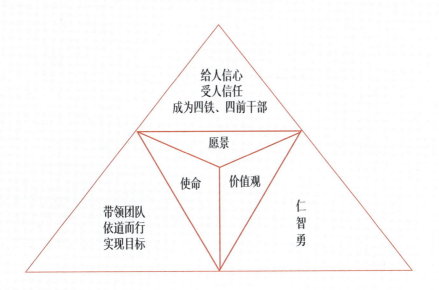

图 6-13 方太干部的"三观"

观"会逐渐与父母趋同，一代代传承下来，就会形成家风。对于一个企业而言，企业文化就是"家风"，员工（尤其是新员工）就是"孩子"，而干部则是承担言传身教角色的"家长"。只有干部以身作则、言行一致、恪守"三观"，才能使员工发自内心地对方太文化产生认同感并形成正确的"三观"。

6.3.2　干部能上能下的九字原则

方太为众多企业探明了干部管理的关键原则：符合哪些标准可以成为干部，成为干部后需要怎么做，干部如何继续成长和发展。在过去的25年中，方太陆续完善了针对干部群体的选、用、育、留等体系化建设，建立了从任用制到选拔制的干部晋升标准，设计了科学的干部绩效评估体系，加强干部队伍的培养与锻炼，充分保证干部团队对方太发展的支撑作用，最终形成了一套行之有效的干部选拔标准——干部能上能下的九字原则。

所谓能上能下，笔者在采访了方太的领导干部后，总结归纳出两层意思：一是指在方太需要时，管理干部能够下基层，基层干部或员工也能到相对较高的岗位上顶上去。这样不仅可以有效地锻炼那些经验缺乏者，同时也能有效避免老干部沉溺于过去的成果，高枕无忧，不思进取。

二是方太的干部不是终身制，即使是高级干部也要能上能下。对于不能够顺利完成任期目标的干部，方太会依照具体情况，不予晋升，甚至可能会直接淘汰。而在任期内无所作为的干部，必须要免职。

孔子说："尊贤而贱不肖。"意思是贤明的君主治理国家在于重用才德兼备的人，而把"不才"放在卑下的位置。同理，治理企业也是如此。茅忠群从中体悟，结合方太能上能下的干部管理理念，提炼成九字原则，即贤能上、平庸让、无德去。

贤能上，是指方太会任用德才兼备的人，最大限度地给贤能者充分发挥德才的舞台和机会。

平庸让，是指平庸的人如果在重要的岗位上，那就要让贤，但并非马上会被辞退。需要区分两种情况：一是他的能力不适合这个岗位，那就换岗；如果换了岗，还是不行，就要降职。在降职的过程中，待遇薪酬也要跟着往下降，如果还不胜任就再继续降，直至将其降到收入待遇与能力相匹配的位置上。

方太的"平庸让"与其提倡的"让贤文化"有异曲同工之妙。《周易·系辞》里提出"德薄而位尊，知小而谋大，力小而任重，鲜不及矣"。简单地说，在方太，德、才与职位不相匹配的干部需要让贤。让贤的意义是方太要成为一个伟大的企业，要实现为了亿万家庭的幸福的使命，就需要让每一个关键岗位都有优秀的德才兼备之人，当方太的干部德才不配位时，干部要主动让贤，给予他人成长与贡献的机会。能让贤，才是真君子。

无德去，是指德行上有问题的员工，方太会让他直接离开。

方太"贤能上、平庸让、无德去"的九字原则遵循两个理念。

第一个理念是"先教后处"。儒家认为"不教而杀谓之虐"，对于品德不好的人，方太不是直接让他走，而是有一个教育的过程。如果在教育上方太已经尽到企业的本分和责任了，但他还是没任何改进，那么方太会请他离开。

第二个理念是"问心无愧"。在方太，即使是请人离开，也会有离职面谈的环节，方太倡导在这一环节要做到问心无愧，不能为了走完这个流程，就假惺惺地找人谈话，要反复扪心自问有没有做到"问心无愧"这四个字。

除此之外，方太还倡导要在这一环节"致良知"。

除了能上能下的九字原则，在干部管理上，方太正在通过五个方面，培养引领组织前行的"火车头"干部，以及有仁爱之心、充满创造活力、专业精深的人才队伍。一是在干部任用上，选拔与"动车组"适配的"火车头"干部，承担起使命和责任；二是在干部评价上，实施 ABC 和末位调整机制，激发干部担当进取；三是在干部激励上，实施短、中、长期结合的激励机制，拉开差距，鼓励冲锋，给"火车头"加满油；四是在干部培养上，实施以角色模型为核心的现任干部队伍建设、以继任计划为核心的后备干部队伍建设；五是通过职级体系变革，促进人才发展，支撑未来千亿级规模对人才发展通道的需求。

致此，关于方太干部管理的内容已经介绍完了，直到笔者落笔，仍觉得方太在干部管理上还有许多未在书中言尽的道与术是值得企业学习与借鉴的，如果你在读完这些内容对方太的干部管理仍意犹未尽，可以来方太参观，身临其境地感受一下；你也可以去方太文化研究院听听真正具有"方太味"的老师们给你讲解方太的干部管理。

6.4 风险管理

方太自成立那一天起,就将风险管理作为企业可持续经营的重要核心内容。根据方太的实际情况,茅忠群认为方太要守好四条底线才能赢得未来,这四条底线分别对应着方太风险管理的四个维度,如图6-14所示。

数十年前,摩托罗拉一直是引领尖端技术和卓越典范的代表,享有着全球最受尊敬企业之一的尊崇地位,每隔10年便开创一个工业领域。企业成立80年,发明过车载收音机、彩电显像管、全晶体管彩色电视机、半导体微处理器、对讲机以及"六西格玛"质量管理体系认证,还先后开创了汽车电子、晶体管彩电、集群通信、半导体、移动通信、手机等多个产业,并长时间在各个领域中找不到对手。就是这样一家煊赫一时的企业,却在1991~1999年,因"铱星计划"花掉了50亿美元而宣告破产。

摩托罗拉的失败有很多原因,但究其根本,与它没有进行战略风险防范有着莫大关系。摩托罗拉为了抢夺世界移动通信市场的主动权在1987年提出了"铱星计划"的战略,但由于这个战略过于宏大,并且系统风险大,维护成本和其他成本都很高,最终摩托罗拉唯有在多重因素的作用下走向失败。

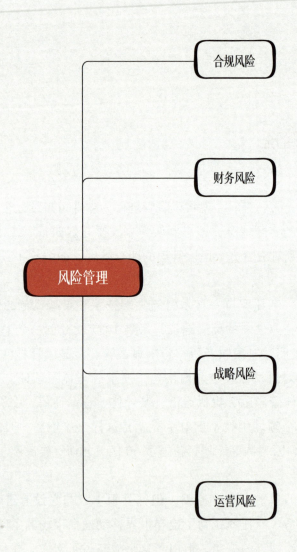

图 6-14　方太风险管理的四大内容

风险管理是 PMP[一]理论体系中的十大知识领域之一，华为便十分重视对风险、危机的识别与管理，不仅每年都会通过战略规划做好相关工作，还会及时采取措施对此进行预防、规避。任正非曾在著名的《华为的春天》讲话中说："失败这一天是一定会到来，大家要准备迎接，这是我从不动摇的看法，这是历史规律。"华为在多年来一直尤为重视危机和风险管理的发展过程中，产生了以《华为基本法》《华为的红旗能打多久》等为代表的一系列企业纲领与主题讲话，将风险管理机制下沉至企业所有业务环节中，使其为华为的企业发展发挥重要作用。

风险管理已经成为现代企业实现可持续经营必备的一项技能。瑞斯顿[二]曾说过："我们的一生是在管理风险，而不是排除风险。"无处不在的风险越来越成为悬在企业头上的一把达摩克利斯之剑。

方太文化研究院曾对前来学习方太文化的企业经营者及管理者做了一项有关风险管理的调查，总结出中国企业风险管理主要存在的三大问题，如表 6-1 所示。

[一] PMP：Project Management Professional，项目管理专业人士资格认证。它是由美国项目管理协会（Project Management Institute，简称 PMI）发起的，严格评估项目管理人员知识技能是否达标。其目的是给项目管理人员提供统一的行业标准。

[二] 沃尔特·瑞斯顿（1919—2005），执掌花旗银行达 17 年之久，具有决定意义地提升了花旗的国际地位和品牌价值。瑞斯顿曾被称为 20 世纪最杰出的 CEO 之一。

表6-1 中国企业风险管理的三大问题及表现

问题	表现
意识不到风险	缺乏风险管理意识，没有积极地进行风险管理
意识不到风险	企业中的风险管理活动往往是暂时的或者间断性的，意识到了就进行管理，事后则放在一边，置之不理
意识不到风险	企业缺乏对风险进行定期复核和再评估的细心与耐心，降低了企业适应环境变化、管理和规避风险的能力
意识不到风险	获取最大利润的根本目标致使有些企业只顾眼前利益，而忽视了某些行为决策对企业未来发展产生的不利影响
意识不到风险	对运营风险不能进行系统全面的分析，从而导致企业蒙受巨大损失
识别不出风险	企业经营者拍脑袋决策，感知不到风险
识别不出风险	企业没有建立识别风险的管理体系
识别不出风险	成立了相应的风险管理部门，也没有设立专职的风险经理岗位，风险承担的主体也不明确，各个部门或者岗位间互相推卸责任
识别不出风险	企业的风险管理始终停留在以眼前利益为目的的决策层次上
防范不了风险	企业内部缺乏有效的内部审计，风险预警制度不健全
防范不了风险	企业内部没有风险防范制度
防范不了风险	企业没有风险决策制度，识别出风险后不知如何决策

为建立有效的全面风险管理体系，提高企业风险防范和控制能力，规范企业的风险管理工作，最终达到企业风险整体可控、关键领域不犯严重错误的目的，方太建立了比较完善的风险管理制度，成立了企业风险管理委员会。一方面向企业管理层强调风险管理的重要性和必要性，另一方面提供开展企业风险管理活动所需的资源，关注重大风险事项。为了落实执行，委员会之下成立了企业风险管理办公室，负责企业全面风险管理体系的建立、维护、监督与改进，重点是推动风险管理嵌入各业务流程，组织开展风险管理成熟度评价活动。

下面，我们一起来看看方太是如何做好风险管理的。鉴于战略风险和运营风险在前面的篇章有所呈现，这里我们将聚焦在合规风险和财务风险两个维度上。

6.4.1 合规，是企业风险防范的第一道屏障

合规对于企业为什么如此重要？方太认为，合规不仅能不断增强企业依法合规经营的意识，更能提高企业经营的经济效益，规范的合规防范体系，是企业风险管理的第一道屏障。

如今中国企业面临的问题已经不再是"要不要合规"，而是"如何合规""如何加强企业合规风险建设"这样的问题。

方太认为，企业合规风险可以按照三层含义来理解：第一层是具有强制性的法律法规，即企业所在地和经营所在地的强制性法律规定及监管要求；第二层是企业在生产经营活动中写入企业规章制度的相关方的自愿性承诺；第三层是企业要遵守的职业操守、道德规范、公序良俗等。其中，第三层的合规内容虽然不具备强制性，但由于在社会活动中普遍为大众所认同，所以具有较强的社会公共约束性。

为了做好这三层合规风险的管理，方太在发展的过程中逐步建立了完整的合规体系，全方位监督企业的行为是否符合各项法律法规。

企业在一定的市场环境中参与市场竞争，其行为必须遵循针对市场主体的所有法律法规，主要是上文所提合规之"规"的第一层含义，即企业要在生产经营过程中遵守公司总部所在地和经营所在地的法律规定及监管要求。企业法律风险包含于企业合规风险之中，但企业法律风险不等同于企业合规风险，它只是企业合规风险的一部分。

总结归纳后，方太在法律风险管理上主要有三大举措。

领导垂范，创始人严守法律底线

从法律风险的角度来看，企业经营者个人的法律风险是企业头等重要的法律风险。每年我们都可以看到影响较大的企业因其经营者"涉案"而衰落，我们从中不难发现一条奇怪的路径：一些企业经营者在获得第一桶金以后，开始并购企业、走多元化道路、进行资本运作等，但由于没有依法经营，踩了违法的红线；接下来就是资金链断裂，逐步走上铤而走险的路子。

树立法律风险防范意识、防范和控制法律风险是每个企业经营者的第一要务。美国通用电气公司原总裁杰克·韦尔奇曾说："我并不担心 GE 的业务，我担心的是有人做了在法律上愚蠢的事给公司声誉带来污点，甚至使公司毁于一旦。"笔者在与茅忠群聊到方太的经营时，感受到茅忠群时刻都在提醒自己和企业要严守法律底线。

据方太的领导干部回忆，茅忠群曾经带领企业全体高管集体宣誓，严守法律底线，为实现亿万家庭幸福而努力奋斗。

伟大企业家对自己的道德要求始终是高于法律底线的。在现实中，道德环境并不是那么宜人，正如复旦大学苏勇教授所言："很多企业家仍在埋怨，说我们应该坚守很多的商业伦理，应该有商业道德。但是现在外部市场竞争那么残酷，如果你让我先做的话，可能我就会倒下去，或者说我就要衰败。"所以有些企业赞同社会契约整合理论的观点，所谓"法不责众"，既可以牺牲一点商业道德获得更多利益，又不至于被作为典型惩处。

但是，茅忠群却说："在一个社会当中，总是要有一部分人去先行一步。"他认为西方做企业的理念通常是股东利益最大化，这与中国企业的理念截然不同。茅忠群从中华优秀文化中演绎出了"商道"的两个观点：一是"义利合一"，我们不反对追求富贵、享受富贵，但是君子爱财取之有道；二是"以心为本"，中华优秀文化提倡"以民为本"，方太在企业中则提倡"以心为本"，这主要体现在顾客和员工两个群体上。方太始终秉承着仁爱的理念，关心顾客和员工的需求。茅忠群关于商道的两个观点也成了方太一直坚持的原则，在企业经营过程中，方太不仅让顾客和员工感受到了满足与幸福，也为整个行业做出了行为表率。

文化支持，把合规文化融入企业文化

方太创办至今，业务、人员、管理模式不断发生着各种变化，但始终不变的是核心价值观。这也是被外界津津乐道的"人品、企品、产品，三品合一"。方太始终捍卫和坚守核心价值观，以中华优秀文化的"仁、义、礼、智、信"为核心基础和关键纽带，不断创新组织治理理念和各项具体举措，构建出整个经济体的合规管理机制。

在方太，合规管理不仅是一种工具，更是一种文化，已融入管理的每个环节中，体现在员工言行间。方太早已将企业核心价值观内化，并在每天的工作中身体力行。对方太来说，员工个体行为的诚信度具有第一优先权。只有每个人都意识到曾经的错误，保证日后的每一天、每一刻都不会重蹈覆辙，方太才会拥有一个光明的未来。

方太的核心价值观使合规理念深深植入员工心里。方太会对员工进行大量持续性的合规培训，使员工充分理解公司的规章制度、流程和重点。比如方太管理层经常和员工进行合规谈话，强调合规的基本原则是诚实，并多次在重要场合的讲话中谈到合规，使合规成为员工言行的第一标准。管理层也时刻以身作则，接受所有人的监督。

合规体系的健康运行离不开法律合规团队的强大支持。方太在应对风险的过程中，逐渐制定并完善了相关规范，创建了自己的法律合规团队，虽然成本很大，但茅忠群每年仍会在预算方面提供全力支持并不断加大合规方面的投入。如今，"方太只做合规的业务"成为每个方太人心里坚不可摧的信条和底线。

6.4.2　方太的财务辩证思维

我们再来看一个年代有些久远的故事。

曾经在上海浦东南路与张扬路的交会处，矗立着一座大型商厦——上海第一八佰伴，它是中国第一家中外合资大型商业零售企业。1995年12月20日，第一八佰伴试营业，当天人潮涌动，共有107万名消费者进场参观购物，刷新了吉尼斯世界纪录。然而，没过多久，八佰伴创始人和田一夫一次性投入13亿港元买下了八佰伴的第一项不动产——香港汇景广场。当时日本经济已经盛极而衰，购买力急剧下降，其创始人和田一夫不仅未及时收缩战线，反而大举进行海外扩张，这次逆势扩张、铤而走险，原本是和田一夫试图用海外业务的发展来弥补国内市场的萎缩，可却令他在举债扩张的道路上越走越远。为了挽救危局，八佰伴被迫将早期买入的不动产变现还债，虽然每项资产的出售都有丰厚的利润，但这些钱全部都用来还债也依然入不敷出。

1997年9月18日，日本静冈县地方法院宣布八佰伴破产案的涉案金额高达1613亿日元，这是日本流通业发展至彼时规模最大的一起破产案，轰动了整个日本。

无论在当时还是在现在，八佰伴的故事都不过是资本市场中的一个小小插曲，市场上任何成功的经验都可能暗含失败的因子。

今天笔者之所以再次把八佰伴的故事拿出来说，是因为它的失败与其忽视财务风险管理有着很大的关系。作为风险管理分支的财务风险，财务成果反映着经营活动的成败，而财务成果的好坏往往取决于财务风险的大小和经营者对财务风险的防范能力。显然，加强财务风险管理，提高财务决策的科学化水平，已成为企业可持续发展的重要课题。

方太的可持续经营也与方太的财务管理有着直接关系，其财务风险管理为企业管理效益的提升起到了推动作用。2018~2020年，方太资产规模逐年扩大，净资产及营运资本亦稳定增长。同时，方太在2018~2020年各项偿债能力指标都较为稳定，资产负债率小于50%，长期偿债能力较强；流动比率稳定在1.5倍左右，速冻比率稳定在1.3倍左右，偿债风险较低。

通过这些数据，我们可以看到方太的财务风险管理的有效性，对方太财经管理变革、财务工作在企业管理中发挥的作用有更深刻的认识。下面，我们将以辩证思维的方式来展示方太在财务风险管理上的突出表现。

利润最大化与可持续增长的辩证统一：不单纯追求利润最大化是为了可持续发展

企业需要追求利润，但如果我们把全部着眼点都放到追求利润最大化上，极易造成企业行为短视，因囿于眼前利益而损害长远发展。企业要实现可持续发展，有时需要承担诸多不能立即产生回报的成本费用，如研发支出、文化管理建设支出、人力资源建设支出等。这些支出构成了成本费用，会减少企业当下的利润，但对企业长远发展不无裨益，甚至对企业未来能够参与市场竞争起决定性作用。

资源终归是有限的，企业不可能为了长远发展而在当下进行无节制的投入，如何理顺长期利润与短期利润的关系呢？方太按照企业可持续发展的要求,设立每个时期下合理的利润率和利润目标,而不单纯追求利润的最大化。

方太认为,追求的利润目标应该是"合理的",而不是"最大的"。利润合理化相比利润最大化,一是可以拒绝短期行为,二是可以培植深耕土壤。

以方太的创新投入为例,研发支出高了,企业利润就会下降;反过来,只有研发出高附加值的产品,方太才会创造出更丰厚的利润。方太从2014~2021年,每年的研发投入都在持续增加,并且投入占比在同业中始终稳居高位,研发人员占员工人数的比例大大高于同行。当然,方太拥有的发明专利数量在厨电行业也是遥遥领先的。我们知道,创新是高新技术企业之魂,方太始终强调创新战略,研发能力也一直是方太的核心竞争力之一。为了把创新思维变成集体意识,方太只对研发的投入开绿窗:研发投入没有上限。

人工成本与企业利润的辩证统一:分好"蛋糕"才能做大"蛋糕"

方太实施的是"以心为本"的心本管理,为了让每一位员工都能快乐学习,快乐奋斗,方太的做法是:分好"蛋糕"才能做大"蛋糕"。

人力资源增值与人工成本增长呈高度正相关关系。企业自然是希望最大限度地激发员工潜力,从而创造更多的利润;而员工在报酬没有显著改善的前提下更愿意追求工作舒适度。显然,人工成本与利润是矛盾的:一方面,涨薪会吃掉利润;另一方面,涨薪能调动员工积极性去做大利润。怎么平衡呢?

方太将物质激励(薪酬、福利、奖金等)和成就、能力、发展、环境以及情感激励相结合,以更好地激励员工勇于进行先进、独特且有效的产品和技术创新。在方太的利润分享计划中,员工能通过薪酬、年终奖、补助、身股等形式把个人利益与企业利益捆绑在一起。方太在确保自身可持续发展的前提下，保证了员工的较高薪酬，同时让员工分享企业增量的经营成果。这反过来会激发出员工更旺盛的创造力，让方太收获更优秀的经营业绩。这样就把人工成本与企业利润之间的关系由对立转化为统一了。

财务与业务的辩证统一：财务要融入业务

财务与业务的关系可从两个维度看：一是监督业务，对业务成果的真实性进行审核并做出记录；二是服务业务，为业务协调资源，为业务决策提供支持。方太围绕系统风险和流程风险，聚焦两大抓手：构建风险管控体系＋风险措施嵌入业务流程，由此将财务风险降低到可接受的程度。

以方太的工程应收风险管理为例，方太一是通过开展制度培训宣贯，从工程总部大客户团队和大区部层面开展全员《应收款风险管理制度》培训，并开展培训测评，以培养业务人员的风险意识。二是通过推广学习优秀干法，在大区部层面开展工程回款管控进度措施宣贯和学习，并在大区部和各片区进行专栏展示，以提升风险意识。凡事皆有道，企业的财务风险管理亦概莫能外，其实可怕的并非风险，而是企业面对潜在风险时的侥幸、麻木与无知。正如本文所述，方太把诸如利润最大化与可持续增长、人工成本与企业利润、财务与业务等关系由对立转化为统一，为企业管理、企业可持续发展做出了贡献。这也可视作管理方法论上的进步，可为广大企业提供有益借鉴。

最后借用方太的话来总结：企业只有守好四条底线才能赢得未来。

第三部分
文化即业务

文化是业务的基础,业务是文化的呈现和结果。文化强即诚于心,业务强即精于业,唯有知行合一,才能真正让顾客安心,让员工幸福。

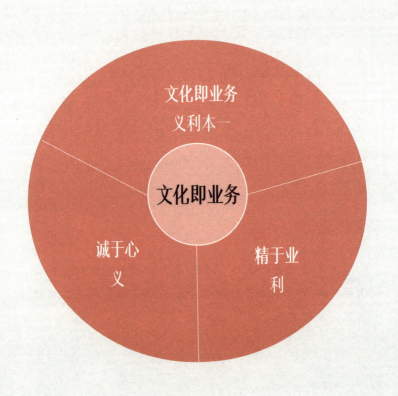

第 7 章

文化与业务的关系是一不是二

文化是做业务的发心、方式和奋斗精神，
业务是文化的呈现和结果。

——茅忠群

导言

文化有用吗？文化如何在业务中起作用？文化又如何落地？这是困扰很多企业的问题。总结来说，企业学习方太文化有三个重要前提需要弄清楚。

一是方太文化是什么？
二是方太文化有什么？
三是方太文化怎么用？

本章作为结尾部分，既是总结，又是企业学习方太文化的具体方法。方太25年来的实践经历也让我们看到，文化是企业最强大的内在推动力。相比产品和人才，文化是企业最难以被模仿的竞争力，在企业发展中具有关键作用。但是，现在很多企业依然没有意识到文化的重要性，或者已经开始相信文化可以为企业的长期经营提供动力，但是文化建设的效果并不理想，仍然使文化建设停留在理念和纸面上，对于如何实现文化落地仍不得其法。

在笔者看来，能够实现可持续发展的企业，都是有人文关怀的企业，都是拥有使命感的企业。究其根源，这些长寿企业都是有坚定信仰的企业，而且这种信仰深深植根于企业的文化之中。这也是如今方太希望更多的企业经营者认识到文化的重要性，并开展学习和践行落地的原因。

文化就是方太做业务的发心和方式，所以说文化即业务，两者的关系是

"一"不是"二"。文化强、业务强，这要求企业用心做事，从良知而行。文化强要求企业诚于心，业务强要求员工精于业。诚于心是修身心，精于业是尽本分。心不诚，无法让顾客安心；业不精，同样不能让顾客安心。唯有诚于心、精于业，知行合一，才能真正让顾客安心，让员工幸福。

既然说文化即业务，那么到底什么是文化呢？对于什么是文化，不同的企业、不同的人有不同的理解。企业约定俗成的理解是，文化指一个企业及其全体员工的思维习惯和行为习惯，以及所形成的整体氛围。

方太从中华优秀文化中体悟到，从两个角度理解"文化"：一个角度是一个企业及其全体员工的思维习惯和行为习惯，以及所营造的能量场；另一个角度是文化即业务，文化就是做业务的发心、方式和奋斗精神。

从方太对文化的理解来看，每家企业都有文化，文化其实就是企业做事的方式。文化有好有坏，从做事的方式中可以看出来。文化强、业务强，就要求企业用心做事，从良知而行。

做企业有三重境界，其中在"以义制利""义利合一"里，"义"指文化，"利"指业务。"以义制利"可以从两个角度来理解：一是制约，用义来制约赚不义之财；二是制造，用义来制造正当的利润。"义利合一"，也可以从两个角度来理解：一是企业要追求"义"和"利"的统一；二是"利"在"义"中。义即是善，利是善果，种善因即得善果。

借用茅忠群说的一句话来总结，深度理解和践行"文化即业务"，要多从因上努力，缘上创造，果上反省。

7.1 文化与业务的关系

时至今日，如果我们问一个企业经营者："企业的文化管理模式是否有用？"绝大多数人都会回答："文化有用。"犹如本书的读者，如果正在阅读本书的你认为企业的文化无用，那么你就不会购买本书。你购买了本书，说明你认为企业的文化管理有用，只是你不知道如何做好符合中国特色的文化建设，或者无法用文化助力业务发展。

大多数企业关于"文化与业务"的痛点有三点：

一是如何解决文化与业务"两张皮"的问题；
二是业务线的管理者根本就不重视文化工作；
三是如何解决文化"说起来重要，做起来次要，忙起来不要"的尴尬局面。

那么，企业如何解决文化与业务"两张皮"的问题呢？解决方法也不复杂，首先要解决一个基本概念问题：企业的文化与业务是什么关系？方太文化虽然现在迸发出巨大的能量，但方太刚开始导入中华优秀文化时，是自上而下地落到业务上，这个过程需要不断探索。与大多数企业一样，方太也曾感受到文化与业务"两张皮的存在"。为了解决这个问题，茅忠群进行了深入的思考，将文化与业务之间的关系梳理为三个层次，分别是"文化是文化，业务是业务""文化促业务""文化即业务"，最终达到"文化即业务"，企业自然就能解决文化与业务"两张皮"的问题。

第一个层次"文化是文化，业务是业务"，文化是企业文化部门的人做的事，跟其他人没关系，其他部门做的事情叫业务。在这一层次，企业把文化与业务看作是两件事情。所谓"思想决定行为"，一旦企业形成这样的认知，即使企业想让文化真正帮助业务，也会有无从下手的感觉。

第二个层次"文化促业务"，文化与业务是密切相关的，比如有的企业在与客户进行业务交流时，会先介绍企业文化，以取得客户好感，然后再与客户谈业务。在这一层次，文化与业务还不完全是"一"的关系，它们还是"二"的关系，但是在一定程度上，它们已经被结合在一起了。以前我们讲的"文化搭台，经济唱戏"，大抵就是这个意思。

第三个层次"文化即业务"，文化与业务两者本就是一体。文化就是做业务的发心、方式和奋斗精神，业务是文化的呈现和结果。例如你是怀着利他还是利己的发心做业务，采取帮助他人还是危害他们的方式，这些其实就是文化在发挥作用，而且发心改变自然会改变业务的呈现和结果。到了这个层次才是将文化与业务"合二为一"。

具体如何来理解"文化即业务"这几个字呢？

7.1.1 用一个核心原理解决一万个相似问题

文化和业务不仅是硬币的两面，同时也是一体的，这是企业中文化和业务之间位于最高层次的一种关系。

将文化和业务用"二"的视角来看,也就是将两者割裂为两个不相关的个体,这样思维会受局限。方太倡导用矛盾统一的视角看待文化和业务的关系。

关于文化和业务的关系,有一个非常形象的比喻,就是"磨刀不误砍柴工"。比如现在有一把刀,我们每天用它砍柴,但是砍的柴不多,而且每天砍柴都忙不过来,没工夫去做其他事情。现在有一个方法可以提高砍柴的效率,就是砍柴之前拿出15分钟先磨刀,这就叫"磨刀不误砍柴工"。其实,文化和业务的关系也类似这样,文化就是磨刀,业务就是砍柴,这是初级的理解。更进一步的理解是"文化即业务",就像磨刀本来就是砍柴的一个步骤,刀钝,砍柴的效率肯定不高。

举个例子,方太的"五个一"中的读一本经,表面上看好像是另外占用了时间,其实这与"磨刀不误砍柴工"的道理是一样的。通过诵读经典书籍,可以让员工明白两个道理,一是人生要快乐学习、快乐奋斗;二是最大的规律是因果,种善因便能得善果。如此可以帮助员工建立"仁爱""善"的发心与做事的方式,真正明白因果规律,让员工真正理解方太的文化。从发心上,方太要把利己调整为利他,建立仁爱之心与美善梦想,一切以顾客为中心,一切为了让顾客幸福安心。从方式上,方太从仁爱之心与美善梦想这个源头出发,善待顾客、员工和合作伙伴。明白了这两个道理,智慧马上就提升了,就会在行为上体现出来,业绩上也会得到回报。

《道德经》里说:"道生一,一生二,二生三,三生万物",这句话提示了万物本源,影响深远。笔者对这句话的理解是"以万归一,以一推万"。"以万归一"说的是要从万事万物中总结出其核心本质原理,来指导我们的行为。这样目标更明确,更能取得实效,也就更容易成功,从而更容易成就一番事业;"以一推万"是说当你掌握了一个"核心",其他问题便能迎刃而解。用一个核心的原理方法,去解决一万个类似的问题,这种方法让你做事更高效，也更接近成功。文化的最高境界应该是万物归一，也就是文化和业务归"一"的状态，而不是"二"。

7.1.2 文化是业务的发心、方式和奋斗精神

明白了文化和业务的关系是"一"不是"二"，接下来，企业还要明白文化在任何情况下，都是业务的发心、方式和奋斗精神。

文化即业务是一种普遍规律。也就是说，任何组织只要做业务，就会产生文化。文化便是做业务的发心和方式，只不过这种发心和方式有好有坏，有善有恶。方太就是选择了一种好的、善的发心和方式。发心改了，自然方式就改了，业务结果自然也会发生改变。

那么，为什么心的能量会有这么大呢？当企业有一颗仁爱、利他的心，会更倾向于帮助他人，也能够更准确地抓住顾客真实的需求，最终获得顾客的喜爱。厚德才能载物，企业面临的很多问题，其实根源都是心的问题，既然心是人生的总开关，那么企业在心上下功夫就可以同时解决很多问题，达到事半功倍的效果。

举个例子，比如企业的员工流失率高，如果企业经营者去学习员工激励的方式，优化激励的制度，提升员工的薪资待遇，这是在事上解决问题，但如果企业经营者从心的总开关入手，真正开始坚守仁爱、利他的发心，企业经营者追求的可能是如何让员工实现物质与精神的双丰收，事业与生命的双成长。到术的层面，企业经营者就会用更加全面和丰富的方式来关爱员工。最后，企业经营者发现不仅解决了员工流失率高的问题，还可以提升员工的归属感和幸福感，甚至提高他们的工作效率，这就是在心上下功夫。

为什么利他的发心就能产生更好的、更加积极的效果呢？我们可以从业

务、竞争、创新三个方面来看。

从业务的角度来看，业务本身就是在解决顾客的问题、满足顾客需求，赚钱是自然而然、水到渠成的结果。

中华优秀文化培养了方太的仁爱之心，让方太站在顾客的视角思考问题，怀着帮助顾客解决问题的发心去做业务，最终的结果自然会变好。也就是说，文化改变方太的心，其实是从"因"上直接进行改变。"因"上改变了，业务这个"果"自然而然会改变。

举个例子，吉林某商场内的方太厨电顾问，在学习中华优秀文化后改变很大。有一天，她闲暇时翻看销售记录，发现有一位顾客一年前购买的产品还未安装。给顾客打电话无果后，她利用休息日上门与用户取得联系。可到了顾客家里，发现屋里是两位老人，老太太因腿摔断受伤而卧病在床，家里装修也因此耽误。由于老人为了不让在国外的孩子担心，隐瞒了生病的现状，导致治疗费用的花销一直是自己承担，并且手中的积蓄也所剩不多。这位厨电顾问回到公司后立即为老人办理了退货手续，先确保老人有充足的治病费用，并且在周末时还经常去老人家里，给两位老人整理家务。老太太病好后，没想到这两位老人竟带着四方的邻居来购买方太产品，一次性就购买了价值30万元的产品。这就是"回报"，文化做好了，业务自然不愁了，这也是"文化即业务"的直接体现。

从竞争的角度来看，很多企业想到竞争，首先会盯着自己的竞争对手。其实，竞争意识削弱竞争力，太专注于眼前的竞争，反而会偏离目标，真正的竞争比的应该是谁能更好地为顾客服务，谁能把更好的产品提供给顾客，谁能真正满足顾客的需要。

我们设想一个场景，一个商场有相互竞争的两家店，你作为顾客，去了这两家店。第一家的销售员在介绍产品的时候一直说他们家的产品哪里好，另一家的产品哪里不如自己家的产品；第二家的销售员先了解了你的需求，知道你追求的是性价比，于是给你推荐店里性价比高的产品，在你提到另一家的产品时，他不会说对方不好，而是认同对方也有性价比高的款式，建议顾客按需求购买。这样的两家店，你会喜欢哪一家？

相信大部分人会选择第二家店，因为第二家店的销售员是站在顾客的角度。这就是仁爱、利他的发心下产生的业务行为。这样产生的业务短期内满足了顾客的需求，从长期来看也提升了企业口碑，业绩自然而然会更好，顾客自然也会更多。

从创新的角度来看，方太倡导的创新是美善创新，创新多来自仁爱之心。离开仁爱之心，创新可能走上危害社会的邪路，品质难以得到保障，品牌也难以传递正能量。

7.2 以中学之道御西学之术

要实现"文化即业务",从企业经营管理的角度来看,要建设中西合璧的文化管理体系,需要用制度和文化两条腿来走路,提升管理的有效性。这就要求以中学之道御西学之术,在企业经营的过程中实现"文化即业务"。

茅忠群认为,从管理的有效性来看,管理需要建立在两条腿走路的基础上:一条腿是制度;另一条腿是信仰(文化)。如果没有信仰(如对制度的敬畏感),制度的有效性就会大打折扣;如果没有制度,就不会有良好的秩序。西方管理模式之所以在西方产生强大的效果,很重要的一个条件是背后有西方文化作支撑。但是西方管理模式到了中国后,只剩下制度,没有了信仰。因为西方文化无法照搬照抄,只剩一条腿的管理无法产生相应的效果。

纵观方太中西合璧的文化管理发展之路,大致经历了四个阶段,如图 7-1 所示。

彼得·德鲁克也曾说过:"因为管理涉及人们在共同事业中的整合问题,所以它需要深深地根植于文化之中。管理者所做的工作内容在联邦德国、英

1996~2000年 继承发展期	2000~2007年 西学筑基期	2008~2017年 体系成型期	2018年至今 弘扬与完善期
• 两个继承：党建文化、文艺大奖赛文化 • 两个发展：品牌文化、创新文化	• 从世界500强引进高层管理人才 • 茅忠群参加中欧EMBA课程，导入卓越绩效模式 • 茅忠群先后参加清华大学、北京大学两个班学习	• 开始在公司内逐步推进中华优秀文化学习 • 全面导入中华优秀文化，设立全国首家企业孔子堂，倡导读经一刻 • 使命愿景进一步升级，形成了包括核心理念、基本法则和践行体系在内的"方太文化体系" • 提出"五个一"，开始全员践行	• 提出了新时代家庭幸福观、幸福社区观、幸福厨房理念 • 提出四大目标 • 成立方太文化研究院，开始对外推广中西合璧企业管理 • 价值观（仁、智、勇）行为践行体系成形

图7-1 方太中西合璧的文化管理发展之路

国、美国、日本或巴西都是完全一样的,但是他们的工作方式却是千差万别。因此,发展中国家所面临的一个基本挑战就是,如何发现和确定本国的传统、历史和文化中哪些内容可以用来构建管理以及确定管理的方式。"

2019年,方太和海底捞、海尔、金蝶软件、奇正药业、西贝、云南白药等8家企业,共同获得了"首届德鲁克中国管理奖"。方太自2008年开始导入中华优秀文化,2019年的获奖是对方太10余年来坚持探索并践行中西合璧的文化管理之道的认可。

有的企业经营者或管理者初次听到方太中西合璧的文化时,会认为这是用来否定西方管理理论的。对此,茅忠群的回答是:引入中华优秀文化,是把中国管理哲学与西方管理科学相互结合、相互打通,寻找中西管理在科学思想、实践方法上的共性特征与普遍规律,实现真正的"合璧"。笔者认为,正如看待"文化即业务"要用矛盾统一的思维来看,对于中西合璧也是如此。茅忠群在2016年方太第一届东方管理思想专家研讨会上直截了当地说道:"东方管理和西方管理只是一个方便的说法,无法断然分开,两者有很多相通的地方,而且在实际的管理过程中更不能教条地理解。这不是谁取代谁的问题,而是如何融合的问题。"

那么如何将中国本土的中华优秀文化运用到现代企业的管理当中,运用中西合璧的文化来管理企业,更好地实现"文化即业务"呢?方太经过十余年的探索与实践,用四个字来回答,那就是"以道御术"。

7.2.1 以道御术,应该怎么御

道是心的呈现,是境界和格局,以及由此形成的核心理念等;术是经营管理的体系、流程、制度、方法、工具等。"中学明道、西学优术、中西合璧、以道御术"是探索中国特色文化体系和企业管理模式的核心指导思想。

中西合璧，合的是"道"，要以道御术。所谓以道御术就是基本原理和具体操作的统一，不变的规律和万变的应用的统一，内在和外在的统一，根干和枝叶的统一。

以道御术包含四个方面。第一个方面是以道指引术。企业应将道作为指导具体工作的思想基础。对方太来说，方太核心理念以及由此产生的方太基本法则是确定体系、流程、制度、方法、工具等的指引和指导思想。第二个方面是以道判断术，也就是以道作为判断术是非、善恶、优劣的根据。第三个方面是以道提升术，用道不断优化提升管理方法。第四个方面是以道孕育术，用道不断丰富孕育新的方法。比如全书所讲的方太文化管理体系，就是方太通过探索，将中华优秀文化与西方现代管理相结合所孕育出来的。

如全书阐述的方太文化管理体系中的四个立、四个化、四责任、四管理等，都是方太用道孕育出的新方法。"明道"以后要"优术"。比如仁爱之心，表面看起来，像是一个口号，怎么落地？方太有一整套落地的方法，包括关爱感化、教育熏化、制度固化、才能强化等。

7.2.2 推行中西合璧的管理模式

最早在推行中西合璧的管理时，方太从外部请来的国学老师在孔子堂里讲课。每天早上，方太上到管理层，下到车间的每一名员工都在诵读国学经典。

刚开始导入中西合璧的管理方式之时，方太倡导员工晨读经典书籍，每天一刻钟。经过八年的熏陶，"读一本经"已然成为方太人的优秀传统之一。方太企业文化部发现不少部门创新了晨读方式，富有特色的"解经一刻"已悄然成风。比如方太财务共享部全体诵读《大学》后，一位会计人员结合生活体会与岗位经验，分享对《论语·尧曰》中提到的"不知命，无以为君子也"的感悟。

如今,"五个一"已经在方太蔚然成风,完全自发、自觉、自愿,没有制度,没有奖励,没有处罚。这或许印证了茅忠群办公室贴的那幅字:"无为而无不为"。《道德经》说:"我无为而民自化。"这种春风化雨般的教化过程,也是孔子特别推崇的。

茅忠群曾经讲过一个故事。在一次国学论坛中,茅忠群在分享完自己的心得之后,正在大堂里散步,一位热爱中华优秀文化的马来西亚女企业家走过来,对茅忠群说:"茅总,我现在很困惑。以前不学中华优秀文化我挺明晰,现在我学了中华优秀文化之后很痛苦,简直非常痛苦。"茅忠群问她:"这到底是怎么一回事呢?"女企业家说:"学了中华优秀文化之后,感觉现在都不会做事了。"茅忠群有点纳闷:"怎么学了中华优秀文化之后连事情都不会做了呢?"

听完这位女企业家的话后才知道,原来,这位女企业家学了中华优秀文化以后,对中华优秀文化的"孝文化"理解产生了偏差。在是否请保姆帮忙照顾年迈的父母这个问题上纠结不已。请保姆,感觉违背了孝敬父母的文化;不请保姆,自己要经营好企业,实在抽不开身天天陪伴在父母身边。

茅忠群对她说:"你这是把中华优秀文化学'死'了。中华优秀文化里提到'修身心,尽本分'。你的本分是企业家,你要为你的员工和企业负责。你把企业做好了,这是最大的善,是对社会、对员工最大的善。"

这位女企业家还说:"我认识一批企业家,他们跟我差不多,企业办得也不错,也很喜欢中华优秀文化,但是受到一些人的鼓动,三天两头去做义工,都不好好经营企业了。"

茅忠群进一步说道："不是不提倡企业家去做义工，但是我们不要忘了我们是企业经营者，是做企业的，学中华优秀文化也是为了把企业经营、管理得更好。"

关于推行中西合璧的管理须注意5个关键点。

第1个关键点是正确理解文化与业务的关系。文化与业务是企业健康发展的"任督二脉"。

第2个关键点是企业家个人要不断提升。企业家是企业的天花板，企业家需要不断提升个人格局和境界，并做出改变，这是中西合璧文化管理体系落地的必要前提，这样才能保证与高管同频并使员工接受。

第3个关键点是搭建文化管理体系。企业的使命、愿景、核心价值观是文化管理的核心理念。如何让企业的核心理念提升员工的凝聚力，激发员工的使命感，这是每一位企业家需要思考的问题。

第4个关键点是践行中西合璧的管理方式，需要有一个抓手。"知行合一，重在行"，有一个好的践行抓手才可以避免使文化沦为标语，方太的抓手就是"五个一"。

第5个关键点是中西合璧的管理落地时，想要顺利推行，真正做到员工的心里，这需要有方法、有节奏地进行，否则会事倍功半，甚至好心办坏事。

7.3 文化落到业务中

随着近年方太文化渐成体系,关注方太的企业家越来越多,研究方太的学者也越来越多。2017~2021年,在各新媒体平台、自媒体平台上,几乎每天都能看到关于方太文化的内容。

一些来方太学习的企业家参观了方太的展厅并在方太学习后,受益匪浅,希望从方太取到"真经",然而心中纵有千条路,回去却走回原路。这就好比时下最流行的企业家学习热潮,学阿米巴的企业如过江之鲫,但真正读懂稻盛和夫"敬天爱人"内涵的企业家则很少。学习方太文化也是同样,有些企业可能在读完本书后,热情高涨,买了一堆经典书籍,比如《论语》《大学》《道德经》等,在企业里要求所有人阅读,但学来学去,学完一堆哲学思想之后,如何在企业实践中贯彻执行,就成了摆在企业家面前的一道难题。

为了帮助企业把中西合璧的方太文化真正落地到业务中去,笔者根据方太推行中华优秀文化及落到业务的过程、方法,总结出两大学习法,供企业借鉴。

7.3.1 润物细无声

方太在推行文化时，从点点滴滴中，把中华优秀文化渗透给全体方太人。方太在 2008 年刚开始推行中华优秀文化时，茅忠群特别强调，推行文化要有耐心和理性，不要强制灌输。企业可以效仿方太，首先在企业的高层干部中推行。所谓"十年树木，百年树人"，企业刚开始推行时不要着急，要给干部们考虑、理解、接受的时间。

多年来，方太探索了很多文化教育的途径，希望借助各种方法，让文化深入每一个方太人心中。为此，方太还专门设立了孔子堂，将教室设计成私塾学堂的模式，在潜移默化中推行中华优秀文化。图 7-2 为方太多种文化教育形式。

茅忠群总结，在企业推进文化的过程中，一定要把握好节奏。"修己以安人，修己以安员工"，企业家首先要先修炼自己，先学习中华优秀文化，提高自身修养，才能将中华优秀文化逐步推广到整个企业，以更优质的产品和服务让顾客安心。学习方太文化不能只是"学"，还要"习"，只有在实践中总结学习，以自己的进步影响周围的人，家人、员工和企业才会变得更好。

"这是一个慢慢熏化的过程。古人用熏香熏衣服，衣服上渐渐就会带上熏香的味道，推行中华优秀文化也是一样。"在推行文化的过程中，茅忠群采用的方式比较柔和，以润物细无声的方式潜移默化地将文化渗入企业中。他用了一个理科知识点做比喻，"就像作用力和反作用力，你的作用力不大，即使有反作用力，也不会太强烈。"此外，还要营造快乐学习的氛围，要想办法让员工能够更欢喜地去学、自觉地去学，不实行灌输式的教学计划，而是通过打动式的方法，通过直指人心的教材、视频，让员工真正感受到中华优秀文化对人生的益处，进而用到工作中。

文化教育形式

- 明师大讲堂
- 读经一刻
- 干部文化回炉
- 文化活动
- 礼乐之声
- 企业文化培训课程

- 幸福人生课堂
- 日行一善
- 双XING会议
- 礼仪仪规
- 为你读经
- 教学环境氛围

图 7-2　方太多种文化教育形式

此外，茅忠群还告诉来方太学习的企业家，在企业导入中华优秀文化前，企业家要问自己三个问题：我是真的想导入中华优秀文化吗？是真的没有私心吗？是真的秉着利他的发心吗？从利益员工、客户和社会的角度去发心，以此导入文化，才会真正感染员工。

茅忠群说："推行中西合璧的管理文化不能生拉硬拽。"茅忠群自己在接受各种教育培训时发现有很多培训是无效的，有强迫之意，而且培训时间越长，人们的逆反情绪越大，教育反而是失败的。

在这样的背景之下，茅忠群清醒地意识到，用简单、传统的培训方式来普及中西合璧的管理文化肯定会失败。就拿写读书心得这件事来说，有些人擅长写，有些人不擅长写，如果硬逼着不擅长写作的人来写，他一定会厌恶所学的中华优秀思想，而且他的厌恶感会具有传染性，会影响其他人对文化的学习。因此，方太在员工读完经典书籍后不做任何强制要求，目的就是为了让员工快乐地学习。

企业在学习方太文化时，做法不能太庸俗，也不能浮于表面。不能为了推行而推行，更不是为了形式上做得多好，而是要让它真正地走心，让它成为员工内生的力量，成为一种自发的行为。这样推行，才是中西合璧文化管理体系落地的最终目的。

事实上，方太在2008年推行中华优秀文化时，遇到的阻碍不小。开始学的时候，员工们兴趣不大，没什么感觉。"50后""60后""70后"大多对中华优秀文化的认知较少，"80后"是在学习西方管理理念中长大的。在这样的背景下，大多数人信奉科技至上，很少有人愿意沉下心来读一些文化经典书籍。有的员工甚至认为现在是强者生存的时代，中华优秀文化不适合当下的环境。

好在作为方太创始人的茅忠群意志坚定，他思来想去，觉得要先树立全员学习的氛围，润物细无声。作为一个喜欢学习的"学霸"，茅忠群身上有一种与生俱来的学习力量，很容易把这种力量传递给方太人，并营造出一种比较强的学习氛围。茅忠群对高层干部们说："我们就当方太文化的种子，我是第一颗种子，我们要把它种下去，种在所有方太人的心里。"

庆幸的是，现在方太的这颗种子发芽了，并形成了一片森林，在这片森林里，无数长势不错的树苗正在厚积薄发。一位一线的员工说："服务是个苦差事，不管路近路远，刮风下雨，始终要奋斗在一线。所以我们需要用爱来温暖自己，同样也要用爱来温暖客户。赠人玫瑰，手有余香，得到他人的关爱是一种幸福，关爱他人更是一种幸福。"

文化的学习和落地是一种功夫，不是想到了就能做到，也不是背诵了几段经典语录，说几句玄而又玄的话就能达到的境界。茅忠群对于文化的学习和落地打了一个比方：这就像学习剑道一样，在起步阶段，在你没做好的时候会处于劣势，比如前十年气宗可能比不过剑宗，但是到后十年，气宗一定会超过剑宗。

方太客户体验部的程军（化名）曾对于人生的目标有过一番思考：人生的目标是什么？他问过自己。在求学时，他以为考上大学是他人生目标。可当他上了大学，却很迷茫，似乎又失去了人生目标。于是他继续寻觅，觉得找一个好工作以及有一个温馨的家是他的人生目标。但毕业工作后，日复一日的重复工作，乏味的生活又让他不得不思索：我的人生目标是什么？

寻觅多年，程军最终发现，他多次寻找的人生目标就是幸福快乐地生活。那怎样才能实现这一目标呢？

程军来方太工作已有五年了，他们每天早晨与同事一起读经典书籍，读的时间久了，程军突然发现经典书籍中讲的是人生的真理，它不是一个门派，不是一个学说，而是指引人生幸福快乐的真理。当他意识到这一点之后，便开始用心学习，并把经典运用到生活中，懂得分享、懂得付出、懂得尊重、懂得恭敬……他也会给孩子灌输正能量的思想，给孩子树立正确的人生目标。

坚持学习，心在哪里，收获就在哪里。中华优秀文化认为的幸福主要是指提升自我心性、追求生命意义、感悟生命真谛的快乐。我们追求幸福，就是要发现工作和生活的意义，热爱自己的工作和生活，付出超常的努力，实现自己的成就和梦想，感受人生的幸福。

7.3.2　向标杆学习

大多数企业的发展周期有极大的相似性，每个阶段遇到的问题也很类似。这些问题如果完全依靠自己摸索解决，不但速度慢，还很可能走很多弯路，甚至出现重大风险。其实，这些问题对于标杆企业来说大多是经历过的，也有成熟的解决方案，我们直接向它们学习即可。

自己摸索、总结经验，不如学习、借鉴他人的成功经验。企业没有必要"重新发明轮子"，站在巨人的肩膀上能走得更快、更稳、更持久。对标方太文化如何落地也是一种借鉴成功企业的最佳实践的有效学习方法。

系统了解方太文化

要学习方太文化，首先应该对方太文化进行系统的了解，了解方太在什么背景和情境下做出了什么决策，或者采取了什么管理举措。要知其然，更要知其所以然。简单化地照搬照抄，效果可能会适得其反。

关于方太文化的体系在本书前面的内容都有详细说明，这里笔者主要从内容维度帮助企业更系统地了解方太文化。从内容维度出发，企业可以从五个方面系统了解方太文化落地路径，如图7-3所示。

第一层是企业家，方太强调领导干部率先垂范，方太倡导全体干部党员做到"四铁四前"，真正关爱顾客、员工和合作伙伴。茅忠群作为方太的创始人，一直从学而知之，明心重道，以道御术，修己安人等方面修炼自己的身心。企业家率先垂范是文化落地取得成效的前提。第二层是核心理念和基本法则；第三层是成就员工，主要通过"四个化"，核心工具是"五个一"；第四层是成就顾客，方太通过美善产品、精诚品质、幸福服务和经营管理让顾客安心；第五层是成就社会，方太通过践行伟大企业的社会责任，使社会得正气。

核心理念是道；基本法则是术。从方太文化的经营实践可以看出，偏向术的管理要素，向西方学习较多；偏向"道"的管理要素，从中华优秀文化中吸取的养分多。核心理念指导企业战略思想和管理举措。企业在学习方太文化时要将道与术结合，明道优术，不可偏废。

标杆学习"三部曲九步法"

方太在落地文化时，也向很多标杆企业学习过，并总结出标杆学习"三部曲"。

第一部曲是寻找标杆。在这一部曲里，有两个步骤：一是确定目标，首先要明确企业需要解决的关键问题是什么，要明确通过对标学习达到什么目的，达成什么目标。企业可以通过罗列影响成功的全部要素、确认可以学习

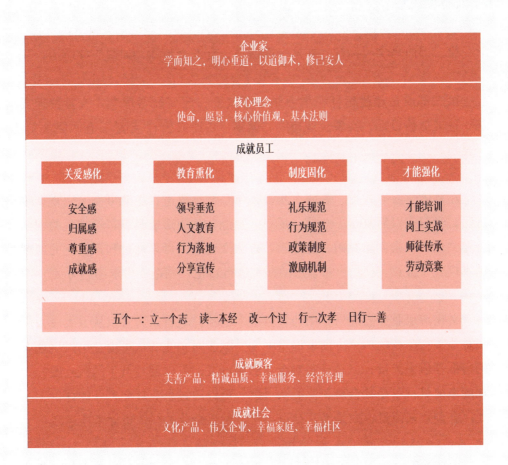

图 7-3　方太文化落地路径

的关键要素、设定关键要素的达成目标来确定学习目标；第二步是选择对象，就是选择要对标学习的对象，选择对象要注意四个方面，即志向同（志同行于中道）、业绩优（综合实力优异）、资源多（有渠道可学习）、意愿足（帮助你的意愿）。

第二部曲是学习标杆。在这一部曲里，有五个步骤，如图7-4所示。

第三部曲是超越标杆。学习是为了改变，改变经营理念、改善管理方法，达成战略目标，实现企业持续、健康、快速成长。"超越"有两层含义：一是追赶；二是超过。

在具体学习方式上，有两大步骤：一是持续改进，企业可以运用复盘改进法，学习完以后复盘、总结、反思、提炼，从而形成具有自己特色的中西合璧文化；二是创新突破，企业学习方太文化后，可以通过知识转化的四种基本模式（SECI模型），对学习的知识进行转化、创造，力求超越方太。

文化落地业务的成果，用什么标准来检验？笔者认为可以从方太成为伟大企业践行路径的四个方面来衡量：一是顾客对企业的认可度，可以用顾客的净推荐值来衡量；二是员工对企业的认可度，可以通过员工的敬业度、幸福度来衡量；三是社会对企业的认可度，可以通过企业社会责任的评价和企业声誉调查来衡量；四是经营结果，可以通过企业的绩效指标来衡量。

中华文明之所以能够绵延千年，生生不息，离不开中华优秀文化蕴藏的巨大能量和丰富智慧。对于国家来说，文化建设至关重要，对于企业来说，也是如此。企业家要有充分的文化自信，不论企业规模大小，发展时间长短，践行"中西合璧"的文化管理智慧可以帮助企业提升管理的有效性，让全体员工建立使命感，提升组织能力，从根本上打破企业当前困局，减少出现管理问题的概率，实现文化即业务。

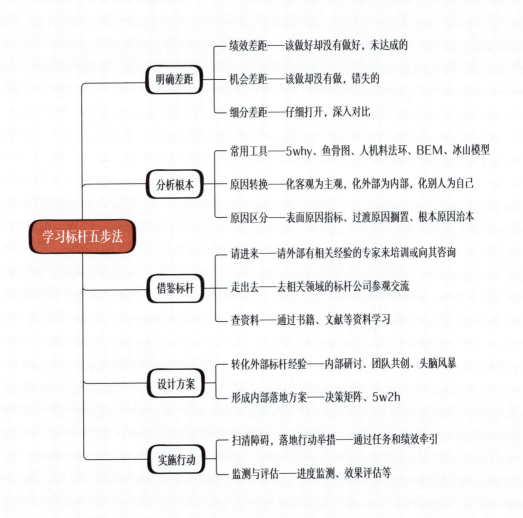

图 7-4 学习标杆的"五步法"

笔者认为能真正帮助管理人员和其他员工树立起向善的信仰，才能从根本上解除制度悬空的魔咒。或许方太文化的实践能为中国式管理提供一份具有借鉴意义的范本，它正走在中国现代企业规范经营、长期经营的特色道路上。知而不行，不是真知；行而无信，不是真行。

后记

《方太文化》的写作过程也是与方太各位伙伴深度交流的过程，同时也是思考中国企业的成长历程和中华优秀文化的过程。这是一个抽丝剥茧的过程，笔者一直在扪心自问：作为人何为正确？作为企业经营者何为正确？作为企业何为正确？

中华优秀文化源远流长，博大精深，用什么样的写作手法、表达方式，才能让现代的企业经营者、管理者（尤其是"80后""90后"企业经营者和管理者），知行合一地应用方太文化管理体系的精髓。《道德经》里提出，"万物之始，大道至简"。"大道至简"是指大道理、基本原理、方法和规律是极其简单的。如果不能让读者理解、体悟到中华优秀文化与现代企业管理的结合，那么这本书也将失去最基本的意义。

为了激活读者对"中西合璧"方太文化管理体系的探究兴趣，笔者由表及里、由近及远地探求，去推敲、去归纳、去访问研究方太已经发生、正在发生和未来将要发生什么事情，它的昨天意味着什么，明天又可能意味着什么……用通俗易懂的语言解释企业原理，既能让初入道的年轻创业者读懂，又能让管理者看后有所启发。"大道至简"意味着博采众长，融会贯通，不仅要整合创新，跳出原来的框框，去粗取精，而且要抓住要害和根本，挥动"读者为本"的"剃刀"，剪去那些可有可无的、非本质的东西。所谓"为学日增，为道日减"就是这个道理。

因为职业的缘故，笔者有幸走访了许多企业，参与了很多与企业管理相关的写作和研究课题，认识了许多企业家。在这个过程中，笔者对中国企业的情况有了更深刻的理解。笔者接触到的企业家们大多都充满理想和激情，在积极思考适合自己企业的长期可持续发展战略。本书希望告诉读者的是：做企业并不复杂，重要的是用心和凭心去做；管理其实很简单，就是把经常挂在嘴边的志向、信仰付诸实践。

做企业就是做人。企业的成功，关键在于做人的成功。不管在企业发展的哪个阶段，都能牢记初心，心系顾客、员工、社会，甘愿坐"冷板凳"，像方太一样扎扎实实把产品、服务做好，诚诚恳恳把价值创造到位，定能做一番事业。

最后，笔者重点感谢一些"没有他们就没有这本书"的人。感谢方太企业。方太儒雅、专业的氛围是这本书诞生的土壤。在写作期间，笔者先后面见了上百位方太人，包括茅忠群、方太的诸位高管、中基层管理者、员工及前来方太文化体验营学习的企业经营者，听他们讲对方太文化的理解、体悟及实践，是他们无私地贡献出自己的时间，让笔者意识到自己在哪些方面理解有失偏颇，进而不断改进。感谢机械工业出版社陈海娟副社长、胡嘉兴编辑。我们认识许久，在价值观上彼此认同，他们为这本书付出了很多精力。

既自知这本书的价值所在，又自知其缺憾，既然如此，还不如简单开放一些，请一万多方太人，以及一切关注方太的朋友和广大读者，一起阅读和对本书"评头论足"，书中的每一个细节与观点提出意见和建议。正所谓"横看成岭侧成峰，远近高低各不同"，每个人对同一事物的认知会不一样，所以见仁见智，有不妥之处，敬请包涵。

附录 1 方太文化图谱

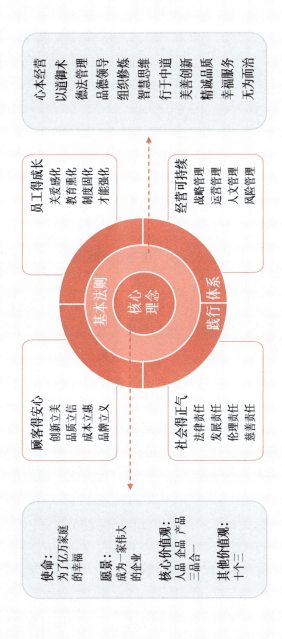

方太文化体系模型图

附录2

方太基本法则

一、心本经营

　　心为身之主宰。心是道的源泉，道是德的根本，德是事的根源，厚德才能载物。企业经营应以"人"为本，"人"应以"心"为本，"心"应以"心灵的成长"为本。心本经营，是企业经营的大根大本。我们必须不断加强自己的心性修炼，建设心灵品质，开发心灵宝藏，从而安顾客之心，安员工之心，安合作伙伴之心，促进人类社会的真善美。

　　1. 修己为先。修己方能安人，安人必先修己，修己重在修心。中华优秀文化是我们修己、修心取之不尽的宝库。

　　2. 修己的基础是三观，即树立正确的世界观、人生观、价值观。

　　3. 修己的关键在于信念。我们相信三大真理：最大的宝藏是心灵，最大的规律是因果，最大的能量是立志；相信方太企业三观：方太使命、方太愿景、方太价值观。

　　4. 修己的根本途径是内求，即建设自己的心灵品质，开发心灵宝藏；即是明心和净心。

　　5. 内求的基石在于明白：我是一切的根源；造命者天，立命者我；行有不得，反求诸己。

　　6. 在心上下功夫，道的提升则事半功倍，德的提升则水到渠成，事的提升则马到成功。

7. 安顾客之心。方太存在的根本目的就是为了亿万顾客家庭的幸福，全心全意为顾客服务，让顾客幸福安心。

8. 安员工之心。我们应当让员工幸福成长，即物质精神双丰收，事业人生双成长。

9. 安伙伴之心。我们坚持志同道合、强强合作的基础上，让合作伙伴实现事业生命双成长。

10. 安世道人心。我们要积极承担社会责任，不断导人向善，促进人类社会的真善美。

二、以道御术

道是心的呈现，是境界和格局，以及由此形成的方太核心理念等。术是经营管理的体系、流程、制度、方法、工具等。"中学明道、西学优术、中西合璧、以道御术"是探索中国特色企业文化体系和企业管理模式的核心指导思想。

1. 中学明道。我们应当通过中华优秀文化的学习来明心、净心、明道、悟道，建设心灵品质，提升境界格局，并转化为企业核心理念。

2. 西学优术。我们应当通过西方管理的学习来获术、萃术、优术、用术，丰富管理方法，提升组织能力，并应用于企业管理实践。

3. 中西合璧。道（核心理念）和术（管理实践）为一体两面，不能割裂，不能成为两张皮，应当融合成一个整体。同时，道与术应当并重，不能偏废，既不能重道轻术，更不能轻道重术。

4. 以道御术。以道指引术，以道判断术，以道提升术，以道孕育术。

5. 以道指引术。全体方太人应将方太核心理念作为指导一切工作的思想基础。方太核心理念以及由此产生的方太基本法则是制定体系、流程、制度、方法、工具等的指引和指导思想。

6. 以道判断术。以道作为判断术是非、善恶、优劣的根据。

7. 以道提升术。用道不断优化提升管理方法，如 C 类错误取消罚款、末位调整、美善创新等。

8. 以道孕育术。用道不断丰富孕育新的方法，如全员身股、五个一、幸福服务等。

三、品德领导

"为政以德，譬如北辰，居其所而众星共之。"领导力的核心是品德，厚德才能载物，厚德才能感召他人追随，厚德才能成就大事业。

1. 领导者的核心要求是品德。

2. 领导者的两个基本要求：给人信心，受人信任。

3. 领导者三达德：仁、智、勇。

4. 领导力三法则：仁义平衡、严爱结合、智勇双全。

5. 领导者必须修炼的三大行为：五个一行为、仁智勇行为、关键业务行为。

6. 四铁干部：铁一般的信仰：心中有良知；铁一般的信念：心中有顾客；铁一般的纪律：心中有戒规；铁一般的担当：心中有责任。

7. 四前干部：学在前、干在前、想在前、领在前。

8. 领导者四大责任：传好文化、抓好业务、带好队伍、建好流程。

9. 领导者五个一修炼：立一个志、读一本经、改一个过、行一次孝、日行一善。

10. 领导者要提升德，最高效的途径就是直接在心上下功夫，就是明心与净心。

四、德法管理

"道之以政，齐之以刑，民免而无耻；道之以德，齐之以礼，有耻且格。"有效的管理必须两手抓，一手抓德治，一手抓法治，做到德法统一、德法平衡。

1. 好的管理应赏善罚恶、弘扬正义、导人向善。

2. 管理需要德法阴阳平衡。唯法治，则难以生善法，法也难以执行；唯德治，则难以生秩序，德也难以弘扬。

3. 道德教育与礼制规范要平衡。

4. 政策政令与奖惩机制要平衡。

5. 德、礼、政、刑要总体平衡。

6. 制度要好，要符合仁义的要求。仁即要为员工或对方着想；义即合理合宜，对各相关方公平公正。同时还要简单易懂、没有歧义、易于执行。

7. 执行要严。要做到不折不扣，大公无私，同时讲求方式方法，令人容易接受。

8. 摆正情理法三者的关系。情与理要充分体现到法的条文中；法的执行必须严格、文明。

9. 监督不可或缺。监督可分为自我监督、上级监督、团队监督、舆论监督、例行监督、专项监督、调查监督等。

10. 企业经营管理所有行为都要严格遵守国家（包括经营所在国）的法律法规。

五、组织修炼

一个伟大的组织应当在组织能量、组织奋斗精神、组织能力等三方面同步修炼。组织能量是根本，组织奋斗精神是条件，组织能力是保障。

1. 组织能量是激发组织正气和实现组织真正成功的关键。

2. 五个一行为是在心与道上修炼，主要提升组织能量。

3. 组织奋斗精神是激发组织活力、实现组织成功、增进组织福祉的关键。

4. 内驱力是产生组织奋斗精神的内因和关键，内驱力来自组织全体成员的共同信念。

5. 外驱力是产生组织奋斗精神的外因和保障，外驱力来自于有效的激励机制。

6. 组织能力是建设组织核心竞争力的关键。

7. 标杆学习、复盘改进、总结教授是提升组织能力的三大剑法。

8. 关键业务行为是在事上修炼，主要提升组织能力。

9. 要把组织能力建在组织结构上、建在流程和体系上、建在知识和智慧上、建在干部和人才上。

10. 价值观（仁智勇）行为是在德与事上修炼，同时提升组织能量、组织奋斗精神和组织能力。

11. 践行三大行为（五个一、仁智勇、关键业务行为），实现心道德事上全面的修炼，持续提升组织能量、组织奋斗精神和组织能力。

12. 组织能量、组织奋斗精神和组织能力相辅相成，三位一体，便能实现伟大企业，实现企业可持续增长。

六、智慧思维

好学近乎智，智者不惑，智者明道。智慧思维是合于道的思维模式，其根本在于揭示了宇宙和人生的真理，以及天地万物一体的运行规律。方太人以智慧的思维方式看待世界、指导人生、解决问题，实现企业的可持续经营和个人圆满幸福的人生。

1. 逻辑思维。借助于概念、判断、推理等思维形式和归纳、演绎、分析、综合、抽象等思维方法理性地反映客观现实，揭示事物本质。应符合逻辑规律，具有规范、严密、确定、有条理、可重复和不自相矛盾的特点。

2. 竞争思维。市场经济，竞争无处不在。既要勇于竞争，更要善于竞争，最高境界莫过于超越竞争。

3. 实践思维。实干兴业，空谈误企；想都是问题，做才有答案；实践出真知；实践是检验真理的唯一标准。

4. 创新思维。突破常规思维的界限，以超常规甚至反常规的方法、视角去思考问题，提出与众不同的解决方案，从而产生新颖的、独到的、有社会意义的思维成果。

5. 战略思维。是对全局性、长远性、根本性问题进行谋划的思维方式。如与众不同、利益顾客、利益社会、发现机会、聚焦核心、有舍有得、长远布局、超越竞争等。

6. 反向思维。物极必反，反者道之动。对于事情常会反过来想，如居安思危，危中见机，以退为进，以攻为守。无事时如有事般提防，有事时如无事般镇定。

7. 辩证思维。看待问题既要全面，又要善于抓住重点和关键。要一分为二地看问题，要坚持两点论和重点论的统一。

8. 系统思维。大至宇宙，小至人体，乃至万事万物，都是一个不可分割的整体和系统。各组成部分之间都相互联系和相互影响。故解决问题应避免头痛医头、脚痛医脚。

9. 本质思维。人们很容易被万事万物的表象所迷惑，我们应当透过事物的现象看清事物的本质，方能本立而道生。

10. 底线思维。底线是不可逾越的警戒线，是事物质变的临界点。一旦突破底线，后果将无法接受。所以为人处事要预先明确底线、设定底线，始终牢记底线、敬畏底线、守住底线，方能把握主动，化解风险。

11. 因果思维。最大的规律是因果。有因必有果，有果必有因；善有善报，恶有恶果。故凡事须在因上努力，缘上创造，果上反省。

12. 阴阳思维。一阴一阳之谓道。万事万物皆有阴阳，阴阳互相依存，互相制约，互相消长，互相转化。阴阳一体，不可分离。

13. 合道思维。人生的终极意义在于"行道"。我们做任何事、讲任何话、动任何念，应始终问自己是否"在道上"，是否"合道"。

14. 权变思维。兵无常势，水无常形，经营管理亦无常法。管理者应当根据企业内外部环境的不断变化，审时度势，因势利导，随机应变，但又不失原则，不偏离正确的方向。

15. 时间思维。万事万物都有其内在的运行规律，时间是其中的一项重要维度。随着时间的变化，问题也会相应变化。同时，当下的发心和行为也在逐渐重塑未来。我们应当立足当下，择善而行，顺势而为，全心投入。同时，守道伺机，顺时听天。

16. 一元思维。超越二元对立，天地万物为一体；天人合一，知行合一，心物合一；天理即人心，心性即人生，文化即业务。

七、行于中道

中道即中庸之道，天理，至善，良知。中也者，天下之大本也；和也者，天下之达道也。致中和，天地位焉，万物育焉。致中和即是中道。中道是企业经营之大道。

1. 实事求是。不离实际、求其本。从实际情况出发，理论联系实际，正确地认知事物的本质和规律，并正确地解决问题。

2. 择善而行。为善去恶、不自欺。以善恶为决策的首要依据。凡事先明善恶，再择善而行。

3. 中节有度。恰到好处、有分寸。喜怒哀乐有度，目标奖惩有度，定量拿捏有度。

4. 不偏不倚。公平公正、不偏私。好而知其恶，恶而知其美。看人看事、考核评估客观公正、公平无私。

5. 阴阳平衡。动态平衡、不偏废。正确把握和处理好阴阳间的关系，如义与利，严与爱，权与责，物质与精神，法治与德治，监督与信任，集权与授权，民主与集中，体系与人员，简单与复杂，灵活与坚守，过程与结果，经济效益与社会效益，等等。

6. 执两用中。执其两端、用其中。唯有掌握两端（如红军和蓝军）的意见和建议，才能更加清晰中道所在。

7. 超越对立。矛盾统一、不对立。对于矛盾的双方，化解对立，超越对立，实现统一。如质量与成本统一，授权与受控统一，仁爱文化与战斗力统一，等等。

8. 顺时守中。与时俱进、不离中。每个当下皆行于中道，与时俱进，因时而变，但万变不离其宗，不离中道。

八、美善创新

创新是企业发展的第一动力。我们要为顾客创造美好生活，实现幸福人生，离不开美善创新。"美"者，颜值、品位、气质；"善"者，功能、体验、利他。

1. 美善创新的源泉是仁爱。用仁爱之心，创美善精品。离开仁爱之心，创新就可能走上危害社会的歪路。

2. 美善创新的原则是有度。创新是满足或创造美好合理的需求，不能过度刺激欲望，更不能让用户沉迷其中。

3. 美善创新的目标是幸福。创新永远要以顾客为中心，以顾客的幸福安心为目标。

4. 美善创新的核心要务是要培养出一批兼具仁、智、勇的"仁才"。

5. 美善创新的基本保障是打造一套有效的创新体系。

6. 重视科技创新投入，积累专利技术，增强科技实力、工艺制造技术和数字化技术。

7. 坚持走自主创新与外部合作相结合的多途径协同创新模式。

8. 要鼓励探索和实践，在经过风险预测且在风险可控的前提下，允许一定程度的冒险和犯错，但要避免再次犯同样的错误。

9. 重视消费者洞察，做有意义有价值的创新，不要为创新而创新。

10. 销服、品牌、管理等领域也需要不断变革创新，增强核心竞争力。

九、精诚品质

品质是企业发展的根本保障。大品精诚。"精"者，精通业务，精益求精，追求卓越；"诚"者，真心诚意，择善固执，全心投入。精于业，诚于心,创造中国精品。

1. 品质即是符合要求。

2. 品质分人理(心灵)、事理(工作)、物理(产品)三个层面。心灵品质是根本,要用心灵品质统领工作品质和产品品质。要发耻心、发畏心、发勇心,更要发诚心、发善心、发大心,并把这种发心落实到工作的方方面面,从而创造美善产品。

3. 方太品质方针:视顾客为亲人,视品质为生命;践行零缺陷信念,人人担责,环环相扣,把事情一次做对。用仁爱之心和匠心精神,造中国精品。

4. 人品决定产品。人品体现在"精"与"诚"。人品建设是品质工作的大根大本。

5. 方太品质工作的基本理念:有决心,有方法,有文化。

6. 方太匠心精神:把简单的事情做到极致,在平凡的岗位造就伟大!

7. 每一位方太人都是品质捍卫者。不接收不良品,不制造不良品,不放过不良品。

8. 精诚品质的基本保障是建立"以顾客为中心"的品质管理体系。

9. 品质是靠预防系统产生的。

10. 当品质与成本、交期发生冲突时,永远把品质放在第一位。

十、幸福服务

服务是企业发展的关键要素。企业的目的就是创造并服务顾客。产品即服务,销售即服务,管理即服务,所有的经营行为都是服务行为,服务的目标是顾客幸福。

1. 幸福服务的宗旨是顾客得安心、家庭得幸福。

2. 幸福是物质与精神双丰收,事业与生命双成长。所以,幸福服务既提供物质产品,又提供精神产品。

3. 幸福服务就是"五心"服务:动心、放心、省心、舒心、安心。

4. 未来的行业都是服务业。

5. 幸福服务包含售前服务、售中服务、售后服务等全业务流程。

6. 幸福服务的抓手就是打造能真正让顾客幸福安心的绝活。

7. 幸福服务的理论源泉是：幸福家庭观、幸福社区理念、幸福厨房理念。

8. 幸福服务就是用仁爱之心创造和满足顾客的需求。仁爱之心就是要爱岗位、爱产品、爱顾客，就是要洞察顾客需求，为顾客提供令人安心的解决方案。

9. 幸福服务就是先做服务、后做销售；先交朋友、后卖产品；先做人、后卖货。

十一、无为而治

无为，即不妄为、不折腾、不独为、不私为。治，即企业可持续发展。企业经营管理应依道而为，不违背规律，不妄为；应智慧而为，不做无用功，不折腾；应任贤而为，不事必躬亲，不独为；应利他而为，不损人利己，不私为。最终实现企业的可持续发展。

1. 一切经营活动不应违背自然规律和市场规律。

2. 领导者要以员工心为心，以顾客心为心，不唯上，不妄为。

3. 领导者应充分了解现场与市场一线情况，避免瞎指挥。

4. 经营管理不要瞎折腾，不要做无用功，不要刷存在感。

5. 在面临重大复杂的变革时，要先达成共识，再试点突破，再全面推广。

6. 遇到危机时，要沉着冷静，临事不乱。

7. 领导者应善于培养、选拔和任用仁才。

8. 领导者不要事必躬亲，更不能独断专行，应当营造有利于发挥员工主观能动性的良好氛围。

9. 领导者要有大局意识，避免本位主义。

10. 重视顾客、员工和合作伙伴的生命成长和家庭幸福。

11. 我们应当以利他的发心主动制定和挑战高目标。

12. 企业应当承担社会责任,利益社会,服务大众。

13. 无为而治的理想境界是规范与自由并存,精细与简单平衡,法治与德治融合,自利与利他统一,全体员工快乐学习、快乐奋斗,员工的使命感、幸福感显著提升,自主性、创造性充分发挥,文化作用显著加大,组织能量强大迸发,所为事业蒸蒸日上。

14. 无为而治其实要大有作为。我们立志创美善产品、造中国精品、行幸福服务、铸国家名片,打造千亿级的伟大企业。